梁啓超 著

# 飲冰室合集

文集

第三册

中華書局

# 飲冰室文集之六

## 中國史敘論

### 第一節　史之界說

史也者。記述人間過去之事實者也。雖然。自世界學術日進。故近世史家之本分。與前者史家有異。前者史家。不過記載事實。近世史家。必說明其事實之關係。與其原因結果。前者史家。不過記述人間一二有權力者興亡隆替之事。雖名爲史。實不過一人一家之譜牒。近世史家。必探察人間全體之運動進步。卽國民全部之經歷。及其相互之關係。以此論之。雖謂中國前者未嘗有史。殆非爲過。

法國名士波留氏。嘗著俄國通志。其言曰。俄羅斯無歷史。非無歷史也。蓋其歷史非國民自作之歷史。乃受之自他者也。非自動者而他動者也。其主動力所發。或自外。或自上。或自異國。或自本國。要之。皆由外部之支配。而非由內部之濫生。宛如鏡光雲影。空過於人民之頭上。故只有王公年代記。不有國民發達史。是俄國與西歐諸國所以異也云云。今吾中國之前史。正坐此患。吾當講此史時。不勝慚憤者。在於是。吾當著此史時。無限困難者。在於是。

德國哲學家埃猛埒濟氏曰。人間之發達。凡有五種相。一曰智力。（理學及智識之進步皆歸此門）二曰產業。三曰美術。（凡高等技術之進步皆歸此門）四曰宗教。五曰政治。凡作史讀史者。於此五端。忽一不可焉。今中國前史。以一書而備具此五德者。固渺不可見卽專詳一端者亦幾無之所陳陳相因者惟第五項之政治耳然所謂政治史又實爲紀一姓之勢力圈不足以爲政治之眞相故今者欲著中國史非惟無成書之可沿襲卽搜求材料於古籍之中亦復片鱗殘甲大不易易

## 第二節　中國史之範圍

(甲)中國史與世界史　今世之著世界史者必以泰西各國爲中心點雖日本俄羅斯之史家（凡著世界史者日本俄羅斯皆擯不錄）亦無異議焉蓋以過去現在之間能推衍文明之力以左右世界者實惟泰西民族而他族莫能與爭也雖然西人論世界文明最初發生之地有五一曰小亞細亞之文明二曰埃及之文明三曰中國之文明四曰印度之文明五曰中亞美利加之文明而每兩文明地之相遇則其文明力愈發現今者左右世界之泰西文明卽融洽小亞細亞與埃及之文明而成者也而自今以往實爲泰西文明與泰東文明（卽中國之文明）相會合之時代而今日乃其初交點也故中國文明力未必不可以左右世界卽中國史在世界史中當占一强有力之位置也雖然此乃將來所必至而非過去所已經故今日中國史之範圍不得不在世界史以外

(乙)中國史與泰東史　泰東史者日本人所稱東洋史也泰東之主動力全在中國故泰東史中中國民族之地位一如世界史中阿利揚民族之地位日本近來著東洋史者日增月盛實則中國史之異名耳今吾所述不以泰東史名之者避廣闊之題目所以免汗漫罣漏而供簡要切實之研究也至於二千年來亞洲各民族與中國交涉之事最繁賾自歸於中國史之範圍固不待言

## 第三節　中國史之命名

吾人所最慚愧者，莫如我國無國名之一事。尋常通稱，或曰諸夏，或曰漢人，或曰唐人，皆朝名也。外人所稱，或曰震旦，或曰支那，皆非我所自命之名也。以夏漢唐等名吾史，則戾尊重國民之宗旨，以震旦支那等名吾史，則失名從主人之公理。曰中國，曰中華，又未免自尊自大，貽譏旁觀。雖然，以一姓之朝代而污我國民，不可也。以外人之假定而誣我國民，猶之不可也。於三者俱失之中，萬無得已，仍用吾人口頭所習慣者，稱之曰中國史。雖稍驕泰，然民族之各自尊其國，今世界之通義耳。我同胞苟深察名實，亦未始非喚起精神之一法門也。

## 第四節　地勢

中國史所轄之地域，可分爲五大部。一中國本部，二新疆，三青海西藏，四蒙古，五滿洲。東半球之脊，實爲帕米爾高原，亦稱葱嶺，蓋諸大山脈之本幹也。葱嶺向東衍爲三派，其中部一派，爲崐崘山脈，實界新疆與西藏焉。崐崘山脈復分爲二，其一向東，其一向東南。向東南者名巴顏喀喇山，界青海與西藏，入中國內地，沿四川省之西鄙，蔓延於雲南兩廣之北境，所謂南嶺者也。其向東者名祁連山，亘青海之北境，其脈復分爲二，一向正東，經渭水之上流，蔓延於陝西河南，所謂北嶺者也。一向東北，沿黃河，亘長城內外者爲賀蘭山，更北爲陰山，更北爲興安嶺，縱斷蒙古之東部，而入於西伯利亞。蓋中國全部山嶺之脈絡，爲一國之主幹者，實崑崘山也。

使我中國在亞洲之中，劃然自成一大國者，其大界線有二，而皆發自帕米爾高原。其在南者爲喜馬拉耶山，東行而界西藏與印度之間。其在北者爲阿爾泰山。實爲中俄兩國天然之界限焉。在崑崙山與阿爾泰山之中與崑崙爲平行線者爲天山。橫斷新疆全土。分爲天山南北路。而終於蒙古之西端。

中國之大川。其發源之總地有二。其一在中國本部者。曰黃河。曰揚子江。曰西江。曰金沙江。皆發源於新疆西藏之間。其二在中國東北部者。曰黑龍江之上流斡難河克爾倫河。其支流之嫩江。曰色楞格河。曰鄂爾坤河等。皆發源於蒙古之北部。大抵諸大川河中與歷史最有關係者爲揚子江。其次爲黃河。其次爲西江黑龍江。蒙古及新疆雖爲諸大河之發源地。但其內部沙漠相連。戈壁瀚海準噶爾之諸沙漠。殆占全土之大半。故河水多吸收於沙漠中。或注瀉於鹽湖。

地理與歷史最有緊切之關係。是讀史者所最當留意也。高原適於牧業。平原適於農業。海濱河渠適於商業。寒帶之民擅長戰爭。溫帶之民能生文明。凡此皆地理歷史之公例也。我中國之版圖。包有溫寒熱之三帶。有絕高之山。有絕長之河。有絕廣之平原。有絕多之海岸。有絕大之沙漠。宜於耕。宜於牧。宜於虞。宜於漁。宜於工。宜於商。凡地理上之要件與特質。我中國無不有之。故按察中國地理而觀其歷史上之變化。實最有興味之事也。中國何以能占世界文明五祖之一。則以黃河揚子江之二大川橫於溫帶。灌於平原故也。中國文明何以不能與小亞細亞之文明印度之文明相合集而成一繁質之文明。則以西北之阿爾泰山西南之喜馬拉耶山爲之大障也。何以數千年常有南北分峙之姿勢。則長江爲之天塹。而黃河沿岸與揚子江沿岸之民族各各發生也。自明以前。何以起於北方者其勢常日伸。起於南方者其勢常日蹙。以寒帶之人常悍烈。溫帶之人常文弱也。東北諸胡種。何以二千餘年迭篡中夏。以其長於獵牧之地。常與天氣及野獸戰。僅得生存。故其性好戰狠鬬。又慣遊牧。

逐水草而居，故不喜土著而好侵略，而中國民族之性質適與相反也。彼族一入中國，何以卽失其本性同化於漢人，亦地質使之然也。各省地方自治制度，何以發達甚早，則以幅員太大，中央政府之力常不能及，故各各結爲團體，以自整理也。何以數千年蜷伏於君主專制政治之下，而民間曾不能自布國憲，亦以地太大，團體太散，交通不便，聯結甚難，故一二梟雄之民賊，常得而操縱之也。何以不能伸權力於國外，則以平原膏腴，足以自給，非如古代之希臘、腓尼西亞及近代之英吉利，必恃國外之交通以爲生活，故冒險遠行之性質不起也。近年情形何以與昔者常相反，則往時主動力者常在盤據平原之民族，近時主動力者常在沿居海岸之民族，世界之大勢驅迫使然也。凡此諸端，無不一一與地理有極要之關係，故地理與人民二者常相待，然後文明以起，歷史以成。若二者相離，則無文明，無歷史。其相關之要，恰如肉體與靈魂相待以成人也。

## 第五節　人種

種界者，今日萬國所斷斷然以爭之者也。西人分世界人種，或爲五種，或爲三種，或爲七種，而通稱我黃色種人謂爲蒙古種，此西人闇於東方情實謬誤之談也。今考中國史範圍中之各人種，不下數十，而最著明有關係者，蓋六種焉。

其一，苗種　是中國之土族也，猶今日阿美利加之紅人，澳大利亞之黑人也。其人在歷史以前，曾占重要之地位，自漢族日漸發達，苗種卽日就窘迫，由北而南，今猶保殘喘於湖南、貴州、雲南、廣西之間，其在安南緬甸等地亦間有焉。

其二漢種　即我輩現時徧布於國中。所謂文明之冑。黃帝之子孫是也。黃帝起於崑崙之墟。即自帕米爾高原。東行而入於中國。棲於黃河沿岸。次第蕃殖於四方。數千年來赫赫有聲於世界。所謂亞細亞之文明者。皆我種人自播之而自穫之者也。

其三圖伯特種　現居西藏及緬甸之地。即殷周時代之氐羌。秦漢之際之月氏。唐時之吐蕃。宋時之西夏。皆屬此族。

其四蒙古種　初起於貝加爾湖之東隅一帶。次第南下。今日蔓延於內外蒙古及天山北路一帶之地。元朝即自此族起。混一中國。威震全地。印度之謨嘉爾帝國。亦此族所建設也。

其五匈奴種　初蕃殖於內外蒙古之地。次第西移。今自天山南路以至中亞細亞一帶之地。多此族所占據。周以前之玁狁。漢代之匈奴。南北朝之柔然。隋之突厥。唐之回紇。皆屬此族。現今歐洲土耳其國。亦此族所建立也。

其六通古斯族　自朝鮮之北部。經滿洲而蔓延於黑龍江附近之地者。此種族也。秦漢時代之東胡。漢以後之鮮卑。隋及初唐之靺鞨。晚唐五代之契丹。宋之女眞。皆屬此族。今清朝亦自此興者也。

西教徒所主張。以謂全世界之人類。皆由最初之一男一女而生。但今日世界大通。人種學大明。此論之無稽。殆不足辯。然則各種各族。各自發生。其數之多。殆不可思議。且也錯居既久。婚姻互通。血統相雜。今欲確指某族某種之分界線。其事蓋不易易。況遊牧民族。遷徙無常。立於數千年之後。而指前者發現於歷史上之民族。一一求今之民族以實之。非愚則誣。故今日以六種族包括中國史內之人民。誠不免武斷罣漏之譏。但民族爲歷史之主腦。勢不可以其難於分析。而置之不論。故舉其在史上最有關係者。約而論之云爾。

今且勿論他族。卽吾漢族。果同出於一祖乎。抑各自發生乎。亦一未能斷定之問題也。據尋常百家姓譜。無一不祖黃帝。雖然江南民族自周初以至戰國。常見有特別之發達。其性質習俗頗與河北民族異。其程度。自是黃河沿岸與揚子江沿岸。其文明各自發達。不相承襲。而甌閩兩粤之間。當秦漢時。亦既已繁盛。有獨立之姿。若其皆自河北移來。則其移住之歲月。及其陳蹟。既不可考見矣。雖然種界者本難定者也。於難定之中而强定之。則對於白棕紅黑諸種。吾輩劃然黃種也。對於苗圖伯特蒙古匈奴滿洲諸種。吾輩儱然漢種也。號稱四萬萬同胞。誰曰不宜。

## 第六節　紀年

紀年者。歷史之符號。而於記錄考證所最不可缺之具也。以地理定空間之位置。以紀年定時間之位置。二者皆爲歷史上最重要之事物。凡符號之優劣。有一公例。卽其符號能劃一。以省人之腦力者爲優。反是則爲劣。是也。故凡野蠻時代之符號。必繁而雜。凡文明時代之符號。必簡而整。百端皆然。而紀年其一端也。古代之巴比倫人。以拿玻呐莎王爲紀元。（在今西曆紀元前七百四十七年）希臘人初時。以執政官或大祭司在位之時。按年紀之。其後改以和靈比亞之大祭爲紀元。（當紀元前七百六十七年）羅馬人以羅馬府初建之年爲紀元。（當紀元前七百五十三年）回教國民以教祖摩哈默德避難之年爲紀元。（當紀元前六百二十二年）猶太人以創世紀所言世界開闢爲紀元。（當紀元前三千七百六十一年）自耶穌立教以後。教會以耶穌流血之年爲紀元。至第六世紀。羅馬一教士。乃改用耶穌降生爲紀元。至今世界各國用之者過半。此泰西紀年之符號。逐漸改良。由繁雜而至簡便之大略也。吾中國向以帝王稱號爲紀。一帝王死。輒易其符號。此爲最野蠻之法。（秦漢以前各國各以其君主分紀之尤爲野蠻之野蠻）於考史者最不便。今試於數千年君主之年號。任舉其一以質諸學者。雖最淹博者亦不能具對也。故此法必當廢棄。似不待辨。惟廢棄之後。當採用何者以代之。是今日著中國史一緊要之問題也。甲說曰。當採世界通行之符號。仍以耶穌降生紀元。此最廓然大公。且從於多數。而與泰西交通利便之法也。雖然。耶穌紀元。雖占地球面積之多數。然通行之之民族。亦尚不及全世界人數三分之一。吾冒然用之。未免近於徇衆趨勢。其不便一。耶穌雖爲教主。吾人所當崇敬。而謂其教旨遂能涵蓋全世界。恐不能得天下後世人之畫諾。貿然用之。於公義亦無所取。其不便二。泰東史與耶穌教關係甚淺。用之種種不合。且以中國民族固守國粹之性質。欲强使改用耶穌紀年。終屬空言耳。其不便三。有此三者。此論似可拋置。乙說曰。當用我國民之初祖黃帝爲紀元。此喚起國民同胞之思想。增長團結力之一良法也。雖然。自黃帝以後。中經夏殷。以迄春秋之初年。其史記實在若茫若昧之中。無眞確之年代可據。終不能據一書之私言以武斷立定之。是亦美猶有憾者也。其他近來學者。亦有倡以堯紀元。以夏禹紀元。以秦一統紀元者。然皆無大理公益之可援引。不必多辯。於無一完備之中。惟以孔子紀年之一法。爲最合於中國。孔子爲泰東教主。中國第一之人物。此全國所公認也。而中國史之繁密而可紀者。皆在於孔子以後。故援耶教回教之例。以孔子爲紀。似可爲至當不易之公典。司馬遷作史記。既頻用之。但皆云孔子卒後若干年。是亦與耶穌教會初以耶穌死年爲紀。不謀而合。今法其生不法其死。定以孔子生年爲紀。此吾黨之微意也。

但取對勘之便。故本書紀年。以孔子爲正文。而以歷代帝王年號。及現在通行西曆。分注於其下。

## 第七節　有史以前之時代

史者記人間世過去之事者也。雖然。人類之起原。遠在書契以前。其詳靡得而稽焉。春秋緯稱自開闢至於獲麟。凡三百二十七萬六千歲。分爲十紀。其荒誕固不足道。而要之必有悠遠之時代。無可疑也。洪水時代。實爲全世界公共紀念物。故截稱洪水以前爲無史時代。洪水以後爲有史時代。亦不爲過。雖然。洪水之起原。及其經過之年代。雖以今世地質學家考據極周密。然猶紛紛莫衷一是。故以洪水平息後。始可爲眞正之有史時代。中國自古稱諸夏。稱華夏。夏者以夏禹之朝代而得名者也。中國民族之整然成一社會。成一國家。實自大禹以後。若其以前。則誠有如列子所謂三皇之事。若存若亡。五帝之事。若覺若夢者。其確實與否。萬難信也。故中國史若起筆於夏禹。最爲徵信。雖然。中國爲全世界文明五種源之一。其所積固自深遠。而黃帝爲我四萬萬同胞之初祖。唐虞夏商周秦之君統。皆其裔派。頗有信據。計自黃帝至夏禹。其間亦不過數百年。然則黃帝時去洪水之年。亦已不遠。司馬遷作史記。託始黃帝。可謂特識。故今竊取之。定黃帝以後爲有史時代。

一千八百四十七年以來。歐洲考古學會。專派人發掘地中遺物。於是有史以前之古物學。遂成爲一學派。近所訂定而公認者。有所謂史前三期。其一石刀期。其二銅刀期。其三鐵刀期。而石刀期中。又分爲新舊二期。此進化之一定階級也。雖其各期之長短久暫。諸地不同。然其次第則一定也。據此種學者之推度。則地球生物之起原在一萬萬年以前。而人類之遺跡。亦在一萬年乃至十萬年以前云。中國雖學術未盛。在下之層石。未經發見。然物質上之公例。無論何地。皆不可逃者也。故以此學說爲比例。以考中國有史前之史。決不爲過。據此種學者所稱新舊兩石刀期。其所經年代。最爲綿遠。其時無家畜。無陶器。無農產業。中國當黃帝以前。神農已作耒耜。蚩尤已爲弓矢。其已經過石器時代。交入銅器時代之證據甚多。然則人類之起。遐哉邈乎。遠在洪水時代以前。有斷然也。

又以人羣學之公例言之。凡各人羣。必須經過三種之一定時期。然後能成一龐大固結之團體。第一爲各人獨立有事則舉酋長之時期。第二爲豪族執政上則選置君主。下則指揮人民之時期。第三爲中央集權。漸漸鞏固。君主一人專裁庶政之時期。斯賓塞爾羣學云『譬有一未成規律之羣族於此。一旦或因國遷。或因國危湧出一公共之問題。則其商量處置之情形如何。必集其民衆於一大會場。而會場之中自然分爲二派。其甲派。則老成者。有膂力者。閱歷深而有智謀者。爲一領袖團體。以任調查事實討議問題之事。其乙派。則少年者。老羸者。智勇平凡者。爲一隨屬團體。占全種族之大部分。其權利義務。不過傍聽甲派之議論。爲隨聲附和之可否而已。又於領袖團體之中。必有一二人有超羣拔萃之威德。如老成之狩獵家。或狡獪之妖術家。專在會場決策而任行之。卽被舉爲臨事之首領云云』。然則一羣之中自劃然分爲三種之人物。卽其一最多數之隨屬團體。卽將來變成人民之胚胎也。其二則少數之領袖團體。卽將來變成豪族之胚胎也。其三則最少數之執行事務委員。卽將來變成君主之胚胎也。凡此三種人物。當其在太古野蠻時代。常相集合。距離不甚遠。又至今日文明時代。亦相結合距離不甚遠。惟中間所經過之趨勢。則三者常日漸分離。其政權。由多數而寖歸於少數。由少數而寖歸於最少數。蓋其初時。人人在本羣爲自由之競爭。非遇有外敵。則領袖團體。殆爲無用。其後因外敵數見。於是臨時首領。漸變而爲常任首領。而領袖團體之權力日以大焉。又其後此領袖團體中之有力者。各劃分權力範圍。成封建割據之形。而兼幷力征之勢日盛。久乃變成中央集權之君主政體。此歷代萬國之公例也。我中國當黃帝堯舜之時。純然爲豪族執政之時期。而且中央集權君主專裁之制。亦已萌芽發達。亦可見我中國有史以前。

既經絕遠之年代。而文明發達之早。誠足以自豪於世界也。

## 第八節　時代之區分

敘述數千年之陳跡。汗漫邈散。而無一綱領以貫之。此著者讀者之所苦也。故時代之區分起焉。中國二十四史。以一朝爲一史。卽如通鑑。號稱通史。然其區分時代。以周紀秦紀漢紀等名。是由中國前輩之腦識。只見有君主。不見有國民也。西人之著世界史。常分爲上世史中世史近世史等名。雖然。時代與時代相續者也。歷史者無間斷者也。人間社會之事變。必有終始因果之關係。故於其間若欲劃然分一界線。如兩國之定界約焉。此實理勢之所不許也。故史家惟以權宜之法。就其事變之著大而有影響於社會者。各以己意約舉而分之。以便讀者。雖曰武斷。亦不得已也。

第一上世史。自黃帝以迄秦之一統。是爲中國之中國。卽中國民族自發達自爭競自團結之時代也。其最主要者。在戰勝土著之蠻族。而有力者及其功臣子弟分據各要地。由酋長而變爲封建。復次第兼幷。力征無已。時卒乃由夏禹塗山之萬國。變爲周初孟津之八百諸侯。又變而爲春秋初年之五十餘國。又變而爲戰國時代之七雄。卒至於一統。此實漢族自經營其內部之事。當時所交涉者。惟苗種諸族類而已。

第二中世史。自秦一統後至清代乾隆之末年。是爲亞洲之中國。卽中國民族與亞洲各民族交涉繁賾競爭最烈之時代也。又中央集權之制度。日就完整。君主專制政體全盛之時代也。其內部之主要者。由豪族之帝政變爲崛起之帝政。其外部之主要者。則匈奴種西藏種蒙古種通古斯種次第錯雜。與漢種競爭。而自形質上觀之。

漢種常失敗。自精神上觀之。漢種常制勝。及此時代之末年。亞洲各種族。漸向於合一之勢。爲全體一致之運動。以對於外部大別之種族。

或問曰。此中世史之時代。凡亙二千年。不太長乎。曰。中國以地太大民族太大之故。故其運動進步。常甚遲緩。二千年來。未嘗受亞洲以外大別種族之刺激。故歷久而無大異動也。惟因此時代太長之故。令讀者不便。故於其中復分爲三小時代焉。俟本篇乃詳析之。今不先及。

第三近世史自乾隆末年以至於今日。是爲世界之中國。卽中國民族合同全亞洲民族。與西人交涉競爭之時代也。又君主專制政體漸就湮滅。而數千年未經發達之國民立憲政體。將嬗代興起之時代也。此時代今初萌芽。雖閱時甚短。而其內外之變動。實皆爲二千年所未有。故不得不自別爲一時代。實則近世史者。不過將來史之楔子而已。

# 國家思想變遷異同論

思想者。事實之母也。欲建造何等之事實。必先養成何等之思想。

世界之有完全國家也。自近世始也。前者曷爲無完全國家。以其國家思想不完全也。今泰西人所稱述之國家思想。果爲完全否乎。吾不敢知。雖然。以視前者。則其進化之跡。粲然矣。其得此思想也。非一朝一夕所驟致。非一手一足所幸成。或自外界刺激之。或自內界啓牖之。雖曰天演日進之公理。不得不然。然所以講求發明而提倡之者。又豈可緩耶。故今略述其變遷異同之大體。使吾國民比較而自省焉。苟思想之普及。則吾國家之成立。殆將不遠矣。

德國大政治學者伯倫知理所著國家學。將歐洲中世與近世國家思想之變遷。舉其特異之點。凡若干條。茲譯錄如下。

| 甲　中世 | 乙　近世 |
|---|---|
| 一、國家者。其生命與權利。受於上帝。國家之組織。皆由天意受天命。 | 一、國家者。本於人性。成於人爲。其所組織。乃共同生活之體。生民自構成之。生民自處理之。 |
| 二、國家二字之理想。全自教門之學說而來。王者代上帝君臨國家。王國卽神國也。天主教主持教令與國家之兩大權。謂教界之權。與俗世之權。皆上帝之所付。其一歸於教皇。其一歸於羅馬帝。卽耶穌新教。雖知教令干預政權之不可。然其論國家權。仍帶宗教上之思想。 | 二、以哲學及史學。定國家之原理。故近世之政治學。全自國家與吾人之相關如何著想。或曰國家者。由人人各求其安甯。求其自由。相議合意而結成者也。或曰國家者。同一之國民。自然發生之團體也。要之近世國家之理想。非全滯於宗教。亦非全離於宗教。至政治學之所務。則不在求合於天則。而在求合於人事。 |
| 三、中世國家之理想。雖非如東洋古國（指埃及猶太等）直接之神權政體。而尚不免爲間接之神權政體。蓋君 | 三、神權政體。與近世政治思想不相容。近世之國家。乃生民以憲法而構造之。其統治之權。以公法節 |

| | |
|---|---|
| 主者。神之副代理也。 | 制之。其行政也。循人生之道理。因人爲之方法。以圖國民之幸福。 |
| 四、國家由教徒之團體而成。故以教派之統一爲最要。凡異教無教之徒。不許有政權。且虐待之。 | 四、宗教無特權。無論公法私法。皆與教派不相涉。國家有保護『信教自由』之責任。無論何種教令。不得禁止淩害之。 |
| 五、耶穌教國。以教令爲形而上者。故視之也尊。以國家爲形而下者。故視之也卑。教主之位。在國王之上。教士之位。在平民之上。常享特權。免常務。 | 五、國事自有精神（國民之元氣）有形體（憲制）而成一法人（法人者謂自法律上視之與一個人同例）對於教令而有獨立之地位。且能以權力臨教會施行法律也。一切階級皆平等。教士不能有特優之權。 |
| 六、教育少年之事。皆由教會管之。各專門學。亦歸宗教勢力範圍。 | 六、國家所委於教會者。僅宗教教育耳。若學校則國家之學校也。一切專門學。皆脫宗教之羈絆。國家保護其自由。 |
| 七、無公法私法之別。無屬地所行之主權。殆如私管業之財產。君權者。一家族之權也。 | 七、公法與私法之區別極分明。公權與公務相倚。 |
| 八、因封建制度之故。國權破碎分離。自神而王。自王 | 八、國家者。自國民而成者也。但中央統制之權。仍存 |

| | |
|---|---|
| 而侯伯。自侯伯而士。自士而市府。逐漸推移。法律之組織極散漫。 | 於國家。國家因國民的基礎。其範圍日趨廣大。法律亦以國家統一之精神。施平等於全體。 |
| 九、代議選擧之權。由身分而異。貴族及敎士占非常之勢力。法律亦因階級爲區別。 | 九、選擧之權。達於人民全體。其根柢卽民政是也。法律通全國而爲一。 |
| 十、諸侯自保其家國。故盛行保護政略。國家主權。偏於一方。細民不能享自由。 | 十、全體之人民。各伸其共有之自由。又各服其自集之權力。 |
| 十一、國家無意志無精神。祇由於天性與趨勢而決行爲。如天然之生物然。其法律以習俗爲根柢。 | 十一、國家自有知覺。循至善之理。而行其法律。以公議別擇爲根柢。 |

吾今者略仿其例。推而衍之。擧歐洲舊思想與中國舊思想與歐洲新思想。試一比較列表如下。

| 甲　歐洲舊思想 | 乙　中國舊思想 | 丙　歐洲新思想 |
|---|---|---|
| 一、國家及君主人民。皆爲神而立者也。故神爲國家之主體。 | 一、國家及人民。皆爲君主而立者也。故君主爲國家之主體。 | 一、國家爲人民而立者也。君主爲國家之一支體。其爲人民而立。更不俟論。故人民爲國家之主體。十九世紀下半紀之國家主義亦頗言人民爲國家而立 |

| | 二 | 三 | 四 |
|---|---|---|---|
| | 二、人民之一部分。與國家有關係。國家者半公私之物也。可以據為己有。而不能一人獨有。 | 三、治人者為一級。被治於人者為一級。其地位生而即定。永不得相混。 | 四、帝王代天臨民。帝王之權即神權。幾與神為一體。 |
| | 二、國家與人民全然分離。國家者死物也。私物也。可以一人獨有之。其得之也以強權。以優先權。故人民之盛衰。與國家之盛衰無關。 | 三、治人者為一級。治於人者為一級。其級非永定者。人人皆可以為治人者。但既為治人者。即失治於人之地位。既為治於人者。即失治人者之地位。 | 四、帝王非天之代理者。而天之所委任者。故帝王對於天而負責任。 |
| 然與舊思想有絕異之點另詳 | 二、國家與人民一體。國家者活物也（以人民非死物故）公物也（以人民非私物故）故無一人能據有之者。人民之盛衰。與國家之盛衰。如影隨形。 | 三、有治人者。有治於人者。而無其級。全國民皆為治人者。亦皆為治於人者。一人之身。同時為治人者。亦同時即為治於人者。 | 四、帝王及其他統治權。非天之代理。而民之代理。非天之所委任。而民之所委任。故統治者對於民而負責任。 |

| | | |
|---|---|---|
| 五、政治爲宗教之附屬物。 | 五、宗教爲政治之附屬物。 | 五、政治與宗教各有其獨立之位置。兩不相屬。 |
| 六、公衆教育權在教會。 | 六、無公衆教育。 | 六、公衆教育權在國家。 |
| 七、立法權在少數之人。（君主及貴族）其法以神意爲標準。 | 七、立法權在一人。（君主）其法以古昔爲標準。（或據先哲之言或沿前朝之制或仍舊社會之習慣。 | 七、立法之權在衆人。（全國民）其法以民間公利公益爲標準。 |
| 八、（與中國舊思想略同。 | 八、無公法私法之別。國家對於人民。有權利而無義務。人民對於國家。有義務而無權利。 | 八、公法私法界限極明。國家對於人民。人民對於國家。人民皆各有其相當之權利義務。 |
| 九、全國人皆受治於法律。惟法律有種種階級。各人因其身分而有特異之法律。 | 九、惟君主一人立於法律之外。其餘皆受治於法律。一切平等。 | 九、全國人皆受治於法律。一切平等。雖君主亦不能違公定之國憲。 |
| 十、政權分散。或在王。或在諸侯。或 | 十、政權外觀似統一。而國中實分 | 十、政權統一。中央政府與團體自 |

| | |
|---|---|
| 在豪族。或在市府。無所統一。 | 十一、列國並立。政治之區域頗狹。且有貴族階級。故人民常不得自由。 |
| 無量數之小團體。或以地分。或以血統分。或以職業分。中央政權。謂之弱小也不可。謂之强大也亦不可。 | 十一、龐大一統。政治之區域寥闊。且無貴族階級。故政府雖非能予民以自由。而因其統治力之薄弱。人民常意外得無限之自由。(亦意外得無限之不自由。) |
| 治。各有權限。不相侵越。 | 十一、政府爲人民所自造。人民各尊其自由。又委託其公自由於政府。故政府統治之權甚大。而人民得有限之自由。 |

今考歐洲國家思想過去現在未來變遷之跡。舉其犖犖大者如下。

國家思想
- 過去
  - 一家族主義時代
  - 二酋長主義時代
  - 三帝國主義時代
    - 甲神權帝國
    - 乙非神權帝國
- 現在
  - 四民族主義時代
  - 五民族帝國主義時代
- 未來
  - 六萬國大同主義時代

過去者已去。如死灰之不能復然。未來者未來。如說食之不能獲飽。今暫置勿論。但取現在通行有力者而論之。今日之歐美。則民族主義與民族帝國主義相嬗之時代也今日之亞洲則帝國主義與民族主義相嬗之時代也。專就歐洲而論之則民族主義。全盛於十九世紀。而其萌達也在十八世紀之下半。民族帝國主義。全盛於二十世紀。而其萌達也在十九世紀之下半。今日之世界實不外此兩大主義活劇之舞臺也。

於現今學界有割據稱雄之二大學派。凡百理論皆由茲出焉而國家思想其一端也。一曰平權派。盧梭之徒爲民約論者代表之二曰强權派斯賓塞之徒爲進化論者代表之平權派之言曰。人權者出於天授者也。故人人皆有自主之權。人人皆平等國家者由人民之合意結契約而成立者也故人民當有無限之權而政府不可不順從民意。是卽民族主義之原動力也其爲效也。能增個人强立之氣。以助人羣之進步及其弊也陷於無政府黨。以壞國家之秩序。强權派之言曰。天下無天授之權利。惟有强者之權利而已。故衆生有天然之不平等。自主之權當以血汗而獲得之。國家者由競爭淘汰不得已而合羣以對外敵者也。故政府當有無限之權。而人民不可不服從其義務。是卽新帝國主義之原動力也其爲效也。能確立法治（以法治國謂之法治）之主格以保團體之利益。及其弊也。陷於侵略主義。蹂躪世界之和平。

十八十九兩世紀之交民族主義飛躍之時代也。法國大革命開前古以來未有之偉業。其『人權宣言書』曰。『凡以己意欲棲息於同一法律之下之國民。不得由外國人管轄之。又其國之全體乃至一部分。不可被分割於外國。蓋國民者獨立而不可解者也。』云云。此一大主義。以萬丈之氣燄。磅礴衝激於全世界人人之腦中。順之者興。逆之者亡。以拿破崙曠世之才。氣吞地球八九於其胸而曾不芥蔕。卒乃一蹶再蹶。身爲囚虜。十年壯圖。

泡滅如夢。亦惟反抗此主義之故。拿破崙之既敗也。此主義亦如皎日之被翳。風雷雖歇。殘雲未盡。於時比利時合併於荷蘭。荷爾士達因。（目耳曼族之一都府也）被領於丹麥。意大利之大部被軛於奧國。匈牙利及波希米亞亦皆被略於奧國。波蘭爲俄普奧所分。巴幹半島諸國見掩於土耳其。一時國民獨立之原理。若將中絕焉。曾幾何時。而希臘抗土以獨立矣。比利時自荷蘭而分離矣。荷爾士達因後還於德國矣。數百年憔悴於敎政帝政下之德意志意大利。皆新建國稱雄於地球矣。匈牙利亦得特別自治之憲法矣。羅馬尼亞塞爾維亞門的內哥皆仰首伸眉矣。愛爾蘭自治之案通過矣。至千九百年頃。其風潮直馳捲騰溢於歐洲以外之天地。以區區荒島之非律賓。一度與百年軛縛之西班牙抗。而脫其羈絆。再度與富源莫敵之美國抗。雖暫挫跌。而其氣未衰焉。以崎嶇山谷之杜蘭斯哇兒。其人口曾不及倫敦負郭之一小區。致勞堂堂大英三十餘萬之雄兵。至今猶患苦之。凡百年來種種之壯劇。豈有他哉。亦由民族主義磅礴衝激於人人之胸中。甯粉骨碎身。以血染地。而必不肯生息於異種人壓制之下。英雄哉。當如是也。國民哉。當如是也。今日歐洲之世界。一草一石。何莫非食民族主義之賜。讀十九世紀史。而知發明此思想者。功不在禹下也。

民族主義者。世界最光明正大公平之主義也。不使他族侵我之自由。我亦毋侵他族之自由。其在於本國也。人之獨立。其在於世界也。國之獨立。使能率由此主義。各明其界限以及於未來。永劫豈非天地間一大快事。雖然。正理與時勢。亦常有不並容者。自有天演以來。卽有競爭。有競爭則有優劣。有優劣則有勝敗。於是强權之義。雖非公理。而不得不成爲公理。民族主義發達之既極。其所以求增進本族之幸福者。無有厭足。內力既充。而不得不思伸之於外。故曰。兩平等者相遇。無所謂權力。道理卽權力也。兩不平等者相遇。無所謂道理。權力卽道理也。

由前之說。民族主義之所以行也。歐洲諸國之相交則然也。由後之說。帝國主義之所以行也。歐洲諸國與歐外諸國之相交則然也。於是乎厚集國力擴張屬地之政策。不知不覺遂蔓延於十九世紀之下半。雖然其所以自解也則亦有詞矣。彼之言曰世界之大部分。被掌握於無智無能之民族。此等民族。不能發達其天然力。（如礦地山林等）以供人類之用。徒令其廢棄。而他處文明民族。人口日稠。供用缺乏。無從挹注。故勢不可不使此劣等民族。受優等民族之指揮監督。務令適宜之政治。普遍於全世界。然後可以隨地投資本以圖事業之發達。以增天下之公益。此其口實之大端也。不甯惟是。彼等敢明目張膽謂世界者有力人種世襲之財產也。有力之民族。攘斥微力之民族。而據有其地實天授之權利也。不甯惟是。彼等謂優等國民以强力而開化劣等國民。爲當盡之義務。苟不爾則爲放棄責任也。此等主義既盛行。於是種種無道之外交手段。隨之而起。故德國以殺兩教士之故而掠口岸於支那。英國以旅民權利之故而興大兵於波亞。其餘互相猜忌互相欺蔽之事。往來於列强外交家之頭腦者。蓋日多一日也。其究也。如美國向守們羅主義。超然立於別世界者。亦遂狡焉變其方針。一舉而墟夏威夷。再舉而刈非律賓。蓋新帝國主義。如疾風。如迅雷。飆然訇然震撼於全球。如此其速也。

新帝國主義之既行。不惟對外之方略。一變而已。卽對內之思想。亦隨之而大變。蓋民族主義者。謂國家恃人民而存立者也。故甯犧牲凡百之利益以爲人民。帝國主義者。言人民恃國家而存立者也。故甯犧牲凡百之利益以爲國家。强幹而弱枝。重團體而輕個人。於是前者以政府爲調人爲贅疣者。一反響間而政府萬能之語。遂徧於大地。甚者如俄羅斯之專制政體。反得以機敏活潑。爲萬國之所歆羨。而人權民約之舊論。幾於蕭條門巷無人問矣。迴黃轉綠。循環無端。其現狀之奇有如此者。今試演孟子之言。以證明國家思想之變遷如下。

十八世紀以前　君爲貴　社稷次之　民爲輕
十八世紀末至十九世紀　民爲貴　社稷次之　君爲輕
十九世紀末至二十世紀　社稷爲貴　民次之　君爲輕

雖然。十九世紀之帝國主義與十八世紀前之帝國主義。其外形雖混似。其實質則大殊。何也。昔之政府以一君主爲主體。故其帝國者獨夫帝國也。今之政府以全國民爲主體。故其帝國者民族帝國也。凡國而未經過民族主義之階級者。不得謂之爲國。譬諸人然。民族主義者。自胚胎以至成童所必不可缺之材料也。由民族主義而變爲民族帝國主義。則成人以後謀生建業所當有事也。今歐美列強皆挾其方剛之膂力。以與我競爭。而吾國於所謂民族主義者。猶未胚胎焉。頑錮者流。墨守十八世紀以前之思想。欲以與公理相抗衡。卵石之勢。不足道矣。吾尤恐乎他日之所謂政治學者。耳食新說。不審地位。貿然以十九世紀末之思想爲措治之極則。謂歐洲各國既行之而效矣。而遂欲以政府萬能之說。移殖於中國。則吾國將永無成國之日矣。知他人以帝國主義來侵之可畏。而速養成我所固有之民族主義以抵制之。斯今日我國民所當汲汲者也。

## 堯舜爲中國中央君權濫觴考

堯舜禪讓。爲中國史上第一盛事。非特尋常舊學所同推贊而已。卽近世言民權言大同者。亦莫不稱道堯舜。以證明中國古有民主制度。其意不可謂不善。吾以爲民主制度。天下之公理。凡公理所在。不必以古人曾行與否爲輕重也。故堯舜禪讓之事實。與今日之新主義無甚影響。卽使堯舜果有禪讓。則其事亦與今日民主政體絕異。何則。民主國者。其主權在國民。其舉某人爲民主。由於全國人之同意。絕非君主所得而禪讓也。禪讓者私相授受之意也。凡人必其己所自有之物。然後能舉以授人。國家者豈君主所有物乎。以國家爲君主所有物。是正沈惑於專制政體之謬想耳。故孟子云。堯以天下與舜有諸。曰否。天子不能以天下與人。言禪讓者非天子權限內所得有之事也。孟子此言。可謂有國家思想者也。雖然。此又不過就尋常傳述者而論之耳。若考其實事。則又與尋常所想像不能無異。若非詳細辨論之。則於中國上古之國體。不得其眞相。而進化之理不能明。歷史之義務不能盡。故吾今者不得不一言中國上古之國體。蓋有力之諸侯及豪族。選立帝王。而委以政權。己亦從而參與之也。至其被選之資格。則亦略有限制。故按黃帝以來之譜系。其帝王皆出自黃帝之血族。大抵於同宗族之中。擇其最賢明有望實者而立之。其系統之遠近親疎。固所不計也。如帝舜以黃帝八代孫。起自民間。代堯卽位。大禹亦以黃帝數代之孫而繼舜。伯益亦以顓頊數世之孫而爲禹所薦。推而上之。則少昊以黃帝次妃方雷氏所生之子。何以能淩元妃之子玄囂昌意而繼立。少昊既立。何以不能傳位於其子。而昌意之子顓頊嗣其位。顓頊既立。又何以不能傳位於其子。而玄囂之孫帝嚳嗣其位。其中選立之權。必有主之者。不可不察也。其尤著明者。則帝嚳之長子帝摯既立。僅九年而諸侯廢之。以立帝堯。夫廢君之事。自後世史家觀之。鮮不以爲大逆不道。而當時若甚平平無奇者。蓋貴族帝政時代之常習也。然則舜以族孫而繼堯。禹以族弟（或族叔族姪）而繼舜。以視顓頊帝嚳之以姪繼叔。帝堯之以弟繼兄。其事亦相去不遠耳。要而論之。則中國之政體。自黃帝以前。君主無世襲權。大禹以後。君主有世襲權。而自黃帝至大禹之間。則世襲權定而不定之過渡時代也。子賢則傳子。不賢則擇他之賢者而立之。是可謂無世襲權。雖然。其所選之賢者。必在同族中。是可謂稍有世襲權。此過渡時代。前後實亙四百餘年至禹而始定。若是者謂之豪族帝政。此種政體。在他邦亦往往有之。現今阿非利加洲之阿比斯尼亞國。其王位由一族世襲。而其人則由選立也。（布拉士尼羅河源紀行）是實與我國古時之政體相同。當十二世紀前。西班牙亦嘗行選舉君主之制度。蓋有貴族的小團體。司選舉權。當王位有闕。則共選立之。哈藍氏中世史又德國當紀元九百十一年後。帝統中絕。國中大族相會同而舉佛郎哥尼亞公登帝位。自此德國變爲選立主義之帝國。有所謂司選侯者。實握一國之大權。此等事實。可爲中國上古政體之左證。就此以觀。可知黃帝堯舜時之君權。絕非如後世帝者之强盛。其主權大半在豪族之手。若帝者之意見與豪族相衝突時。決不能行其志。或並其位而不能保。亦未可知。苟不明此原因。則讀當時之史。有令人大不可解者。卽如鯀者四凶之一也。當堯時其惡德既顯。堯咨治水於四嶽。四嶽舉鯀。堯既斥其方命圮族。而不能不屈意以用之。以至九載無功。若使堯果有全權。則以如許重大之事。委於明知其不可之人。堯豈不重負天下乎。又如所謂八元八愷者。皆堯之親族。其中如稷如契。則堯之異母兄弟也。堯豈不知之。而不能舉。蓋皆由豪族之阻撓而已。故後此堯欲讓舜。而必先讓於四岳。俟四岳舉舜。然後試之以示不專。舜欲授禹等九官。亦必詢於四岳。任其推薦。可想見當時天子與四岳之關係矣。白虎通云。四岳總四岳諸侯之事者也。然則四岳之官。實全國諸侯之代表。其名義與美國上議院議員代表各州者略同。而其權力恰如德國前者之司選侯。下之黜陟官吏。上之廢置君主。皆其職權所行之事。是實可以參觀而得之者也。故舜受堯禪後。必讓堯之子於南河之南。禹受舜禪後。必避舜之子於陽城。待諸侯朝覲訟獄謳歌者皆歸。然後踐天子位。亦視當時豪族爲趨向也。堯在位七十二年。舜在位六十一年。此百三十三年中。中央政府。漸加整頓。權力日盛。能漸收豪族之權於帝室。而禹之大功。又足以震懾天下。故堯不能去四凶舜不能服有苗而禹則會諸侯於塗山執玉帛者萬國防風氏後至直取而戮之蓋主權之雄强迥非昔比矣此所以世襲之權至是而確定也而當夏后之世四岳之官亦已不見然則四岳之與德國司選侯相類尤可信矣由此觀之則傳賢傳子之變遷實由政體之進化使然非至於禹而德衰實至於禹而力盛也然堯舜之能擇人而推薦之則其功德固自不可誣耳

吾之齗齗致辯於此者非必欲將我民族數千年所尊仰之堯舜貶損其聲譽以爲快也凡史家之義務貴按世界進化之大理原則證之於過去確實之事以引導國民之精神者也疇昔所言堯舜推之太過反失其眞相是亦窒吾人思想之一端也吾今請更廣伸其義自由民政者世界上最神聖榮貴之政體也而此種政體我中國昔有之乎若其有之則其消滅歇絕在何時因何事此數問題者是我輩所必當研究也西人之言動曰自由制度者阿利揚人種所專有也當狉榛未闢之世阿利揚人種散居於德國之林莽其時自由之制已胚胎逐漸發達以至於今日果如此言則是此種美德將爲白種所壟斷而他種殆難冀矣然按之實事其說乃大謬不然當天造草昧之始無論何種人皆有所謂自由性者不過彼乃無制裁之自由故謂之野蠻之自由此乃制裁之自由故謂之文明之自由云爾但其爲自由性則一也凡人羣進化之階級皆有一定其第一級則人人皆棲息於一小羣之中人人皆自由無有上下尊卑强弱之別者也亦名爲野蠻自由時代其第二級因與他羣競爭不得不舉羣中之有智勇者以爲臨時酋長於是有所謂領袖團體者出以指揮其羣久之遂成爲貴族封建之制度者也亦名貴族帝政時代其第三級則競爭日烈兼幷盛行久之遂將貴族封建一切削平而成爲郡縣一統者也名爲君權極盛時代其第四級則主權既定後人羣之秩序已鞏固君主日以專制人民日以開明於是全羣

之人共起而執回政權。名爲文明自由時代。此數種時代。無論何國何族。皆循一定之天則而遞進者也。但此四時代之起伏久暫。則恆因乎兼幷競爭之或劇或不劇以爲差。競爭愈烈。則領袖團體之勢力愈大。而最初之人民自由權。不得不消滅。兼幷愈行。則中央政府之主權愈盛。而少數之領袖團體的權利。亦不得不摧壞。此自然之數也。阿利揚人種之自由制度。所以能綿延不斷。逐漸發達。以放大光明於今日者。皆由英國以海外孤島。保存其一線耳。若在歐洲大陸。則自百年以前。此種自由之光影。幾韜匿而不可復覩。其故何歟。蓋由英國以彈丸之地。僻在海隅。兼幷之禍不烈。而所謂英吉利撒遜人種之初入英國也。即有所謂撒遜七王國者。相峙並立。均勢以保和平。故於自由主義。所存獨多焉。猶古代希臘半島。小國林立。而於自由之發達保存大有力也。由此觀之。則凡在大陸之地者。其競爭必愈烈。其兼幷必愈盛。兼幷盛則小國不能自存。而必成一大帝國。既爲一大帝國。則必厚集中央政府之權力。而原初之自由權。遂至絕跡而無遺類。此歐洲大陸之自由發達所以不如英國。而亞洲大陸之自由發達所以不如歐洲也。然則自由制度。必非阿利揚人所專有。不過幸得合宜之地。藉以保其固有之殘喘。而吾中國則全然中斷云爾。此實關於地理上之天演。非人力所能爲也。而以吾中國史觀之。則自黃帝以前。爲第一級野蠻自由時代。自黃帝至秦始皇。爲第二級貴族帝政時代。自秦始皇至乾隆。爲第三級君權極盛時代。而自今以往。則將交入第四級文明自由時代者也。中國舊學家之論堯舜。或以君權極盛時代擬之。新學家之論堯舜。又或以文明自由時代擬之。不知堯舜當時實貴族帝政初發達之時代。亦即最初自由制度消滅適盡之時代。而堯舜之所以爲堯舜。其功德不在能開闢民政。而在能確立帝政也。故世之稱堯舜以爲民主之濫觴者。雖其意甚盛。然不可不謂之厚誣古人也。

或曰，如子所言，堯舜爲君權專制之發軔，則堯舜千古罪人矣，何功德之可云。曰，是不然，凡國家必經過此四級時代而後完全成立，缺一不可焉。欲使國內無數之小羣，泯其界限，以成一强固完整之大羣，非專制不爲功也。堯舜之有大造於中國，即在此焉耳。

# 過渡時代論

## 一　過渡時代之定義

今日之中國，過渡時代之中國也。

過渡有廣狹二義，就廣義言之，則人間世無時無地而非過渡時代，人羣進化，級級相嬗，譬如水流，前波後波相續不斷，故進步無止境，即過渡無已時，一日不過渡，則人類或幾乎息矣。就狹義言之，則一羣之中常有停頓與過渡之二時代，互起互伏，波波相續體，是爲過渡相，各波具足體，是爲停頓相。於停頓時代，而膨脹力（即漲力）之現象顯焉，於過渡時代，而發生力之現象顯焉。歐洲各國自二百年以來，皆過渡時代也，而今則其停頓時代也。中國自數千年以來，皆停頓時代也，而今則過渡時代也。

## 二　過渡時代之希望

過渡時代者，希望之湧泉也，人間世所最難遇而可貴者也。有進步則有過渡，無過渡亦無進步。其在過渡以前，止於此岸，動機未發，其永靜性何時始改，所難料也。其在過渡以後，達於彼岸，躊躇滿志，其有餘勇可賈與否，亦難料也。惟當過渡時代。則如鯤鵬圖南。九萬里而一息。江漢赴海。百千折以朝宗。大風泱泱。前途堂堂。生氣鬱蒼。雄心喬皇。其現在之勢力圈。矢貫七札。氣呑萬牛。誰能禦之。其將來之目的地。黃金世界。荼錦生涯。誰能限之。故過渡時代者。實千古英雄豪傑之大舞臺也。多少民族由死而生。由剝而復。由奴而主。由瘠而肥。所必由之路也。美哉過渡時代乎。

## 三　過渡時代之危險

抑過渡時代。又恐怖時代也。青黃不接。則或受之饑。卻曲難行。則惟茲狼狽。風利不得泊。得毋滅頂滅鼻之懼。馬逸不能止。實維躓山躓垤之憂。摩西之彷徨於廣漠。閣龍之漂泛於泰洋。賭萬死以博一生。斷後路以臨前敵。天下險象。寧復過之。且國民全體之過渡。以視個人身世之過渡。其利害之關係。有更重且劇者。所向之鵠若誤。或投網以自戕。所導之路若差。或迷途而靡屆。故過渡時代。又國民可生可死。可剝可復。可奴可主。可瘠可肥之界線。而所爭間不容髮者也。

## 四　各國過渡時代之經驗

船頭坎坎者。自由之鼓耶。船尾舒舒者。獨立之旗耶。當十八十九兩世紀中。相銜相逐。相提攜。乘長風。衝怒濤。以過渡於新世界者。非遠西各國耶。順流而渡者。其英吉利耶。亂流而渡者。其法蘭西耶。方舟聯隊而渡者。其德意志意大利瑞士耶。攘臂馮河而渡者。其美利堅匈牙利耶。借風附帆而渡者。其門的內哥塞爾維亞希臘耶。維也納溫和會議所不能遏。三帝國神聖同盟所不能禁。拿破崙席捲囊括之戰略所不能撓。梅特涅飼狙豢虎之政術所不能防。或渡一次而達焉。或渡兩三次而始達焉。或渡一關而止焉。或渡兩三關而猶未止焉。或中途逢大敵。血戰突圍而逕渡焉。或發端遇挫折。捲土重來而卒渡焉。吾讀水滸傳宋公明何以破祝莊。吾讀西游記唐三藏何以到西域。吾以是知過渡之非易。吾以是知過渡之非難。我陟高丘。我瞻彼岸。樂土樂土。先鞭已屬他人。歸歟歸歟。座位尚容卿輩。角聲動地。提耳以喚。魂兮巾影。漫天招手而邀。卬涉河漢。淸且淺相去復幾許。盈盈一水間。脈脈不得語。望門大嚼。我勞如何。

## 五　過渡時代之中國

今世界最可以有爲之國。而現時在過渡中者有二。其一爲俄羅斯。俄國自大彼得及亞歷山大第二以來。幾度厲行改革。輸入西歐文明。其國民腦中漸有所謂世界公理者。日浸月潤。愈播愈廣。不可遏抑。而其重心力實在於各學校之學生。今世識微之士。謂俄羅斯將達於彼岸之時不遠矣。其二則爲我中國。中國自數千年來。常立於一定不易之域。寸地不進。跬步不移。未嘗知過渡之爲何狀也。雖然。爲五大洋驚濤駭浪之所衝激。爲十九世紀狂飆飛沙之所驅突。於是穹古以來祖宗遺傳深頑厚錮之根據地。遂漸漸摧落失陷。而全國民族。亦遂不得不經營慘澹。跋涉苦辛。相率而就於過渡之道。故今日中國之現狀。實如駕一扁舟。初離海岸線。而放於中流。卽俗語所謂兩頭不到岸之時也。語其大者。則人民旣憤獨夫民賊愚民專制之政。而未能組織新政體以代之。是政治上之過渡時代也。士子旣鄙考據詞章庸惡陋劣之學。而未能開闢新學界以代之。是學問上之過渡時代也。社會旣厭三綱壓抑虛文縟節之俗。而未能研究新道德以代之。是理想風俗上之過渡時代也。語其小者。則例案已燒矣。而無新法典。科舉議變矣。而無新教育。元兇處刑矣。而無新人才。北京殘破矣。而無新都城。數月以來。凡百舉措。無論屬於自動力者。屬於他動力者。殆無一而非過渡時代也。故今日我全國人可分爲兩種。其一老朽者流。死守故壘。爲過渡之大敵。然被有形無形之逼迫。而不得不涕泣以就過渡之途者也。其二青年者流。大張旗鼓。爲過渡之先鋒。然受外界內界之刺激。而未得實把握以開過渡之路者也。而要之中國自今以往。日益進入於過渡之界線。離故步日以遠。衝盤渦日以急。望彼岸日以親。是則事勢所必至。而絲毫不容疑義者也。以第二節之現象言之。可愛哉。其今日之中國乎。以第三節之現象言之。可懼哉。其今日之中國乎。

## 六　過渡時代之人物與其必要之德性

時勢造英雄耶。英雄造時勢耶。時勢英雄。遞相爲因。遞相爲果耶。吾輩雖非英雄。而日日思英雄。夢英雄。禱祀求英雄。英雄之種類不一。而惟以適於時代之用爲貴。故吾不欲論舊世界之英雄。亦未敢語新世界之英雄。而惟望有崛起於新舊兩界線之中心的過渡時代之英雄。竊以爲此種英雄所不可缺之德性。有三端焉。

其一冒險性。是過渡時代之初期所不可缺者也。過渡者。改進之意義也。凡革新者不能保持其舊形。猶進步者必當擲棄其故步。欲上高樓。先離平地。欲適異國。先去故鄉。此事勢之最易明者也。雖然。保守戀舊者。人之恆性也。傳曰。凡民可以樂成。難與圖始。故欲開一堂堂過渡之局面。其事正自不易。蓋凡過渡之利益。爲將來耳。然當過去已去。將來未來之際。最爲人生狼狽不堪之境遇。譬有千年老屋。非更新之不可復居。然欲更新之。不可不先權棄其舊者當舊者已破新者未成之頃往往瓦礫狼藉器物播散其現象之蒼涼有十倍於從前焉尋常之人觀目前之小害不察後此之大利或出死力以尼其進行即一二稍有識者或膽力不足長慮卻顧而不敢輕於一發此前古各國所以進步少而退步多也故必有大刀闊斧之力乃能收篳路藍縷之功必有雷霆萬鈞之能乃能造鴻鵠千里之勢若是者舍冒險末由

其二忍耐性是過渡時代之中期所不可缺者也過渡者可進而不可退者也又難進而易退者也摩西之率猶太人出埃及以遷於迦南也飄流躑躅於沙漠間者四十年與天氣戰與猛獸戰與土蠻戰停辛佇苦未嘗寧居同行儔類睊睊怨讟大業未成鬢髮已白此尋常豪傑之士所最扼腕而短氣者也且夫所志愈大者則其成就愈難所行愈遠者則其歸宿愈遲事物之公例也故倡率國民以經此過渡時代者其間恆過內界外界無量無數之阻力一挫再挫三挫經數十年百年而及身不克見其成者比比然也非惟不見其成或乃受唾受罵雖有口舌而無以自解故非有過人之忍耐性者鮮有不半路而退轉者也詁曰行百里者半九十掘井九仞猶為棄井山虧一簣遂無成功惟危惟微間不容髮故忍耐性者所以貫徹過渡之目的者也

其三別擇性是過渡時代之末期所不可缺者也凡國民所貴乎過渡者不徒在能去所厭離之舊界而已而更在能達所希望之新界焉故冒萬險忍萬辱而不辭為其將來所得之幸福足以相償而有餘也故倡率國民以就此途者苟不為之擇一最良合宜之歸宿地則其負國民也實甚世界之政體有多途國民之所宜亦有多途天下事固有於理論上不可不行而事實上萬不可行者亦有在他時他地可得極良之結果而在此時此地反招不良之結果者作始也簡將畢也鉅故坐於廣廈細旃以談名理與身入於驚濤駭浪以應事變其道不得不

絕異。故過渡時代之人物。當以軍人之魄。佐以政治家之魂。政治家之魂者何。別擇性是已。凡此三種德性。能以一人而具有之者上也。一羣中人。各備一德。組成團體。互相補助。抑其次也。嗟乎。英雄造時勢耶。時勢造英雄耶。時勢時勢。寧非今耶。英雄英雄。在何所耶。抑又聞之。凡一國之進步也。其主動者在多數之國民。而驅役一二之代表人以爲助動者。則其事罔不成。其主動者在一二之代表人。而强求多數之國民以爲助動者。則其事鮮不敗。故吾所思所夢所禱祀者。不在轟轟獨秀之英雄。而在芸芸平等之英雄。

# 滅國新法論

今日之世界。新世界也。思想新。學問新。政體新。法律新。工藝新。軍備新。社會新。人物新。凡全世界有形無形之事物。一一皆闢前古所未有。而別立一新天地。美哉新法。盛哉新法。人人知之。人人慕之。無俟吾論。吾所不能已於論者。有滅國新法在。

滅國者。天演之公例也。凡人之在世間。必爭自存。爭自存則有優劣。有優劣則有勝敗。劣而敗者。其權利必爲優而勝者所吞併。是卽滅國之理也。自世界初有人類以來。卽循此天則。相搏相噬。相嬗相代。以迄今日。而國於全地球者。僅百數十焉矣。滅國之有新法也。亦由進化之公例使然也。昔者以國爲一人一家之國。故滅國者必虜其君焉。瀦其宮焉。毀其宗廟焉。遷其重器焉。故一人一家滅而國滅。今也不然。學理大明。知國也者一國人之公產也。其與一人一家之關係甚淺薄。苟眞欲滅人國者。必滅其全國。而不與一人一家爲難。不甯惟是。常借一人一家之力。以助其滅國之手段。故昔之滅人國也。以撻之伐之者滅之。今之滅人國也。以噢之咻之者滅之。昔之滅人國也驟。今之滅人國也漸。昔之滅人國也顯。今之滅人國也微。昔之滅人國也使人知之而備之。今之滅人國也使人親之而引之。昔之滅國者如虎狼。今之滅國者如狐狸。或以通商滅之。或以放債滅之。或以代練兵滅之。或以設顧問滅之。或以通道路滅之。或以煽黨爭滅之。或以平內亂滅之。或以助革命滅之。其精華已竭。機會已熟也。或一舉而易其國名焉。變其地圖之顏色焉。其未竭未熟也。雖襲其名仍其色。百數十年可也。嗚呼。泰西列强以此新法施於弱小之國者。不知幾何矣。謂余不信。請舉其例。

一徵諸埃及。埃及自蘇彝士河開通之後。始借債於外國。其時正值歐洲諸國物產過度。金價停滯。而資本家懷金無所用之時也。乃恃己國之强。利埃及之弱。以重利而行借貸之術。一千八百六十二年。借一千八百五十萬打拉。（一打拉當墨銀二元）其六十四年借二千八百五十二萬打拉。皆有所謂經手周旋費者。埃政府所得實額僅十之七耳。其初驟進多金。外觀忽增繁盛。埃王心醉外債之利。復於六十五年六十六年借三千餘萬打拉。六十八年借五千九百四十五萬打拉於英法之都。土耳其者。埃及之上國也。慮其後患。從而禁之。而埃王左右有歐人而爲顧問官者。說以富國學之哲理。惑以應時機之讕言。復以一千八百七十年。更借新國債三千五百七十萬打拉。而所謂周旋費者去其千萬焉。土國政府愈禁之。歐人資本家愈趨之。卒至行四百五十萬打拉之重賄以賂土廷。以求廢其禁埃借債之詔令。其結局也。卒使埃及政府共借外債至五萬萬三千二百餘萬打拉。夫英法之資本家。豈不知埃及之貧弱不足以負擔此重債乎哉。其所謂顧問官者。豈非受埃之祿而事埃之事者哉。其各國之政府官吏。豈不日言文明。日言和親。以與埃廷相往來者哉。而何以孳孳焉懇懇焉獻甘言。行重賂。務送其巨萬貨財於紛濁不可知之地。此實在舊法滅國時代。百思而不得其解者也。曾幾何時。至於一千八百七十四五年。而埃及財政掃地不可收拾。債主愈迫。國帑全空。於是有英國領事迫埃王聘請長於理財之英人爲顧問官之事矣。募民債。（其法殆如中國數年前之昭信股票）加租稅。絲毫無所補。其七十六年。遂有各國領事迫埃王設立財政局以英法兩國人爲局長之事矣。局長履任之始。因本國戶部大臣議論不合。立置諸重典。遂以外人監督歲入管鐵道掌關稅。而財權全外移矣。七十七年。而財政局增聘數十歐人。支俸給十七萬五千打拉矣。未幾又以領事之勸。而給債主以厚祿矣。不甯惟是。關稅之權既握於外國。而歐人在埃者十萬。皆私販運。而不納稅矣。及埃廷以此事詰責英法領事。英法政府猶復依違不答。經年之後。始以埃及內政不修爲辭。竟橫行而無憚矣。至七十八年。遂使埃及兩倍其人頭稅。三倍其營業稅。羅掘以還利息。而每年歲入四千七百餘萬打拉者。僅能以五百三十五萬供本國政費。其餘盡投諸外人矣。全國官吏經數月不得支俸。而歐人之傭聘者。其厚俸如故矣。未幾而歐人訟埃王。裁判於歐人司理之會審法院矣。未幾而將埃王所有私產典與歐客。以償債息矣。究其極也。卒乃將埃及歲入歲出之權。全歸外人之手。直以英法人入政府。尸戶部工部二大臣之位。是實千七百七十八年事也。二大臣既入政府。借更新百度之名。謂埃及人老朽不可用。遽免要官五百餘人。而悉代以歐人矣。自七十九年至八十二年。四載之間。全國官吏。次第嬗易至於歐人在位者一千三百二十五人。俸給百八十六萬五千打拉。而其名猶曰。代埃及振興內治也。整理財政也。及至山窮水盡。羅掘俱空之際。猶復裁減兵士之餉。使軍隊無力不能相抗。增加貴族之稅。使豪強盡鋤。無復自立。清查通國之田畝。使農民騷動。雞犬不寧。猶以爲未足。又欺小民之無識。以甘言誘。以强威迫。使全國的土地大半歸歐人之管業。民無所得食。鬻家畜以糊口。餓莩載道。囹圄充闐。而埃王卒乃被廢。擁立新王之權。歸於債主之手矣。不甯惟是埃及國民於忍之無可忍。望之無可望。呼籲不聞生路全絕之際，不得不羣起而與外敵爲難。而所謂重文明守道義之大英國，所謂尊耶敎倡自由之格蘭斯頓，直以數萬之雄師壓埃境，挾埃王以伐埃民。石卵不敵，義旗遂靡，而埃及愛國之志士，卒俯首繫頸，流竄於異洲之孤島，而全埃之生機絕矣。嗚呼！世有以借外債用客卿而爲救國之策者乎？吾願與之一觀埃及之前途也。雖然，吾無怪焉，滅國之新法則然耳。

其二徵諸波蘭。波蘭者，歐洲千年之名國也。當十七世紀初葉，波政始衰，瑞典王廢波王，別立新主，未幾而前王以俄援復位，惴息於俄皇勢力之下。國中復分爲兩大黨派，其一仰普法之庇蔭，其一藉俄爲後援，於政治上，於宗教上，訌爭不息。俄人利其有釁也，於是貌爲熱誠博愛，以甘言狡計結其歡心，且煽其黨爭，使日益劇烈，遂藉詞扶助公義，屯兵四萬於波蘭境上，以爲聲援。俄兵既集，乃使人脅從所庇之黨以二事：一曰對波王絕君臣之分，二曰許俄皇以干涉內政之權。所庇黨既陷術中，欲脫不得，俄軍乃於貴族議院前築一砲臺，使數兵卒立砲側，爇火以待，迫全院議員畫諾。此後俄公使遂握廢置波王、生殺波民之權者凡數十年。爾後土耳其、普魯士、奧大利諸國展轉效尤，國內之爭亦囂囂未已，而俄人始終挾波王以令波民，不遽廢其位也。迨國民同盟黨到處蠭起，仍藉王室以壓制之，一切義士指爲叛民，殺戮竄流，無所不至。量其國民之氣不可復振，乃從而豆剖而瓜分之。至千七百七十二年，而波蘭之名遂絕於地圖矣。世有以爭黨派聯外國爲自保祿位之計者乎？吾願與一覽波蘭之覆轍也。雖然，吾無怪焉，滅國之新法則然耳。

其三徵諸印度。印度之滅亡，可謂千古亡國之奇聞也。自古聞有以國滅人國者，未聞有以無國滅人國者。（如古者民族遷徙掠踞土地者，雖未成爲國，而全體團結，已有國之形；若本國人民起而獨立，又非滅國也。故印度之例，實古今所無。）至於近世之印度，舉其百八十萬英方里之土地二百九十兆之人民。以置諸英皇維多利亞之治下者誰乎。則區區七萬磅小資本之東印度公司而已。英人經略印度之起點。在千六百三十九年。於其東岸得縱六英里橫一英里之地。閱二十七年始得孟買島。而每歲納十磅於英王。以讓受其主權。由不滿方三里之地。而衍至百八十萬方里。由十磅之歲入。而增至五六千萬磅。英人之所以成就此偉業者。果由何道乎。以常理論之。其必暴露莫大之軍隊。耗竭無量之軍費。乃始及此。而豈知有大謬不然者。英人之滅印度。非以英國之力滅之。而以印度之力滅之也。昔法人焦白禮之欲吞印度也。嘗思得新法兩端。一曰募印度之士人。教以歐洲之兵律。而以歐人爲將帥以指揮之。二曰欲握印度之主權。當以其本國之君侯酋長爲傀儡。使率其民以服從命令。嗚呼。後此英人之所以蠶食全印者。皆實行此魔術而已。以如此驚天動地之大業。而英廷未嘗爲之派一兵遣一矢。課一錢之租稅。募一銖之國債。蓋當一千七百七十三年。征略之事既已大定。實東印度公司全盛時代。而在印之英兵。不過九千人。（皆公司之兵非國家之兵）其餘皆土兵也。至一八五七年。所養印兵多至二十三萬五千人。蓋當其侵略之始。攻印度人者印度人也。當其戡定之後。監印度人者印度人也。而自始事迄今日。凡養戰兵養防兵之費。所有金穀繒帛一絲一黍。無非出自印度人也。今者世界之上。赫赫然有五印度大后帝之名矣。而大后帝之下。其號稱君侯酋長各君其國各子其民者。尚以萬計焉。彼服從於此萬數酋長肘下之羣氓。其謂自國爲已滅乎。謂爲未滅乎。是非吾所能知也。若此者豈惟印度。而英之所以待南洋羣島。法之所以待安南。皆用此術焉矣。世有媚異種殘同種而自以爲功者乎。吾願與之一游印度之遺墟也。雖然。吾無怪焉。滅國之新法則然耳。

其四徵諸波亞。波亞者。南阿非利加之強健民族。而今與英國在戰爭中者也。波亞之種。本繁殖於好望角之地。

百年以來，爲英人屢次逼迫，大去其鄉，漸入內地，建設杜蘭斯哇兒及阿郎治兩民主國於南非之中央。父子兄弟宗族，相率而農而牧而獵，以優游於此小天地間，謂可安堵無雞犬之驚矣。乃於一千八百六十五年，某歐人游歷其地，見有金礦之跡，乃測製杜國地質圖。至八十五年，遂查出舒杭呢士布之大金穴。好望角之英商某，一攫而獲巨萬之利。於是錐刀之徒，相率麕至，前後十二年，歐人設大公司於此間者，七十有二家。以前者蓬艾滿目，麀鹿羣游之地，忽成爲居民十五萬之巨鎮，而杜國政府之財權，幾全移於此金市之域，而握其樞者實英人也。英人乃變其前此兵力併吞之謀，改爲富力侵略之策，因迫杜政府許其開一鐵路，自杜京經金市以達好望角。杜統領知此舉之爲禍胎也，乃別自築一鐵路，通印度洋以抵制之，僅乃得免。而英人之在金市者，復要求自治權利，欲人人得入議院爲議員，以干與杜國之內政。彼杜國之京師居民不逾一萬，而金市戶口十五倍之，富力智力，皆集於此。以金市老猾之英商，與杜京質朴之波民，同上下馳驅於一議院中，則全國之政權，轉瞬而歸於英族之手。此英人所處心而積慮，亦波亞人所熟察而炯知也。此議開始，杜人堅執拒絕之。至千八百九十五年，遂有英公司董事禪桑氏以六百之兵，謀襲金市之事。而其主動者，實英國好望角總督也。此蠻暴之舉，既爲波亞人先發所制，不達其志。迨九十九年，而流寓杜國之英人，聯名二萬，求英政府干涉杜政務，求得參政權利。而英政府遂恃大國之威，用强制手段，限來往五年者，即得參政權矣。此事之交涉未竟，又忽移於主權問題，指杜蘭斯哇兒爲英之屬國矣。且也文牘往復，玉帛未渝之頃，即爲示威運動，陰調兵隊，以陳境上矣。彼英人固不虞波亞之敢於一戰也，更不信以蕞爾之波亞，能抗衡世界第一雄國，使之竭獅子搏兎之全力也。於是敢悍然以其待埃及、待印度之故技，以待波人。波亞雖不支，要不失爲轟轟烈烈有名譽之敗績乎。然英人之所謂文明道德者。抑何其神奇出沒而不可思議耶。世有以授開礦權鐵路權及租界自治權於外國人爲無傷大體者乎。吾願與之一讀波亞之戰史也。雖然。吾無怪焉。滅國之新法則然耳。

其五徵諸非律賓。非律賓者。我同洲同種之國民。兩度與白種戰爭。百折而不撓者也。吾人所當南望頂禮而五體投地者也。西班牙之力。不足以滅非律賓。吾今不具論。吾將論美國與非國交涉之事。夫美國亦豈能滅非國之人哉。其所以滅之者。亦恃新法而已。當美班之交戰也。非國猶受壓於班之軛。美人首以兵艦欲擣非島以牽班力。而自懼其力之不逮也。乃引非國豪傑阿軍鴉度將軍以自重。阿將軍前以革命未成。韜跡香港新嘉坡之美領事與密約相會。有所計議。乃以電報往復於華盛頓政府及海軍提督杜威。卒以美兵艦而護送阿將軍返故國。阿將軍之歸也。爲彼全島同胞之權利義務也。非爲美國之嗾犬而代之驅除也。美國現政府既已棄其祖傳之們羅主義。而易爲帝國侵略政策。欲求一商業兵事之根據地於東洋久矣。於是包藏禍心以待非人。宣言兵艦之來。將以助非島之獨立。脫西班牙之羈軛。非人以爲美國文明義俠之稱。久著於天下。坦然信之。表親愛焉。至一千八百九十八年。非國獨立軍既奏成功。民主政府既已建設。其時非政府所轄者有十六萬七千八百四十五方里西班牙里之地。所統治者有九百三十九萬五千餘之民。而美軍所侵掠領有者。地不過百四十三方里。人不過三十萬餘耳。非未嘗借美之兵力以復國權。美卻藉非之聲援以殺班力。兩國之關係。如是而已矣。豈意美人挾大國之勢。藉戰勝之威。一旦反戈以向非人。雖血戰三年。死傷疫癘。其所以懲創美人者不可謂不劇。而卒至今日刀缺矢絕。大將被俘。百戰山河。又易新主。天道無知。惟有强權。世有欲借外國之助力以成維新革命之功者乎。吾願與之憑弔非律賓之戰場也。雖然。吾無怪焉。滅國之新法則然耳。

以上所列略舉數國之不徧語之不詳雖然近二百年來所謂優勝人種者其滅國之手段略見一斑矣莽莽五洲被滅之國大小無慮百數十大率皆入此彀中往而不返者也由是觀之安覩所謂文明者耶安覩所謂公法者耶安覩所謂愛人如己視敵如友者耶西哲有言兩平等者相遇無所謂權力道理卽權力也兩不平等者相遇無所謂道理權力卽道理也彼歐洲諸國與歐洲諸國相遇也恆以道理爲權力其與歐洲以外諸國相遇也恆以權力爲道理此乃天演所必至物競所固然夫何怪焉夫何懟焉所最難堪者以擾擾優勝之人託於岌岌劣敗之國當此將滅未滅之際其將何以爲情哉其將何能已於言哉

天下事未有中立者也不滅則興不興則滅何去何從間不容髮乃我四萬萬人不講所以興國之策而竊竊焉冀其免於滅亡此卽滅亡之第一根源也人之愛我何如我之自愛天下豈有犧牲己國之利益而爲他國求利益者乎乃我四萬萬人聞列强之議瓜分中國也則眙然以憂聞列强之議保全中國也則釋然以安聞列强之協助中國也則色然以喜此又滅亡之第二根原也吾今不欲以危言空論驚駭世俗吾且舉近事之一二與各亡國之成案比較而論之

埃及之所以亡非由國債耶中國自二十年前無所謂國債也自光緒四年始有借德國二百五十萬圓周息五釐半之事五年復借匯豐銀行一千六百十五萬圓周息七釐十八年借匯豐三千萬圓十九年借渣打一千萬元二十年借德國一千萬元皆周息六釐廿一年借俄法一萬萬五千八百二十萬元周息四釐廿二年借英德一萬萬六千萬元周息五釐廿四年借匯豐德華正金三銀行一萬萬六千萬圓周息四分五釐蓋此二十年間（除此次團匪和議賠款未計）而外債之數已五萬萬四千六百餘萬元矣大概總計每年須償息銀三千萬

圓今國帑之竭衆所共知矣甲午以前所有借項本息合計每年僅能還三百萬故惟第一次德債曾還本七十五萬他無聞焉自乙未和議以後卽新舊諸債不還一本而其息亦須歲出三千萬南海何啓氏曾將還債遲速之數列一表如下

債項五萬萬元周息六釐一年不還其息爲三千萬元合本息計共爲五萬萬三千萬元使以五萬萬三千萬元再積一年不還則其息爲三千一百八十萬元本息合計五萬萬六千百八十萬元

再以五萬萬六千百八十萬元積八年不還則其息爲三萬萬三千三百萬元有奇本息合計爲八萬萬九千五百萬元有奇

再以八萬萬九千五百萬圓有奇積十年不還則其息爲七萬萬零八百萬元有奇本息合計爲十六萬萬零三百萬元有奇

再以十六萬萬零三百萬元有奇積十年不還則其息爲十二萬萬六千八百萬元有奇本息合計爲二十八萬萬七千一百萬元有奇

然則不過三十年而息之浮於本者幾五倍合本以計則六倍於今也夫自光緒五年至十八年而不能還一千六百餘萬元之本則中東戰後三十年其不能還五萬萬元之本明矣在三十年以前之今日而不能還三千萬元之息則三十年後其不能還二十三萬萬元之息又明矣加以此次新債四萬萬五千萬兩又加舊債三之一有奇若以前表之例算之則三十年後中國新舊債本息合計當在六七十萬萬以上卽使外患不生內憂不起而三十年後中國之作何局面豈待蓍龜哉又豈必待三十年而已蓋數年以後而本息已盈十萬萬不知今之

頑固政府何以待之。夫使外國借債於我。而非有大欲在其後也。則何必互爭此權。如蟻附羶。如狗奪骨。而彼此寸毫不相讓耶。試問光緒廿一年之借款俄羅斯何故爲我作中保。試問廿四年之借款俄英兩國何故生大衝突。幾至以干戈相見。夫中國政府財政困難。而無力以負擔此重債也。天下萬國。孰不知之。既知之而復爭之若鶩焉。願我憂國之士一思其故也。今即以關稅釐稅作抵。或未至如何啓氏之所豫算。中國龐然大物。精華未竭。西人未肯遽出前此之待埃及者以相待。而要之債主之權日重一日。則中央財政之事必至盡移於其手。然後快。是埃及覆轍之無可逃避者也。而庸腐奸險貌託維新之疆臣如張之洞者。猶復以去年開督撫自借國債之例。借五十萬於英國。整兵備以殘同胞。又以鐵政局之名借外債於日本。彼其意豈不以但求外人之我信。驟得此額外之巨款。以供目前之揮霍。及吾之死也。或去官也。則其責任非復在我云爾。而豈知其貽禍於將來有不可收拾者耶。使各省督撫皆效尤張之洞。各濫用其現在之職權。私稱貸於外國。彼外國豈有所憚而不敢應之哉。雖政府之官吏百變。而民間之脂膏固在。彼搤我吭而搗我胸。甯慮本息之不能歸趙。此樂貸之。彼樂予之。一省五十萬。二十行省不既千萬乎。一年千萬。十年以後不既萬萬乎。此事今初起點。論國事者皆熟視無覩焉。而不知即此一端。已足亡中國而有餘。而作俑者之罪。蓋擢髮難數矣。中央政府之有外債。是舉中央財權以贈他人也。各省團體之有外債。是並舉地方財權以贈他人也。吾誠不忍見我京師之戶部內務府及各省之布政使司善後局其大臣長官之位皆虛左以待碧眼虬髯輩也。嗚呼安所得吾言之幸而不中耶。吾讀埃及近世史。不禁股慄焉耳。

不甯惟是。國家之借款。猶曰挫敗之後。爲敵所逼。不得不然。乃近者疆吏政策。復有以借款辦維新事業爲得計者。即鐵路是其已事也。夫開鐵路。爲興利也。事關求利。勢不可不持籌握算。計及錙銖。而凡借款者。其實收之數。不過九折。而金錢漲價。還時每須添一二成。即以一成而論。其入之也十僅得九。其還之也十須十一。是一轉移間。已去其二成。而借萬萬者短二千萬矣。此猶望金價平定。無大漲旺。然後能之。若每至還期。外國豪商高抬金價。則不難如光緒四五年時之借項。借百萬者幾還二百萬。是借款斷無清還之期。而鐵路前途。豈堪設想耶。夫鐵路之地。中國之地也。借洋債以作鐵路。非以鐵路作抵不可。路爲中國之路。非以國家擔債不可。即今暫不爾。而他日稍有嫌疑。則債主且將執物所有主之名。而國家之塡償。實不能免。以地爲中國之地也。又使今之債主。不侵路權。而異時一有齟齬。則債主又將託辦理未善之說。而據路以取息。勢所必然。以債爲外洋之債也。以此計之。凡借款所辦之路。其路必至展轉歸外人之手而後已。路歸外人。而路所經地及其附近處。豈復中國所能有耶。（以上一段多採何氏新政始基之議著者自注）試觀蘇彝士河之股份。其關係於英國及埃及主權之嬗代者何如。嗚呼。此眞所謂自求禍者也。此所以盧漢鐵路由華俄銀行經理借款。而英國出全力以抗之。牛莊鐵路之借款於匯豐銀行。而俄國以死命相爭也。誠如是也。則中國多開一鐵路。即多一亡國之引線。又不惟鐵路。凡百事業。皆作如是觀矣。今舉國督撫。亦競言變法矣。即如其所說。若何而通道路。若何而練陸軍。若何而廣製造。若何而開礦務。至叩其何所憑藉以始事。度公私俱竭之際。其勢又將出於借款。若是則文明事業。徧於國中。而國即隨之而亡矣。嗚呼。往事不可追。吾猶願後此之言維新者。愼勿學張之洞盛宣懷之政策以毒天下也。

俄人之亡波蘭也。非俄人能亡之。而波蘭之貴官豪族。三揖三讓以請俄人之亡之也。嗚呼。吾觀中國近事。抑何其相類耶。團匪變起。東南疆臣。有與各國立約互保之舉。中外人士。交口贊之。而不知此實爲列國確定勢力範圍之基礎也。張之洞懼見忌於政府，乃至電乞各國，求保其兩湖總督之任，又恃互保之功，蒙惑各領事，以快其仇殺異黨之意氣，僚官之與己不協者，則以恐傷互保爲名，借外人之力以排除之，豈有他哉，爲一時之私利，一己之私益而已，而不知冥冥之中，已將長江一帶選舉黜陟生殺之權，全移於外國之手，於是揚子流域之督撫，生息於英國卵翼之下，一如印度之酋長，蓋自此役始矣。第四次懲治罪魁名單，榮祿等以廣大神通，借俄法兩使之力以免罪譴，於是京師西安之大吏，生息於俄人卵翼之下，一如高麗之孱王，又自此役始矣。一國之中，紛紛擾擾，若者爲英日黨，若者爲俄法黨，得附於大國爲之奴隸，則栩栩然自以爲得計，噫嘻，吾恐非至如俄人鎗砲臺以臨波蘭議院之時，而衮衮諸公，遂終不悟也。人不能瓜分我，而我先自分之，開羣雄以利用之法門，彼官吏之自爲目前計則得矣，而遂使我國民自今以往，將爲奴隸之奴隸，而萬劫不復，官吏其安之矣，抑我國民其安之否耶。嗚呼，吾觀天下最奇最險之現象，則未有如拳匪之役者也。列强之議瓜分中國也，十餘年於兹矣，事機相薄，妖孽交作，無端而有義和團之事，以爲之口實，皮相者流，孰不謂瓜分之議，將於今實行乎，而豈知不惟不行而已，而環球政治家之論，反爲之一大變，保全支那之聲，日日騰播於報紙中，而北京公使會議，亦無不盡變其前此威嚇逼脅之故技，而一出以溫柔噢咻之手段，噫嘻，吾不知列强自經此役以後，何所愛於中國，而方針之轉變，乃如是其速也。一面罵吾民之野蠻無人性，繪爲圖畫，編爲小說，盡情醜詆，變本加厲，惟恐不力，一面撫摩而煦嫗之，厚其貌，柔其情，視疇昔有加焉。義和團之爲政府所指使，爲西后所主持，亦既萬目共見，衆口一詞矣，而猶靦然認爲共主，尊爲正統，與仇爲友，匿怨相交，歡迎其謝罪之使，如事天神，代籌其償款之方，若保赤子，噫嘻，此何故歟。狙公之飼狙也，朝三暮四，則諸狙怒，朝四暮三，則諸狙喜，中國人之性質，歐人其知之矣，以瓜分爲瓜分。何如以不瓜分爲瓜分。求實利者不務虛名。將大取者必先小與。彼以爲今日而行瓜分也。則陷吾國民於破釜沈舟之地。而益其獨立排外之心。而他日所以箝制而鎮撫之者。將有所不及。今日不行瓜分而反言保全也。則吾國民自覺如死囚之獲赦。將感再造之恩與來蘇之頌。自化其前此之蓄怨積怒。而畏摺歆羨感謝之三種心次第並起。於是乎中國乃爲歐洲之中國。中國人亦隨而爲歐洲之國民。吾嘗讀赫德氏新著之中國實測論。（POBERT HARTS ESSAYS ON THE CHINESE VISITATION 去年西十一月出版因義和團事而論西人將來待中國之法者也）其大指若曰。

今次中國之問題。當以何者爲基礎而成和議乎。大率不外三策。一曰分割其國土。二曰變更其皇統。三曰扶植滿洲政府是也。然變更皇統之策。終難實行。因今日中國人無一人有君臨全國之資望。若强由此策。則騷擾相續。迄無甯歲耳。策之最易行者。莫如扶植滿洲朝廷。而漫然扶植之。則亦不能絕後來之禍根。故論中國最終之處分。則瓜分之事實無所逃避。而無奈瓜分政策。又不可遽實行於今日。蓋中國人數千年在沈睡之中。今也大夢將覺。漸有「中國者中國人之中國也」之思想。故義和團之運動。實由其愛國之心所發。以强中國拒外人爲目的者也。雖此次初起無人才。無器械。一敗塗地。然其始羽檄一飛。四方響應。非無故矣。自今以往。此種精神必更深入人心。彌漫全國。他日必有義和團之子孫。輦格林之砲。肩毛瑟之鎗。以行今日義和團未竟之志者。故爲今之計。列國當以瓜分爲最後之一定目的。而現時當一面設法順中國人之感情。使之漸忘其軍事思想。而傾服於我歐人。如是則將來所謂。「黃禍。」（西人深畏中國人向有黃禍之語互相警厲）者。可以烟消燼滅矣。

云云。（此乃撮譯全書大意非擇譯一章一節作者自注）

嗚呼。此雖赫德一人之私言。而實不啻歐洲各國之公言矣。由此觀之。則今日紛紛言保全中國者、其爲愛我中國也幾何。不啻惟是。彼西人深知夫民權與國權之相待而立也。苟使吾四萬萬人能自起而組織一政府。修其內治。充其實力。則白人將永不能染指於亞洲大陸。又知夫民權之興起。由於原動力與反動力兩者之摩盪。故必力壓全國之動機。保其數千年之永靜性。然後能束手以待其擺布。故以維持和平之局爲第一主義焉。又知夫中國民族。有奴事一姓崇拜民賊之性質也。與其取而代之。不如因而用之。以中國人而自淩中國人。自制中國人。則相與俯首帖耳。謂我祖若宗以來。既皆如是矣。習而安之。以爲分所當然。雖殘暴桎梏十倍於歐洲人。而民氣之靖依然也。故尤以扶植現政府爲獨一無二之法門焉。吾今請以一言正告四萬萬人曰。子毋慮他人之顚覆而社稷變置而朝廷也。凡有謀人之心者。必利其人之愚。不利其人之明。利其人之弱。不利其人之强。利其人之亂。不利其人之治。今中國之至愚至弱。而足以致亂者。莫今政府若也。使從而稍有所變易。無論其文野程度何若。而必有以勝於今政府。而彼之所以謀我者。必不若今之易易。列强雖拙。豈其出此。且同是壓制也。同是淩辱也。出之於己。則己甚勞。而更受其惡名。假手於人。則己甚逸。而且藉以市惠。各國政治家其計之熟矣。使以列强之力。直接而虐我民。民有抗之者。則謂之抗外敵。謂之爲義士。爲愛國。而鎭撫之也無名。使用本國政府之力間接而治我民。民有抗之者。則謂之爲抗政府。謂之爲亂民。爲叛逆。而討伐之也有辭。故但以政府官吏爲登場傀儡。而列强隱於幕下。持而舞之。政府者。外國之奴隸。而人民之主人也。主人既見奴於人。而主人之奴更何有焉。印度之酋長。印度人之主人也。英皇則印度主人之主人也。安南之王。安南人之主人也。法總統則安南主人之主人也。吾中國之有主人也。主人之尊嚴而可敬畏也。是吾國民所能知也。主人之復有其主人也。主人卽借其主人之尊嚴以爲尊嚴也。是非吾國民所能知也。今論者動憂爲外國之奴隸。而不知外國曾不屑以我爲奴隸。而必以我爲其奴隸之奴隸。爲奴隸則尙或知之尙或憂之尙或救之。爲奴隸之奴隸則冥然而罔覺焉。帖然而相安焉。栩然而自得焉。嗚呼。此眞九死未悔。而萬劫不復者矣。滅國新法之造妙入神。至是而極矣。雖然。惟蝍蛆爲能甘糞。惟蠻臼爲能受辛。彼列國亦何足責。亦何足怪。彼自顧其利益。自行其政略。例應爾爾也。而獨異乎四百兆蚩蚩者。氓偏生成此特別之性質。以適足供其政略之利用。而至今日。已奔走相慶。趨蹌恐後。以爲列强愛我恤我撫我字我。不我瓜分。而我保全我中國億萬年有道之長定於今日矣。此則魔鬼所爲掀髯大笑。而天帝所爲愛莫能助者也。

凡言保全支那者。必繼之以開放門戶。（OPEN THE DORE IN CHINA）譯意謂將全國盡開爲通商口岸也。）夫開放門戶。豈非美事。彼英國實門戶全開之國也。而無如吾中國無治外法權。凡西人商力所及之地。卽爲其國力所及之地。夫上海漢口等號稱爲租界者。租界乎。殖民地耳。舉全國而爲通商口岸。卽舉國而爲殖民地。西人之保全殖民地。有不盡力者乎。其盡力以保全支那。固其宜也。保全支那者。必整理其交通機關。今內河既已許外國通行小輪。而列國所承築之鐵路。必將實施速辦。而此後更日有擴充矣。夫他人出資以代我築當築之鐵路。豈不甚善。而無如路權屬於人。路與土地有緊密之關係。路之所及。卽爲兵力之所及。二十行省之路盡通。而二十行省之地。已皆非吾有矣。保全支那者。必維持其秩序。擔任其治安。和議成後。必有爲我國代興警察之制度者。夫警察爲統治之要具。昔無今有。寧非慶事。而無如此權委託於外人。假手於頑固政府。施德政則無寸效。挫民氣則有萬能。昔波蘭之境內。俄人警察之力。最周到焉。其福波蘭耶。其禍波蘭耶。又今者俄國本境警察嚴密。為地球冠。俄政府所以防家賊者則良得矣。而全俄之民。呻吟於專制虐政之下。沈九淵而不能復。俄民永梏。而俄政府亦何與立於天地乎。而況乎法制嚴明主權確定之遠不如俄者也。故以警察力而保全支那。是猶假強盜以利刃而已。保全支那者。必整頓其財政。夫中國之財富。浮積於地面。閼塞於地中者。天下莫及焉。濬而出之。流而布之。可以操縱萬國。雄視五洲矣。而無如商權工權政權。既全握於他人之手。此後富源愈開。而吾民之欲謀衣食者。愈不得不仰鼻息於彼族。不見乎今日歐美之社會乎。大公司既日多。遂至資本家與勞力者。劃然分為兩途。富者愈富。貧者愈貧。而中間無復隙地以容中等小康之家。今試問中國資本家之力能與西人競乎。既不能為資本家。勢不得不為勞力者。疇昔小康之家偏天下。自此以往。恐不能不低首下聲胼手胝足以求一勞役於各省洋行之司理人矣。保全支那者。必興教育。教育固國民之元氣也。顧吾聞數月以來。京師及各省都會。其繙譯通事之人。聲價驟增。勢力極盛。於是都人士咸歆而慕之。昔之想望科第者。今皆改而從事於此途焉。而達官華胄。有出其嬌妻愛女。侍外國將官之嚬笑。以為榮幸者矣。吾知此後外國教育之勢日漲。而此等之風氣亦日開。所以償義和團之損失者。如是而已。教育一也。而國民教育與奴隸教育。其間有一大鴻溝焉。而奴隸之奴隸教育。更有非言思擬議所能及者矣。嗟乎。列國之所以保全支那者。如斯而已乎。支那之所以自保全者。如斯而已乎。夫孰知瓜分政策。容或置之死地而獲生。夫孰知保全政策。實乃使其魚爛而自亡乎。新法乎。新法乎。前車屢折。而來軫方遒。飲鴆如飴。而灰骨不悔。吾又將誰尤哉。吾又將誰尤哉。

## 清議報一百冊祝辭並論報館之責任及本館之經歷

## 第一　祝典之通例及其關係

祝典烏乎起所以紀念舊事業而奬勵新事業也凡天下一事之成每不易易恆歷許多曲折經許多忍耐費許多價値而後僅乃得之故雖過其時不亡其勞於是乎有以祝之其祝之也或以年年或以十年或以五十年或以百年要之借已往之感情作方新之元氣其用意至深且美若美國之七月四日法國之七月十四日爲其開國功成之日年年祝之勿替焉一千八百八十七年美國舉行獨立百年之祝典八十九年法國舉行共和百年之祝典九十三年開萬國大博覽會於芝加哥以舉行哥倫布尋出西半球四百年之祝典去年開十九世紀博覽會於巴黎以舉行耶穌降生一千九百年之祝典又如雅丹斯密氏原富出版後第一百年世界之理財學者共舉祝典焉瓦特氏發明汽機後第五十年世界之工藝學者共舉祝典焉達爾文氏種源論成書後第三十年世界之物理學者共舉祝典焉下之如一市如一鄉如一學校如一醫院如一船艦如一商店亦往往各有其祝典大抵凡富强之國其祝典愈多凡文明之事業其祝典愈盛豈好爲侈靡煩費以震駭庸耳俗目哉所以記已往振現在厲將來所謂歷史的思想精神的敎育其關係如此其重大也

中國向無所謂祝典也中國以保守主義聞於天下雖然其於前人之事業也有贊歎而無繼述有率循而無擴充有考據而無紀念以故歷史的思想甚薄弱而愛國愛團體愛事業之感情亦因以不生夫西人以好事而强中國以無動而弱斯事雖小亦可以喩大矣清議報事業之至小者也其責任止在於文字其目的僅注於一國其位置僻處於海外加以其組織未完備其體例未精詳其言論思想未能有所大補助於國民況當今日天子蒙塵宗國岌岌之頃有何可祝更何忍祝雖然葑菲不棄敝帚自珍嘵音瘏口亦已三年言念前勞不欲泯沒且

以中國向來無此風氣。從而導之。請自隗始。故於今印行第一百册之際，援各國大報館通例，加增葉數。薈萃精華。從而祝之。亦庶幾以紀念既往。而獎勵將來。此同人區區之微意也。

## 第二　報館之勢力及其責任

清議報之事業雖小。而報館之事業則非小。英國前大臣波爾克。嘗在下議院指報館記事之席（各國議院議事時皆別設一席以備各報館之傍聽記載）而歎曰『此殆於貴族教會平民三大種族之外。而更爲一絶大勢力之第四種族也。』（英國議院以貴族教徒平民三階級組織而成蓋英國全國民實不外此三大種族而已）日本松本君平氏著『新聞學』一書其頌報館之功德也。曰『彼如豫言者。謳國民之運命。彼如裁判官斷國民之疑獄。彼如大立法家。制定律令。彼如大哲學家。教育國民。彼如大聖賢。彈劾國民之罪惡。彼如救世主。察國民之無告苦痛而與以救濟之途。』諒哉言乎。近世泰西各國之文明日進月邁。觀已往數千年。殆如別闢一新天地。究其所以致此者何自乎。或曰是法國大革命之產兒也。而產此大革命者誰乎。或曰中世神權專制政體之反動力也。而喚起此反動力者誰乎。或曰新學新藝勃興之結果也。而勃興此新學新藝者誰乎。無他。思想自由。言論自由。出版自由。此三大自由者。實惟一切文明之母。而近世世界種種現象皆其子孫也。而報館者實薈萃全國人之思想言論。或大或小。或精或麤。或莊或諧。或激或隨。而一一介紹之於國民。故報館者。能納一切。能吐一切。能生一切。能滅一切。西諺云報館者國家之耳目也。喉舌也。人羣之鏡也。文壇之王也。將來之燈也。現在之糧也。偉哉報館之勢力。重哉報館之責任。

歐美各國之大報館。其一言一論。動爲全世界人之所注觀所聳聽。何以故。彼政府采其議以爲政策焉。彼國民奉其言以爲精神焉。故往往有今日爲大宰相大統領。而明日爲主筆者。亦往往有今日爲主筆。而明日爲大宰相大統領者。美國禁黑奴之盛業何自成乎。林肯主筆之報館爲之也。英國愛爾蘭自治案何以通過乎。格蘭斯頓主筆之報館爲之也。近日俄皇何以開弭兵會乎。吐爾斯吐主筆之報館爲之也。報館者政本之本。而教師之師也。惟其然也。故其人民嗜之。如飲食男女不可須臾離。聞之英國人無論男婦老幼貧富貴賤。有不讀書者。無不讀報者。其他文明諸國國民。大率例是。以此之故。其從事於報館事業者。亦益復奮勉刻厲。日求進步。故報章愈多。體例愈善。議論愈精。記載愈富。能使人專讀報紙數種。而可以盡知古今天下之政治學問風俗事蹟。吸納全世界之新空氣於其腦中。故欲覘國家之强弱。無他道焉。則於其報章之多寡良否而已矣。校報章之良否其率何如。一曰宗旨定而高。二曰思想新而正。三曰材料富而當。四曰報事確而速。若是者良。反是則劣。

所謂宗旨定而高者何也。凡行一事。著一書。皆不可無宗旨。惟報亦然。宗旨一定。如項莊舞劍。其意常在沛公。旦而聒之。月月而浸潤之。大聲而呼之。譎諫而逗之。以一報之力。而發明一宗旨。何堅不摧。何艱不成。雖然。宗旨固有擇焉。牟利亦宗旨也。媚權貴亦宗旨也。悅市人亦宗旨也。故爲報館者。不可不以熱誠慧眼。注定一最高之宗旨而守之。政治學者之言曰。政治者。以國民最多數之公益爲目的。若爲報者能以國民最多數之公益爲目的。斯可謂眞善良之宗旨焉矣。

所謂思想新而正者何也。所貴乎報館之著述者。貴其能以語言文字。開將來之世界也。使取人人所已知者而敷衍之。則與其閱報。何如坐禪。使拾前人所已言者而牙慧之。則與其閱報。何如觀劇。故思想不可以不新。凡欲造成一種新國民者。不可不將其國古來誤謬之理想。摧陷廓清以變其腦質。而欲達此目的。恆須藉他社會之事物理論輸入之而調和之。如南北極之寒流。而與赤道之熱流相劑而成新海潮。如常雪界之冷氣。與地平之熱氣相摩而成新空氣。故交換智識。實惟人生第一要件。而報館之天職。則取萬國之新思想以貢於其同胞者也。不寧惟是。凡一新理之出世也。恆與舊義不相容。故或舉國敵之。一世棄之。固又視其自信力何如焉。信之堅而持之毅。此又前者所謂定宗旨也。若夫處今日萬芽齊茁之世界。其各各新思想。殺列而不一家。則又當校本國之歷史。察國民之原質。審今後之時勢。而知以何種思想爲最有利而無病。而後以全力鼓吹之。是之謂正。

所謂材料富而當者何也。凡眞善良之報。能使人讀其報而全世界之智識無一不具備焉。若此者日報與叢報（叢報者指旬報月報來復報等日本所謂雜誌者是也）皆所當務。而叢報爲尤要。各國之大叢報。其搜羅極博。其門類極繁。如政治。如理財。如法律。如哲學。如教育。如宗教。如格致。如農工商。如軍事。如各國近事。如小說。如文苑。如圖畫。如評隲各報。無一不載。而其選擇又極嚴。聞之歐美有力之叢報。每年所蒐集著記之論說紀事。在一萬篇以上。而其刊發者不過二百篇內外。蓋其目的在使閱者省無謂之目力。閱一字則得一字之益。而又不使有所罣漏有所缺陷。誠哉其進步。誠哉其難能而可貴也。

所謂報事速而確者何也。報之所以惠人者不一端。而知今爲最要。故各國之報館不徒重主筆也。而更重時事。或訪問。或通信。或電報。費重貲以求一新事。不惜焉。此事之要業。此者多能知之。茲不具論。合此四端。則成一完全盡善之報。蓋其難哉。是以報章如牛毛。而良者如麟角也。歐美且然。而況於中國乎。

## 第三　中國報館之沿革及其價值

西諺曰。羅馬者非一日之羅馬。凡天下大業。必非一蹴可幾。必漸次發達。以進於圓滿之域。此事物之公例。無可逃避者也。雖然。其發達之遲緩。而無力。獨未有如中國之報館者。中國邸報。視萬國之報紙。皆爲先輩。姑置勿論。卽自通商以後。西國之報章形式。始入中國。於是香港有循環日報。上海有申報。於今殆三十餘年矣。其間繼起者雖不少。而卒無一完整良好。可以及西人百分之一者。以京都首善之區。而自聯軍割據以前。曾無一報館。此眞天下萬國之所無也。十八行省。每省之幅員戶口。皆可敵歐洲一國。而除廣東福建外。省會之有報館者。無一焉。此亦世界之一怪現象矣。近年以來。陳陳相接。惟上海香港廣州三處。號稱最盛。而其體例無一足取。每一展讀。大抵『滬濱冠蓋』『瀛眷南來』『祝融肆虐』『圖竊不成』『驚散鴛鴦』『甘爲情死』等字樣。闐塞紙面。千篇一律。甚乃如臺灣之役。記劉永福之娘子軍。團匪之變。演李秉衡之黃河陣。明目張膽。自欺欺人。觀其論說。非『西學原出中國考』。則『中國宜亟圖富强論』也。展轉抄襲。讀之惟恐臥。以故報館之興數十年。而於全國社會。無纖毫之影響。大抵以資本不足。閱一年數月。而閉歇者。十之七八。其餘一二。亦若是則已耳。惟前者天津之國聞報。近日上海之中外日報。同文滬報。蘇報。體段稍完。然以比諸日本一僻縣之報。猶不能望其肩背。無論東京之大者。更無論泰西也。若夫叢報。則更不足道。前者惟格致彙編。稍稱完整。然出於西人之手。且據上海製造局官書之力。又不過每季一册。又僅明一義。不及其他。然猶僅出二十八册。遽亦中斷。其次則萬國公報。亦出西人之手。憑敎會之力。其宗旨多倚於敎。於政治學問界。非有大關係焉。甲午挫後。時務報起。一時風靡海內。數月之間。銷行至萬餘分。爲中國有報以來所未有。舉國趨之。如飲狂泉。作者當時。承乏斯役。雖然。今日檢閱其舊論。輒欲作嘔。覆勘其體例。未嘗不汗流浹背也。夫以作者今日之學識思想經歷。其固陋淺薄。不足以當東西通人之一指趾甚明也則數年前之庸濫愚謬更何待論而舉國士夫乃嘖嘖然目之曰此新說也此名著也嗚呼傷哉吾中國人之文明程度何低下之至於此極也時務報後澳門知新報繼之爾後一年間沿海各都會繼軌而作者風起雲湧驟十餘家大率面目體裁悉仿時務若惟恐不肖者然其間惟天津國聞彙編成於碩學之手精深完粹夐乎尚矣然僅出五冊便已戛然此外餘子等諸自鄶及戊戌政變時務云亡而所謂此十餘家者亦如西山殘陽倏忽匿影風吹落葉餘片無存由此觀之其當初設報之心果何在乎不待鞫訊矣知新報僻在貧島靈光巋然者凡四年有餘出報至一百三十餘冊旬報之持久者以此爲最然其文字體例尚不及時務報於社會之關係蓋甚淺薄己庚之間上海有所謂亞東時報五洲時事報中外大事報者出皆頗闡新理視時務有過之無不及然當中國晦盲否塞達於極點之際不爲學界所歡迎旋興旋廢殆無足論客冬今春以來日本留學生有譯書彙編國民報開智錄等之作譯書彙編至今尚存能輸入文明思想爲吾國放一大光明良可珍誦然實不過叢書之體不可謂報國民報開智錄亦錚錚者也而以經費不支皆不滿十號而今已矣此實中國數十年來報界之情狀也由此觀之其發達之遲緩無力一何太甚吾向者謂欲覘國家之强弱則於其報章之多寡良否而已使此言而無稽也則可此言如稍有可信者則是豈可不爲寒心哉推原其所以致此之由蓋有數端一由於創設報館者不預籌相當之經費故無力擴充或小試輒蹶二由於主筆訪事等員之位置不爲世所重高才之輩莫肯俯就三由於風氣不開閱報人少道路未通傳布爲難四由於從事斯業之人思想淺陋學識迂愚才力薄弱無思易天下之心無自張其軍之力而四者之中尤以第四項爲病根之根焉嗚呼案既往考現在不知吾中國所謂此第四種族者何時始見其成立也擲筆三思感慨係之矣

## 第四　清議報之性質

清議報可謂之良報乎。曰烏乎可。清議報之與諸報。其猶百步之與五十步也。雖然。有其宗旨焉。有其精神焉。譬之幼兒。雖其膚革未充。其肢幹未成。然有靈魂瑩然湛然。是亦進化之一原力歟。清議報之特色有數端。一曰倡民權。始終抱定此義。爲獨一無二之宗旨。雖說種種方法。開種種門徑。百變而不離其宗。海可枯。石可爛。此義不普及於我國。吾黨弗措也。二曰衍哲理。讀東西諸碩學之書。務衍其學說以輸入於中國。雖不敢自謂有所得。而得寸則貢寸焉。得尺則貢尺焉。華嚴經云。未能自度。而先度人。是爲菩薩發心。以是爲盡國民責任於萬一而已。三曰明朝局。戊戌之政變。己亥之立嗣。庚子之縱團。其中陰謀毒手。病國殃民。本報發微闡幽。得其眞相。指斥權奸。一無假借。四曰厲國恥。務使吾國民知我國在世界上之位置。知東西列强待我國之政策。鑒觀既往。熟察現在。以圖將來。內其國而外諸邦。一以天演學物競天擇優勝劣敗之公例。疾呼而棒喝之。以冀同胞之一悟。此四者。實惟我清議報之脈絡之神髓。一言以蔽之曰。廣民智。振民氣而已。

其內容之重要者。則有譚瀏陽之仁學。以宗教之魂。哲學之髓。發揮公理。出乎天天。入乎人人。衝重重之網羅。造劫劫之慧果。其思想爲吾人所不能達。其言論爲吾人所不敢言。實禹域未有之書。抑衆生無價之寶。此編之出現於世界。蓋本報爲首焉。有飲冰室自由書。雖復東鱗西爪。不見全牛。然其願力所集注。不在形質而在精神。以精銳之筆。說微妙之理。談言微中。聞者足興。有國家論。政治學案。述近世政學大原。養吾人國家思想。有章氏儒術新論。詮發教旨。精微獨到。有瓜分危言。亡羊錄。滅國新法論等。陳宇內之大勢。喚東方之頑夢。有少年中國說。

呵旁觀者文。過渡時代論等。開文章之新體。激民氣之暗潮。有埃及近世史。揚子江中國財政一斑。社會進化論。支那現勢論等。皆東西名著。鉅構可以借鑒。有政治小說佳人奇遇經國美談等。以稗官之異才。寫政界之大勢。美人芳草。別有會心。鐵血舌壇。幾多健者。一讀擊節。每移我情。千金國門。誰無同好。若夫雕蟲小技。餘事詩人。則卷末所錄諸章。類皆以詩界革命之神魂。爲斯道別闢新土。凡茲諸端。皆我清議報之有以特異於羣報者。雖然。以云良也。則前途遼哉邈乎。非所敢言也。非所敢望也。不有椎輪。安有大輅。不有萌蘖。安有森林。思以此爲我國報界進化之一徵驗云爾。祝之祝之。非祝椎輪。祝大輅也。非祝萌蘖。祝森林也。

## 第五　清議報時代中外之歷史

清議報之在中國。其滄海之一粟乎。清議報之在世界。其大千之一塵乎。雖然。其壽命固已亙於新舊兩世紀。無舌而鳴。其蹤跡固已徧於縱橫五大洲。不脛而走。今請與閱報諸君。一爲戲言。斯亦可謂文字界中之得天最厚者耶。且勿具論。要之清議報時代。實爲中國與世界最有關係之時代。讀者若能研究此時代之歷史。而有所心得。有所感奮。則其於天下事。思過半矣。

請先言中國。清議報起於戊戌十月。其時正值政變之後。今上皇帝百日維新之志事。忽大挫跌。舉國失望。羣情鼎沸。自茲以往。中國遂閉於沈沈妖霧之中。其反動力。一起再起。而未有已。翌年己亥春秋之間。剛毅下江南。嶺南。搜括膏脂。民不堪命。其冬十二月。遂有議廢君立僞儲之事。本朝二百年來。內變之禍。未有甚於此時者也。既而臣民犯顏。友邦側目。志不得逞。遂乃積羞成怒。大興黨獄。積怒成狂。自弄兵戎。獎羣盜爲義民。尸鄰使於朝市。

庚子八月十國聯兵以羣虎而搏一羊未五旬而舉萬乘乘輿播蕩神京陸沈天壇爲芻牧之塲曹署充屯營之帳中國數千年來外侮之辱未有甚於此時者也反動之潮至斯而極過此以往而反動力之反動力起焉十九世紀與二十世紀交點之一刹那頃實中國兩異性之大動力相搏相射短兵緊接而新陳嬗代之時也今年以來僞維新之詔書屢降科舉竟廢捐例竟停動力微蠢於上俄人密約士民集議日本游學踵踏紛來動力萌蘖於下故二十世紀之中國有斷不能以長睡終者此中消息稍有識者所能參也清議報雖不能爲其主動者而欲竊附於助動者未敢多讓焉

請更言世界清議報時代世界之大事除北京聯軍外有最大者三端一曰美國與非律賓之戰二曰英國與波亞之戰三曰俄皇開萬國和平會其次大者五端一曰日本政黨內閣之兩次失敗二曰意大利政府之更迭三曰俄國學生之騷動四曰美國大統領之被刺五曰南亞美利加之爭亂美國之縣非律賓也是其伸權力於東方之第一著而將來雄飛於二十世紀之根據地也英國之蹙波亞也殖民政略之結果也其下種在數十年以前而刈實在數十年以後凡在英國勢力範圍之下者不可不引爲前車也俄皇之倡和平會也保歐洲之平和也歐洲平和然後可合力以逞志於歐洲以外也意大利政府之更迭也爲索三門灣不得也索不得而政府遂不能安其位意人之心未熄也日本政黨內閣之屢敗也東方民政思想尙幼稚之徵驗也非加完全之教育養民族之公德則文明之實未易期也日本且然我中國更安得不兢兢也俄羅斯學生之騷動也革命之先聲也專制政體未有能立於今世界者也中國之君民不可不自擇也美國大統領之被刺與南美之爭亂也由貧富兩級太相懸絕而社會黨之人從而乘之也此事將爲二十世紀第一大事而我中國人蒙其影響將有甚重者

而現時在北美僑民爲工黨所排。在南美僑民爲亂黨所掠。猶其小焉者也。要之二十世紀世界之大問題有三。一爲處分中國之問題。二爲擴張民權之問題。三爲調和經濟革命（因貧富不均所起之革命日本人譯爲經濟革命）之問題。其第一題各國直接於中國者也。其第二題中國所自當從事者也。其第三題各國間接於中國。而亦中國所自當從事者也。抑今日之世界與昔異。輪船鐵路電線大通。異洲之國。猶比鄰而居。異國之人。猶比肩而立。故一國有事。其影響未有不及於他國者也。故今日有志之士。不惟當視國事如家事。又當視世界之事如國事。於是乎報館之責任愈益重。若清議報則有志焉而未之逮也。

## 第六　結論

有一人之報。有一黨之報。有一國之報。有世界之報。以一人或一公司之利益爲目的者。一人之報也。以一黨之利益爲目的者。一黨之報也。以國民之利益爲目的者。一國之報也。以全世界人類之利益爲目的者。世界之報也。中國昔雖有一人報。而無一黨報。一國報。世界報。日本今有一人報。一黨報。一國報。而無世界報。若前之時務報知新報者。殆脫一人報之範圍。而進入於一黨報之範圍也。敢問清議報於此四者中位置何等乎。曰在黨報與國報之間。今以何祝之。曰。祝其全脫離一黨報之範圍。而進入於一國報之範圍。且更努力漸進以達於世界報之範圍。乃爲祝曰。報兮報兮。君之生涯。亙兩周兮。君之聲塵。徧五洲兮。君之責任。重且遒兮。君其自愛。罔俾羞兮。祝君永年。與國民同休兮。重爲祝曰。清議報萬歲。中國各報館萬歲。中國萬歲。

# 南海康先生傳

## 第一章　時勢與人物

文明弱之國人物少。文明盛之國人物多。雖然。文明弱之國。人物之資格易。文明盛之國。人物之資格難。如何而後可以爲眞人物。必其生平言論行事。皆影響於全社會。一舉一動。一筆一舌。而全國之人皆注目焉。甚者全世界之人皆注目焉。其人未出現以前。與既出現以後。而社會之面目爲之一變。若是者庶可謂之人物也已。

有應時之人物。有先時之人物。法蘭西之拿破崙。應時之人物也。盧梭則先時之人物也。意大利之加布兒。應時之人物也。瑪志尼則先時之人物也。日本之西鄉木戶大久保。應時之人物也。蒲生吉田則先時之人物也。其爲人物一也。而應時而生者。則其所志就。其所事成。而其及身亦復尊榮安富。名譽洋溢。先時而生者。其所志無一不拂戾。其所事無一不挫折。而其及身亦復窮愁潦倒。奇險殊辱。舉國欲殺。千夫唾罵。甚乃身死絕域。血濺市朝。是亦豪傑之有幸有不幸乎。雖然。爲一身計。則與其爲先時之人物。誠不如爲應時之人物。爲社會計。則與其得十百應時之人物。無寧得一二先時之人物。何則。先時人物者。社會之原動力。而應時人物所從出也。質而言之。則應時人物者。時勢所造之英雄。先時人物者。造時勢之英雄也。既有時勢。何患無應此之英雄。然若無先此之英雄。則恐所謂時勢者。渺不可覩也。應時者有待者也。先時者無待者也。同爲人物。而難易高下判焉矣。由此言之。凡眞人物者。非爲一世人所譽。則必爲一世人所毀。非爲一世人所膜拜。則必爲一世人所蹴踏。何以故。或順勢而爲社會導。或逆勢而與社會戰。不能爲社會導者。非人物也。不敢與社會戰者。非人物也。然則其戰亦有勝敗乎。曰無有。凡眞人物者。必得最後之戰勝者也。是故有早歲敗而晚年勝者焉。有及身敗而身後勝者焉。大抵其先時愈久者。則其激戰也愈甚。而其獲勝也愈遲。孟子曰。不知其人可乎。是以論其世也。觀人物者不可不於此留意也。

二十世紀之中國。必雄飛於宇內。無可疑也。雖然。其時機猶在數十年以後焉。故今日固無拿破崙也。無加布兒也。無西鄉木戶大久保也。卽有之。而亦必不能得其志。且無所甚補益於國家。故今日中國所相需最殷者。惟先時之人物而已。嗚呼。所望先時人物者。其已出現乎。其未出現乎。要之今日殆不可不出現之時哉。今後續續出現者幾何人。吾不敢言。若其巋然亙於前者。吾欲以南海先生當之。凡先時人物所最不可缺之德性有三端。一曰理想。二曰熱誠。三曰膽氣。三者爲本。自餘則皆枝葉焉耳。先時人物者。實過渡人物也。其精神專注於前途。以故其舉動或失於急激。其方略或不適於用。常有不能爲諱者。南海先生。吾師也。以吾而論次其傳。後世或謂阿所好焉。要之先生生平言論行事。雖非無多少之缺點。可以供人摭拾之而詆排之者。若其理想之宏遠照千載。其熱誠之深厚貫七札。其膽氣之雄偉橫一世。則並時之人。未見其比也。先生在今日。誠爲舉國之所嫉視。若夫他日有著二十世紀新中國史者。吾知其開卷第一葉。必稱述先生之精神事業。以爲社會原動力之所自始。若是乎。先生果爲中國先時之一人物哉。吾而不傳。曷貽來者。不揣愚陋。遂綴斯文。

## 第二章　家世及幼年時代

先生名有爲。字廣夏。號長素。廣東廣州府南海縣人。其先代爲粵名族。世以理學傳家。曾祖式鵬。講學於鄉。稱醇儒。祖父贊修。爲連州敎諭。專以程朱之學提倡後進。粵之士林咸宗仰焉。從祖國器。當咸同間從左軍以功至廣西巡撫懿修當咸豐末葉四海鼎沸之際以一布衣辦七縣團練境內肅謐其後朝廷以三達官某某等充全粵團練大臣假公謀私氣焰熏灼而懿修獨不肯以所屬置彼三人勢力範圍之下三人者以全力敵之脅之摶之不能奪也卒使其地確然成一自治團體至今食其賜焉蓋其剛健任事不畏强禦之風有自來矣父達初早世母勞氏生子二人仲曰廣仁戊戌之役死於國難先生其伯也先生既蚤孤幼受教育於大父每誦讀過目不忘七歲能屬文有神童之目然家學既正秉性尤厚故常嚴重不苟言笑成童之時便有志於聖賢之學鄉里俗子笑之戲號之曰『聖人爲』蓋以其開口輒曰聖人聖人也『爲』也者先生之名有爲也卽此一端亦可以知其少年之志氣矣

吾粵之在中國爲邊徼地五嶺障之文化常後於中原故黃河流域揚子江流域之地開化既久人物屢起而吾粵無聞焉數千年無論學術事功皆未曾有一人出能動全國之關係者惟禪宗六祖慧能爲佛家鉅子風靡天下然所及乃在世界外之世界耳次則明代陳白沙湛甘泉以講學鳴於時然其學系之組織完善不及姚江故王學出而陳學衰逮於近世洪秀全李秀成驟倡革命蹂躪天下之半實爲吾粵人物最有關係於全國者然其才略不敵湘淮故曾軍興而洪軍亡微乎眇哉粵人之在中國也然則其關係之所及最大而最遠者固不得不謂自先生始

## 第三章　修養時代及講學時代

先生以十九歲喪大父年十八始遊朱九江先生之門受學焉九江者名次琦字子襄粵中大儒也其學根柢於

宋明而以經世致用爲主。研究中國史學。歷代政治沿革得失。最有心得。著書甚富。晚年以爲此等著述。無益於後來之中國。故當易簀之際。悉焚其稿。學者惜焉。先生從之遊。凡六年。而九江卒。其理學政學之基礎。皆得諸九江。

九江卒後。乃屏居獨學於南海之西樵山者又四年。其間盡讀中國之書。而其發明最多者爲史學。究心歷代掌故。一一考其變遷之跡。得失之林。下及考據詞章之學。當時風靡一世者。雖不屑屑然以餘事及之。亦往往爲時流所莫能及。又九江之理學。以程朱爲主。而間採陸王。先生則獨好陸王。以爲直捷明誠。活潑有用。故其所以自修及教育後進者。皆以此爲鵠焉。既又潛心佛典。深有所悟。以爲性理之學。不徒在軀殼界。而必探本於靈魂界。遂乃冥心孤往。探求事事物物之本原。大自大千諸天。小至微塵芥子。莫不窮究其理。常徹數日夜不臥。或打坐。或遊行。仰視月星。俯聽溪泉。坐對林莽。塊然無儔。內觀意根。外察物相。舉天下之事。無得以攖其心者。殆如世尊起於菩提樹下。森然有天上地下惟我獨尊之概。先生一生學力。實在於是。其結果也。大有得於佛爲一大事出世之旨。以爲人相我相衆生相既一無所取無所著。而猶現身於世界者。由性海渾圓。衆生一體。慈悲普度。無有已時。是故以智爲體。以悲爲用。不染一切。亦不捨一切。又以願力無盡。故與其布施於將來。不如布施於現在。大小平等。故與其惻隱於他界。不如惻隱於最近。於是浩然出出世而入入世。橫縱四顧。有澄清天下之志。

既出西樵。乃遊京師。其時西學初輸入中國。舉國學者莫或過問。先生僻處鄉邑。亦未獲從事也。及道香港上海。見西人殖民政治之完整。屬地如此。本國之更進可知。因思其所以致此者。必有道德學問以爲之本原。乃悉購江南製造局及西教會所譯出各書盡讀之。彼時所譯者。皆初級普通學及工藝兵法醫學之書。否則耶蘇經典論疏耳。於政治哲學。毫無所及。而先生以其天稟學識。別有會悟。能舉一以反三。因小以知大。自是於其學力中。別開一境界。

其時天下未知有先生也。先生之旅行。凡五六年。北出山海關。登萬里長城。南遊江漢。望中原。東詣闕里。謁孔林。浪跡於燕齊楚吳荆襄之間。察其風土人物。交其士大夫。西泝江峽。如桂林。疇昔山中所修養者。一一案之經歷實驗。學乃益進。

先生以爲欲任天下之事。開中國之新世界。莫亟於教育。乃歸講學於里城。歲辛卯。於長興里設黌舍焉。余與先生之關係。實始於此。其時張之洞實督兩粤。先生勸以開局譯日本書。輯萬國文獻通考。張氏不能用也。乃盡出其所學。教授弟子。以孔學佛學宋明學爲體。以史學西學爲用。其教旨專在激厲氣節。發揚精神。廣求智慧。中國數千年無學校。至長興學舍。雖其組織之完備。萬不逮泰西之一。而其精神則未多讓之。其見於形式上者。如音樂至兵式體操諸科。亦皆屬創舉。先生講學於粤。凡四年。每日在講堂者四五點鐘。每論一學。論一事。必上下古今。以究其沿革得失。又引歐美以比較證明之。又出其理想之所窮及。懸一至善之格。以進退古今中外。蓋使學者理想之自由。日以發達。而別擇之智識。亦從生焉。余生平於學界稍有所知。皆先生之賜也。

後又講學於桂林。其宗旨方法。一如長興。先生又以爲凡講學莫要於合羣。蓋以得智識交換之功。而養團體親愛之習。自近世嚴禁結社。而士氣大衰。國之日孱。病源在此。故務欲破此錮習。所至提倡學會。雖屢遇反對。而務必達其目的然後已。其見忌嫉於當世。此亦一原因也。甲午敗後。遂開强學會於京師。一時張之洞袁世凱之流。皆贊成焉。不數月爲政府所禁。然自是學會之風徧天下。一年之間。設會百數。學者不復以此爲大戒矣。强學會之開也。余與其役。當時創議之人。皆贊此舉。而憚會之名號。咸欲避之。而代以他字。謂有其實不必惟其名也。而先生齗齗持之不肯遷就。余頗怪焉。先生曰。吾所以辦此會者。非謂其必能成。而大有補於今時也。將以破數百年之網羅。而開後此之途徑也。後卒如其言。先生之遠識大膽毅力。大率類是。乙未丙申以後。先生所欲開之學風。漸萌芽浸潤於全國矣。

## 第四章　委身國事時代

先生經世之懷抱。在大同。而其觀現在以審次第。則起點於愛國。先生論政之目的。在民權。而其揆時勢以謀進步。則注意於格君。自光緒十五年。即以一諸生伏闕上書。極陳時局。請及時變法以圖自强。書格不達。甲午敗後。又聯合公車千餘人上書申前議。亦不達。世所傳公車上書記是也。自此以後。四年之間。凡七上書。其不達也如故。其頻上也如故。舉國俗流。非笑之。唾罵之。或謂爲熱中。或斥爲病狂。先生若爲不聞也者。無所於撓。鍥而不捨。其結果也。爲今上皇帝所知。召對特拔。遂有戊戌維新之事。

戊戌維新。雖時日極短。現效極少。而實二十世紀新中國史開宗明義第一章也。凡物必有原動力以起其端。由原動力生反動力。由反動力復生其反動力。反反相衝。動動不已。而新世界成焉。惟戊戌之原動力。其氣魄雄厚。其潮勢壯闊。故生反動力最速。而最劇。僅百日間。挫跌一無所存。而反動力之雄厚壯闊。亦與之相應。其高潮之點。極於團匪之禍。神京蹂躪。朝列爲空。今者反動力之反動力又起矣。自今以往。中國革新之機。如轉巨石於危崖。遏之不可遏。必達其目的地而後已。此事理所必至也。然則戊戌之役。爲敗乎。爲成乎。君子曰。成也。

戊戌維新之可貴在精神耳若其形式則殊多缺點殆猶大輅之僅有椎輪木植之始見萌坼也當時舉國人士能知歐美政治大原者既無幾人且掣肘百端求此失彼而其主動者亦未能遊西域讀西書故其措置不能盡得其當殆勢使然不足爲諱也若其精神則純以國民公利公益爲主務在養一國之才更一國之政採一國之意辦一國之事蓋立國之大原於是乎在精神既立則形式隨之而進雖有不備不憂其後之不改良也此戊戌維新之眞相也吾雖不敢盡以此爲先生一人之功然其主動者在先生又天下人所同認而無異詞也先生所以盡力於國家者於是爲不薄矣

政變以後先生之志不少衰復聯合海內外同志創一中國前此未有之大會以圖將來及至去年漢口之難又一挫跌以至於今而先生委身國家之生涯其前半段落暫停頓焉其此後若何非吾之所得言也要之此新舊兩世紀之交中國政治界最有關係之人物誰乎吾敢應之而不疑曰康先生也

## 第五章　教育家之康南海

先生能爲大政治家與否吾不敢知雖然其爲大教育家則昭昭明甚也先生不徒有教育家之精神而已又備教育家之資格其品行方峻其威儀嚴整其授業也循循善誘至誠懇懇殆孔子所謂誨人不倦者焉其講演也如大海潮如獅子吼善能振盪學者之腦氣使之悚息感動終身不能忘又常反覆說明使聽者渙然冰釋怡然理順心悅而誠服中國學風之壞至本朝而極而距今十年前又末流也學者一無所志一無所知惟利祿之是慕惟帖括之是學先生初接見一學者必以嚴重迅厲之語大棒大喝打破其頑舊卑劣之根性以故學者或不

能受一見便引退其能受者則終身奉之不變塞焉先生之多得得力弟子蓋在於是其爲教也德育居十之七智育居十之三而體育亦特重焉今案長興學設之綱領旨趣造一學表如下

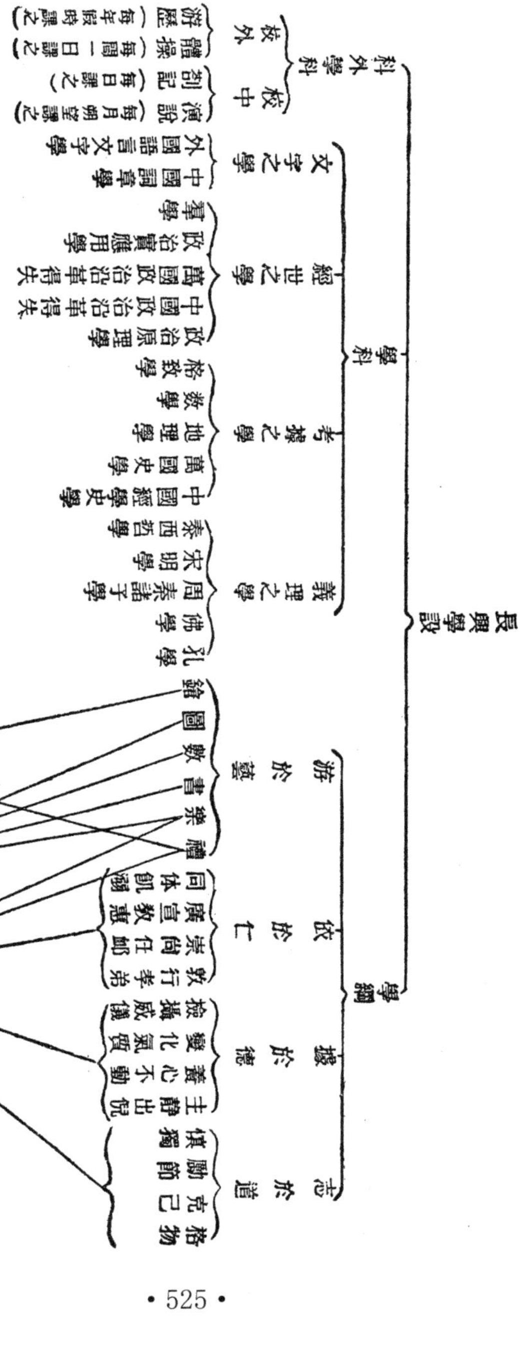

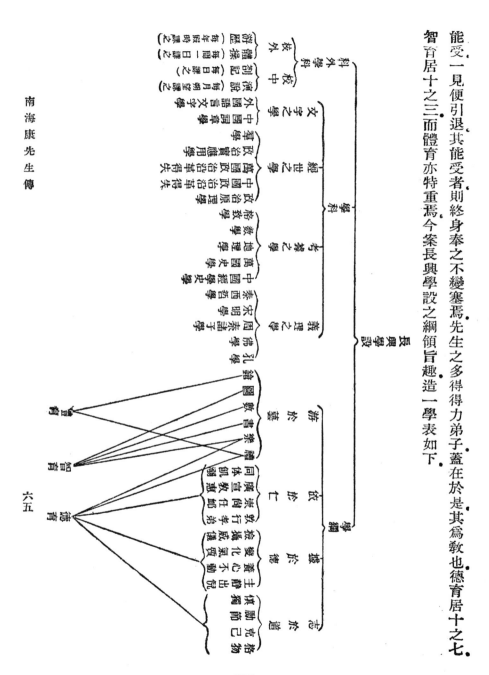

由此觀之先生教育之大綱可知矣至其學舍組織之體段則先生自爲總教授總監督而立學生中三人或六人爲學長分助各科又舍中設有書藏儀器室亦委一學生專司之其規制如下

師
- 博文科學長（主助教授及分校功課）
- 約禮科學長（主勸勉品行糾檢威儀）
- 干城科學長（主督率體操）
- 書器庫監督（主管理圖書儀器）

凡學生人置一劄記簿每日各自記其內學外學及讀書所心得時事所見及以自課每朔則繳呈之先生爲之批評焉

| 一 | 二 | 三 | 四 | 五 | 六 |
|---|---|---|---|---|---|
| 養心 | 修身 | 接人 | 執事 | 讀書 | 時務 |

然則先生教育之組織比諸東西各國之學校其完備固多所未及然當中國教育未興之前無所憑藉而自創之其心力不亦偉乎至其重精神貴德育善察中國歷史之習慣對治中國社會之病源則後有起者皆不可不師其意也

先生教育之大段固可以施諸中國但其最缺點者有一事則國家主義是也先生教育之所重曰箇人的精神曰世界的理想斯二者非不要然以施諸今日之中國未能操練國民以戰勝於競爭界也美猶爲憾吾不敢爲

諱。

## 第六章　宗教家之康南海

先生又宗教家也。吾中國非宗教之國。故數千年來。無一宗教家。先生幼受孔學。及屏居西樵。潛心佛藏。大澈大悟。出遊後。又讀耶氏之書。故宗教思想特盛。常毅然以紹述諸聖普度衆生爲己任。先生之言宗教也。主信仰自由。不專崇一家排斥外道。常持三聖一體諸教平等之論。然以爲生於中國。當先救中國。欲救中國。不可不因中國人之歷史習慣而利導之。又以爲中國人公德缺乏。團體散渙。將不可以立於大地。欲從而統一之。非擇一舉國人所同戴而誠服者。則不足以結合其感情。而光大其本性。於是乎以孔教復原爲第一著手。

先生者。孔教之馬丁路得也。其所以發明孔子之道者。不一而足。約其大綱。則有六義。

一　孔教者進步主義。非保守主義。

二　孔教者兼愛主義。非獨善主義。

三　孔教者世界主義。非國別主義。

四　孔教者平等主義。非督制主義。

五　孔教者强立主義。非巽懦主義。

六　孔教者重魂主義。非愛身主義。

其從事於孔教復原也。不可不先排斥俗學而明辨之。以撥雲霧而見青天。於是其料簡之次第。凡分三段階。

第一　排斥宋學。以其僅言孔子修己之學。不明孔子救世之學也。

第二　排斥歆學（劉歆之學）以其作僞。誣孔子。誤後世也。

第三　排斥荀學（荀卿之學）以其僅傳孔子小康之統。不傳孔子大同之統也。

昔中國之言孔學者。皆以論語爲獨一無二之寶典。先生以爲論語雖孔門眞傳。然出於門弟子所記載。各尊所聞。各明一義。不足以盡孔敎之全體。故不可不推本於六經。六經皆孔子手定。然詩書禮樂。皆因前世所有而損益之。惟春秋則孔子自作焉。易則孔子繫辭焉。故求孔子之道。不可不於易與春秋。易爲魂靈界之書。春秋爲人間世之書。所謂致廣大而盡精微。極高明而道中庸。孔敎精神。於是乎在。

先生之治春秋也。首發明改制之義。以爲孔子愍時俗之敝。思一革而新之。故進退千古。制定法律。以貽來者。春秋者。孔子所立憲法案也。所以導中國脫野蠻之域。而進於文明也。故曰春秋天子之事也。但孔子所處之時勢地位。既不能爲梭倫。亦不必爲盧梭。故託諸記事。立其符號。傳諸口說。其微言大義。則在公羊穀梁二傳。及春秋繁露等書。其有未備者。可推甲以知乙。舉一以反三也。先生乃著『孔子改制考』以大暢斯旨。此爲孔敎復原之第一段。

次則論三世之義。春秋之例。分十二公爲三世。有據亂世。有升平世。有太平世。據亂升平。亦謂之小康。太平亦謂之大同。其義與禮運所傳相表裏焉。小康爲國別主義。大同爲世界主義。小康爲督制主義。大同爲平等主義。凡世界非經過小康之級。則不能進至大同。而既經過小康之級。又不可以不進至大同。孔子立小康義以治現在之世界。立大同義以治將來之世界。所謂六通四闢。小大粗精。其運無乎不在也。小康之義。門弟子皆受之。而荀卿一派爲最盛。傳於兩漢。立於學官。及劉歆竄入古文經。而荀學之統亦簒矣。宋元明儒者。別發性理。稍脫劉歆之範圍。而皆不出於荀學之一小支。大同之學。門弟子受之者蓋寡。子游孟子稍得其崖略。然其統中絕。至本朝黃梨洲稍窺一斑焉。先生乃著『春秋三世義』『大同學說』等書。以發明孔子之眞意。此爲孔敎復原之第二段。

若夫大易。則所謂以元統天。天人相與之學也。孔子之敎育。與佛說華嚴宗相同。衆生同原於性海。舍衆生亦無性海。世界具含於法界。舍世界亦無法界。故孔子敎育之大旨。多言世間事。而少言出世間事。以世間與出世間。非一非二也。雖然。亦有本末焉。爲尋常根性人說法。則可使由之。而不使知之。若上等根性者。必當予以無上之智慧。乃能養其無上之願力。故孔子繫易。以明魂學。使人知區區軀殼。不過偶然幻現於世間。無可愛惜。無可留戀。因能生大勇猛。以舍身而救天下。先生乃擬著『大易微言』一書。然今猶未成。不過講學時常授其口說而已。此爲孔敎復原之第三段。

此外先生所著書。關於孔敎者。尙有敎學通議一書。爲少年之作。今已棄去。有新學僞經考。出世最早。有春秋公羊傳注。孟子大義述。孟子公羊相通考。禮運注。大學注。中庸注等書。皆未公於世。以上先生發明孔敎之大略也。吾自從學以來。悉受斯義。及今既閱十餘年。騖心末學。久缺研究。而瀏覽泰西學說以後。所受者頗繁雜。自有所別擇。於先生前者考案各義。蓋不能無異同。要之先生目光之炯遠。思想之銳入。氣魄之閎雄。能於數千年後。以一人而發先聖久墜之精神。爲我中國國敎放一大光明。斯不獨吾之所心悅誠服。實此後中國敎學界所永不能諼者也。

先生於佛教尤爲受用者也先生由陽明學以入佛學故最得力於禪宗而以華嚴宗爲歸宿焉其爲學也卽心是佛無得無證以故不歆淨土不畏地獄非惟不畏也又常住地獄非惟常住也又常樂地獄所謂歷無量劫行菩薩行是也以故日以救國救民爲事以爲舍此外更無佛法然其所以立於五濁擾擾之界而不爲所動者有一術焉曰常惺惺曰不昧因果故每遇橫逆困苦之境輒自提醒曰吾發願固當如是吾本棄樂而就苦本舍淨土而住地獄本爲衆生迷惑煩惱故入此世以拯之吾但當愍衆生之未覺吾但當求法力之精進吾何爲瞋恚吾何爲退轉以此自課神明俱泰勇猛益加先生之修養實在於是先生之受用實在於是

先生於耶教亦獨有所見以爲耶教言靈魂界之事其圓滿不如佛言人間世之事其精備不如孔子然其所長者在直捷在專純單標一義深切著明曰人類同胞也曰人類平等也皆上原於眞理而下切於實用於救衆生最有效焉佛氏所謂不二法門也雖然先生之布教於中國也專以孔教不以佛耶非有所吐棄實民俗歷史之關係不得不然也

先生所以效力於國民者以宗教事業爲最偉其所以得謗於天下者亦以宗教事業爲最多蓋中國思想之自由閉塞者已數千年稍有異論不曰非聖無法則曰大逆不道卽萬國前事莫不皆然此梭格拉底所以瘐死獄中而馬丁路得所以對簿法廷也以先生之多識淹博非不能曲學阿世以博歡迎於一時但以爲不抉開此自由思想之藩籬則中國終不可得救所以毅然與二千年之學者四萬萬之時流挑戰決鬬也嗚呼此先生所以爲先生歟泰西歷史家論近世政治學術之進步孰不以宗教改革之大業爲一切之原動力乎後有識者必能論定此公案也

# 第七章　康南海之哲學

先生者，天禀之哲學者也。不通西文，不解西說，不讀西書，而惟以其聰明思想之所及，出乎天天，入乎人人，無所憑藉，無所襲取，以自成一家之哲學，而往往與泰西諸哲相闇合，得不謂理想界之人傑哉！今就疇昔所聞者，略敍其一二。

(一)先生之哲學，博愛派哲學也。先生之論理，以『仁』字爲唯一之宗旨，以爲世界之所以立，衆生之所以生，家國之所以存，禮義之所以起，無一不本於仁。苟無愛力，則乾坤應時而滅矣。是故果之核謂之仁，無仁則根幹不能茁，枝葉不能萌；手足麻木者謂之不仁。衆生之在法界，猶四肢之在一身也，人而不相知不相愛，則謂之不仁，與一體之麻木者等。苟仁矣，則由一體可以爲團體，由團體可以爲大團體，由大團體可以爲更大團體，如是偏於法界不難矣。故懸仁以爲鵠，以衡量天下之宗教之倫理之政治之學術，乃至一人之言論行事，凡合於此者謂之善良，不合於此者謂之惡劣。以故三教可以合一，孔子也，佛也，耶穌也，其立教之條目不同，而其以仁爲主則一也。以故當博愛，當平等，人類皆同胞，而一國更不必論，而所親更不必論。故先生之論政論學，皆發於不忍人之心。人人有不忍人之心，則其救國救天下也，欲已而不能自已。如左手有痛癢，右手從而喣之也，不然者，則麻木而已矣，不仁而已矣。其哲學之大本，蓋在於是。

(二)先生之哲學，主樂派哲學也。凡仁必相愛，相愛必使人人得其所欲而去其所惡。人之所欲者何？曰樂是也。先生以爲快樂者衆生究竟之目的，凡爲樂者固以求樂，凡爲苦者亦以求樂也。耶教之殺身流血，可爲極苦，然其目的在天國之樂也。佛敎之苦行絕俗。可謂極苦。然其目的在涅槃之樂也。卽不歆天國。不愛涅槃。而亦必其以不歆不愛爲樂也。是固樂也。若夫孔敎之言大同。言太平。爲人間世有形之樂。又不待言矣。是故使其魂樂者。良宗敎。良學問也。反是則其不良者也。使全國人民皆樂者。良政治也。反是則其不良者也。而其人民得樂之數之多寡。及其樂之大小。則爲良否之差率。故各國政體之等級。千差萬別。而其最良之鵠。可得而懸指也。墨子之非樂。此墨子所以不成爲敎主也。若非使人去苦而得樂。則宗敎可無設也。而先生之言樂。與近世西儒所倡功利主義。謂人人各求其私利者有異。先生之論。凡常人樂。凡俗之樂。而大人不可不樂高尙之樂。使人人皆偏於俗樂。則世界之大樂。眞樂者。終不可得。夫所謂高尙之樂者何也。卽常自苦以樂人是也。以故其自治及敎學者。恆以樂天知命爲宗旨。嘗言曰。凡聖賢豪傑之救世任事。亦不過自縱其救世任事之欲而已。故必視救世任事如縱欲。然後可謂之至誠。可謂之眞人物。是先生哲學之要領。無論律人律己。入世間出世間。皆以此爲最終之目的。首尾相應。盛水不漏者也。

(三)先生之哲學。進化派哲學也。中國數千年學術之大體。大抵皆取保守主義。以爲文明世界。在於古時。日趨而日下。先生獨發明春秋三世之義。以爲文明世界。在於他日。日進而日盛。蓋中國自創意言進化學者。以此爲嚆矢焉。先生於中國史學。用力最深。心得最多。故常以史學言進化之理。以爲中國始開於夏禹。其所傳堯舜文明事業。皆孔子所託以明義。懸一至善之鵠。以爲太平世之倒影現象而已。又以爲世界旣進步之後。則斷無復行退步之理。卽有時爲外界別種阻力之所遏。亦不過停頓不進耳。更無復返其初。故孟子言天下之生久矣。一治一亂。其說主於循環。春秋言據亂升平太平。其說主於進化。二義正相反對。而先生則一主後說焉。又言中國數千年政治雖不進化。而社會甚進化。政治不進化者。專制政體爲之梗也。社會進化者。政府之干涉少而人民自由發達也。先生於是推進化之運。以爲必有極樂世界在於他日。而思想所極。遂衍爲大同學說。

（四）先生之哲學社會主義派哲學也。泰西社會主義。原於希臘之柏拉圖。有共產之論。及十八世紀。桑士蒙康德之徒。大倡之。其組織漸完備。隱然爲政治上一潛勢力。先生未嘗讀諸氏之書。而其理想與之闇合者甚多。其論據之本。在戴記禮運篇孔子告子游之語。其文曰。

大道之行也。天下爲公。選賢與能。講信修睦。故人不獨親其親。不獨子其子。使老有所歸。壯有所用。幼有所長。鰥寡孤獨廢疾者。皆有所養。男有分。女有歸。貨惡其棄於地也。不必藏於己。力惡其不出於身也。不必爲己。故謀閉而不興。盜竊亂賊而不作。故外戶而不閉。是謂大同。

先生演繹此義。以組織所謂大同學說者。其理想甚密。其條段甚繁。以此區區小篇。勢不能盡其義蘊。今惟提其大綱。約列一表如下。

大同學說
- （第一）原理
- （第二）世界的理想
  - （甲）理想之國家
    - （一）國家與人民之關係
    - （二）萬國相互之關係
  - （乙）理想之家族
    - （一）親子之關係
    - （二）夫婦之關係
  - （丙）理想之社會
- （第三）法界的理想
  - （丁）世間之法界
  - （戊）出世間之法界
- （第四）理想與現在之調和及其進步之次第

（第一）原理。先生哲學之主綱。既以求人類全體之最大快樂爲目的。乃以爲雖求其樂。當先去其苦。欲去其苦。當先尋其致苦之源。於是以慈悲智慧之眼。觀察世界各種社會。條別其苦惱之種類。與其所從出。今略舉其數如下。

苦惱
- 特別之苦
  - （一）夭折之苦
  - （二）廢疾之苦
  - （三）鰥寡孤獨之苦
  - （四）奴隸之苦
  - （五）婦女之苦
- 普通之苦
  - （一）天然界之苦 如癘疫水旱等類野蠻社會尤多
  - （二）戰爭亂離之苦 （一）兩國相戰（二）本羣內亂
  - （三）不自由之苦 （一）政府壓制（二）家族壓制
  - （四）牽累之苦 家族牽累
  - （五）相處不睦之苦 家族强合
  - （六）弱不能與人平等之苦 雖非奴隸雖非婦女亦常不得平等
  - （七）貧無業之苦
  - （八）交通不便之苦
  - （九）勞作之苦
  - （十）不得學問之苦

（十一）不得名譽之苦（一）己身（二）本黨
（十二）愛戀之苦
（十三）仇敵之苦
（十四）疾病之苦
（十五）老羸之苦
（十六）死之苦
（十七）諸凡求而不能得避而不能去者之苦

既察種種苦惱相。而求其所自出。不外三端。一曰天生。二曰人爲。三曰自作。又總三者而求其最大之根源。曰妄生分別。於是乎講普救之術。曰天生之苦惱。人智日開。藝術日精。則可以勝之。人爲之苦惱。公德日進。政事日修。則可以勝之。自作之苦惱。理想日高。智慧日大。則可以勝之。而其總根源既在分別。則其對治之總方法。厥惟大同。

大同根據之原理。以爲衆生本一性海。人類皆爲同胞。由妄生分別相。故惟顧己之樂。而不顧他之苦。常以己之自由侵人之自由。相侵不已。相報復不已。而苦惱之世界成焉。人私其身。家私其家。羣私其羣。國私其國。謀用是作。兵由此起。一切苦惱。永無窮極。欲治其本。不可不以宗教精神爲歸宿。而其下手之方法。不可不務國家改良家族改良社會改良。蓋先生之爲此學說。非徒欲施之一國。而將以施之天下。又非欲行之於現在。而欲行之於將來。質而言之。則其博愛主樂進化之三大主義。所發出之條段也。

（第二）世界的理想

（甲）理想之國家　先生謂所貴乎有政府者。謂其爲人民謀公益之一公局也。故苟背此目的者。則不得認爲政府。苟不盡此責任者。亦不得認爲政府。雖然。先生所謂政府責任者其範圍頗廣大。主張干涉主義。以爲民間一切教養之事務。政府不可不經理之指導之。其詳見下社會節其外形乃有似希臘之斯巴達國政體。但其選任政府。則一由人民公舉。採萬國制度而改良焉。禮運所謂天下爲公。選賢與能也。惟一政府所轄之境域。必不可過大。如中國十八行省之地。最少亦須分爲四五十政府。各因其風俗之程度以施政。初時不必齊等。久乃歸於大同。至於萬國相互之關係。先生以爲各强國對立。各謀私益。互爭雄長。最爲文明進步之害。故第一須破國界。凡各大國向來統治於一總政府之下者。宜聽其人民自治。分爲若干對等之小國。略如美國聯邦瑞士聯邦之例。合全地球無數之小政府。爲獨一之大聯邦。而爲總憲法以樞紐之。但此憲法與各小政府之憲法異。小政府之憲法務極繁。大聯邦之憲法務極簡。聯邦既成。則兵盡廢。但有警察。而無海陸軍。禮運所謂講信修睦也。此義西人發之者固甚多。今後數百年間亦斷不能行。而其爲天下之公理。爲將來世界所必至。蓋不可誣也。

（乙）理想之家族　先生以爲尋常一般苦惱。起於家族者居大半。今日中國無論何人。問其家事。必有許多難言者。雖其外强爲熙熙融融。然其中非含隱戾不平之氣。卽蓄愁鬱不堪之象。此何故也。（其一）『凡人性質之不相同。如其面焉。强合數軀殼或至數十軀殼。使處於一室。其魂不相洽。而其體不能相離。故悍者勃谿鬩爭。柔者抑鬱疾瘵』。（其二）『一家之中。分利者衆。生利者寡。婦女無論矣。孩童無論矣。卽壯歲之子弟。亦常復仰食於父兄。故家長爲一家之人所累。終歲勤動。而猶不足自給。一家之人。亦爲家長所累。半生壓制。而終不得自由』。以此兩端。故凡有家者無不苦。萬國皆然。而中國爲尤甚也。然則家者煩惱之根也。故既破國界。不可不破家界破家界之道奈何凡子女之初生也卽養之於政府所立育嬰院凡敎養之責皆政府任之爲父母者不與聞故凡人一出世卽爲公民爲國家之所有爲世界之所有父母不得而私也父母之恩不在於生而在於養故受育膝下三年免懷飲之食之敎之誨之則義不可以不報不孝者罪無赦焉若夫養育於國家則報國家之恩重於父母其天性厚者竭誠奉養焉固可貴也卽不能然亦不責也雖然猶有一義焉凡人之養子大率爲晚年侍養之計者多若爾爾則老者不其殆乎曰凡人之旣成年也受各種敎育因其性之所近使之執事爲社會盡責任者若干年及其老而衰也則入於政府之公立養老院盡養以終其餘年是又社會之報各人也記有之十六以下上所長也六十以上上所養也如是則老者無殆也禮運所謂人不獨親其親不獨子其子老有所歸壯有所用幼有所長也是使人人皆獨立於世界之上不受他之牽累而常得非常最大之自由也若夫夫婦之間則以結婚自由離婚自由爲第一要義政府一切不干涉而惟限其年若一夫多妻一妻多夫則所嚴禁也此義也西人固已實行之

案先生所言親子之關係似甚駭聽聞雖然不過其理想如是耳凡行一制度必與他制度相待而成若行甲而遺乙行乙而遺甲是不可謂之制度也故此等關係到大同之後勢固不得不行若在今日萬不能以爲藉口者也先生說敎最重報恩常言佛法出家於施報之義大有缺點焉旣有家則不可不愛家旣受父母之敎養則不可不孝父母故先生事母以孝聞學者勿誤會此言以自取罪也

(丙)理想之社會　前所述理想之國家實無國家也理想之家族實無家族也無國家無家族則奈何以國家家族盡融納於社會而已故曰社會主義派哲學也故其一切條理皆在於社會改良今試舉其特色者略條論

之。

(A)進種改良　欲造大同之世界。不可不使人類有可以爲大同公民之資格。故進種改良爲最要焉。此事固甚難。然亦非不可致用人事淘汰之法。需以日月。則人種必可以日進。先生之議。以爲女子平日當受完全之教育。不待言矣。而又必定市廛鄉宅之地。使各有別。凡居室不許在城市工場塵溷之地。使其有清淑之氣。而政府又別置各種旅館於山水明秀之諸地。以爲士女行樂之所。其時人必樂居旅館不樂自置令其受生之始。已感天地清明之氣。及婦人之有身也。卽入公立之胎教院。其院尤必擇勝地。院內結構精雅。陶養性情之具無不備。有名醫以司理其飲食調節其運動。有名師間日演說。以薰善其德性。他日胎教之學日精一日。則人種自日進一日。又凡廢疾者。有腦病者。肺病者。又曾犯某某類之重罪者。若經名醫認其有遺傳惡種之患。則由公局飲以止產藥。無俾育茲稂莠。如是則種必日良矣。

(B)育嬰及幼稚教育　育嬰之事。必由公局。父母不得與聞。固由破家族之累。亦因養子之學。非人人盡能。不如專門名家之爲愈也。公家立育嬰院與胎教院相連。孩童一生。卽移斯院。院內保母皆專門此學。終身以之。兩三歲後。移於幼稚園。受幼稚教育。

(C)教育平等　欲使人類備大同之人格。則教育爲第一義矣。自六歲至二十歲。皆爲受教育之時期。無論何人。皆當一律。今各國惟小學年度。必須受學。著爲功令。其中學高等學以上。則任人自由。蓋子弟爲父母所有。其父母境遇不同。無能强也。若大同之制。則世界自教其後進。凡任公家教育之職者。皆有全權以主持之。必不可使有畸輕畸重。如是久之。則人類之智德可以漸臻平等矣。凡自二十歲以前。一切舉動。皆受先輩所監督。分毫不許自由。

（D）職業普及　二十歲後。教育期已滿。則直屬於政府。爲公民。一切自由。其執何職業。政府雖不得干預之。然若有不得職業者。則謀爲位置。責在政府。政府當多所興作。使民得便。與民同樂。但其人非稚非老非廢疾而不執業坐食分利者。則政府罰之。

（E）勞作時刻減少　近世最大問題。勞作社會問題也。頻年以來。工價屢增。時刻屢減。實爲進化之一大現象。雖然。不過萌芽耳。物質學日進步。工藝機器發明日多。則人類勞作之力愈可節省。及大同時。必有每日只需操數刻之工。而所出物產。百倍於今日。所受薪金。十倍於今日者。除此數刻之外。則皆爲行樂之時。熙熙春臺。其樂只且。

（F）說教　每來復日必說教。一如今日之泰西。政府有教院。會通羣教。而擇一最良之德育方案。然各教會之設立。及各人之信何教。皆許自由也。

（G）衞生　凡公衆衞生之事。常以全力使之進步。民間築室。政府皆檢定之。其有病者。則入公立養病院。

（H）養病　公家立養病院。聚名醫焉。聚專門之看護婦焉。有病者經醫生認可。謂爲當入病院。則入之。醫藥飲食。皆取給於公焉。養廢疾院。亦附屬於養病院。惟養鰥寡孤獨院則無之。大同之世。無鰥寡孤獨也。

（I）養老　公家必立養老院者。非徒若中國舊說。敬老引年之意云爾。蓋基於社會報德之原理焉。人自二十一歲以後。卽出於社會。操種種之職業。爲公衆盡瘁。有助於進步者不少。旣已劬劬數十年。則社會宜有以報之。故養老之典最重。公設此院。務極宏敞。起居飲食。務極精良。其中又分特別普通二者。特別院。凡有功德在民。曾受公賞者居之。當令天下第一娛樂之地。無出其右。普通院則尋常老人居之。其體制亦較尋常居宅有加焉。其自有府第。不入公院者。亦聽。

(J)土地歸公　政府直轄之事業。如此其多。則其費浩繁。將何所出。勢固不可不仍取於民。然租税重。名目繁。則民且滋不便。於是略仿井田之意。凡地球之土地皆歸公。有民不得私名田。政府量其地能出之富力幾何。隨時定其率。約十而税一。惟此一税。他皆除之。

(K)公立事業　公府財源所出。除土地税外。其次則多興公業。如大鐵路。大輪船公司。大礦務。種種大製造局。雖聽民間自設。然政府亦常募公債以自辦之。務使公業極多。百務畢舉。

(L)遺產處置　其次則各人遺產。例以一半歸公。其餘則聽本人處置。或贈知友。或贈公家。

(M)獎厲名賞　大同之世。人爵不榮。雖然有功德於民者。則社會宜表敬謝之意。以旌其美。且勸後人。是亦不可廢也。彼時獎厲之格。惟有兩途。一獎厲知識。二獎厲慈善。即不外智人仁人二位而已。有國(即政府)一小之智人仁人。有天下之大智人大仁人。凡能著新書發明新理制新器者。皆謂之智人。仁人之種類頗繁。如任政府而盡瘁有大功者。爲教師能感化多人者。醫生之名家者。及捐私財以行公善者。皆稱焉。又有普通之仁人。如育嬰院之保母。小學校之教師。在職若干年者。院長考其勞績。加徽號焉。養病院養老院之看護人。在職若干年者。由病人老人出具考語。加徽號焉。凡此等智人仁人。皆受社會特別之優待。政府常予以加等權利。以酬其勞。及其入養老院也。亦處於特別院。

又養老院養病院之看護人。除自願專門名家久於其職者外。凡男女二十歲卒業學校後。必須充當此役一年。

如現世各國。凡國民皆須有當兵之義務。不過彼則殘殺事業。此則慈善事業耳。凡在此一年中。被老人病人加以劣考語者。則政府剝減其終身之權利。

附獎厲生育　大同之世有一事甚可感者。則婦人不願生子是也。人人獨立。生子無私利於己。而惟受其苦痛。誰則樂之。若爾則人道幾乎息矣。故不可不立特別之優獎。以爲生子者勸。何也。生子者爲將來世界永續文明之大原。其功德固不淺。公衆酬其勞。不亦宜乎。

(N)刑罰　大同之世。幾刑措矣。雖然。人與人相處。固有未能盡免者焉。而大同世又有特別之律二條。一曰無業之罰。（政府既多興事業以應人民之求猶有無業者必惰也不盡責任於社會也故罰之宜也）二曰墮胎之罰是也。凡所用刑罰。惟有苦工。餘皆廢之。

(O)男女同權　今泰西女權雖漸昌。然去實際猶遠。即如參政權一事。各國之婦女有權投票者。不過美國及澳洲間有一二州耳。餘皆無聞。自餘各事。無一能平等者。若東方更不必論矣。大同之世。最重人權。苟名爲人權利斯等。

(P)符號畫一　自語言文字。乃至紀元貨幣律度量衡。皆設法以漸畫一之。省人之腦力焉。

若合以上各端。設理想的大同政府。則其官制大略如左。

- 總政府
  - 立法院
    - 上議院（代表各國）
    - 下議院（代表全地球人民）
  - 司法部（糾察各國不守法者及裁判國際）
  - 理財部（主總政府之財政）

- 政府
  - 行政院
    - 工部（郵政電報等總政府掌之大鐵路等巨工非一國所能任者亦屬焉）
    - 敎部（總政府立最高之大學於各地）
  - 分政府
    - 立法院
      - 上議院（議員任終身選大智人大仁人充之）
      - 下議院（議員三年或四年一任民公舉之）
    - 行政院
      - 司法部
        - 婚姻裁判所
        - 財產裁判所
        - 刑罰裁判所
        - 行政裁判所
        - 高等法院
      - 敎部
        - 敎育事務局
        - 各種學校
      - 養民部
        - 胎敎院
        - 育嬰院
        - 養病院
        - 養老院
        - 民業局（民無職業者則位置之）
      - 工商部
        - 工務局（礦務等附焉）
        - 商務局
        - 農務局

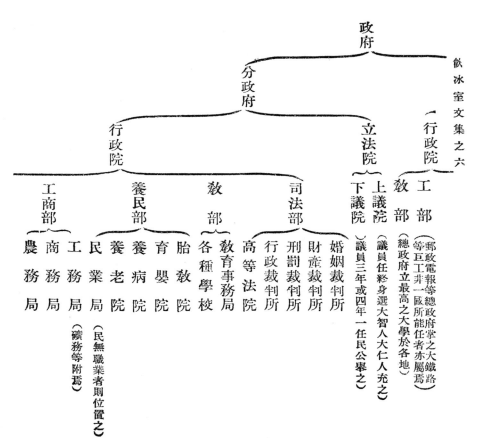

理財部——租稅局
　　　　——公業局（政府生利事業屬焉）
　　　　——會計檢查局
警察部——警衛局
　　　　——衛生局

以上各條。略舉大概。至其條理之分目。及其每條所根據之理論，非數十萬言不能盡也，先生現未有成書。啓超自十年前受其口說。近者又專馳心於國家主義。久不復記憶。故遺忘十而八九。此固不足以盡先生之理想。雖然所述者。則皆先生之言。而毫不敢以近日所涉獵西籍附會緣飾之。以失其眞也。此等理想。在今日之歐美或不足爲奇。而吾獨怪乎先生未讀一西書。而冥心孤往獨闢新境。其規模如此其宏遠其理論如此其精密也不得不叉手贊嘆曰偉人哉。偉人哉。

（第三）法界的理想

（丁）世間之法界　先生此種理想。既非因承中國古書。又非勦襲泰西今籍。然則亦有所憑藉乎。曰有何憑藉。曰藉佛學。先生之於佛學也。純得力大乘。而以華嚴宗爲歸。華嚴奧義在於法界究竟圓滿極樂。先生乃求其何者爲圓滿。何者爲極樂。以爲棄世界而尋法界。必不得爲圓滿。在世苦而出世樂。必不得爲極樂。故務於世間造法界焉。又以爲軀殼雖屬小事。如幻如泡。然爲靈魂所寄。故不度軀殼。則靈魂常爲所困。若使軀殼無缺憾。則解脫。進步事半功倍。於是原本佛說舍世界外無法界一語。以專肆力於造世界。先生常言。孔敎者佛法之華嚴宗也。何以故。以其專言世界。不言法界。莊嚴世界。即所以莊嚴法界也。佛言當令一切衆生皆成佛。夫衆生根器。既已不齊。而所處之境遇所受之敎育又千差萬別。欲使之悉成佛難矣。先生以爲衆生固不易言。若有已受人身者。能使之處同等之境遇。受同等之敎育。則其根器亦漸次平等。可以同時悉成佛道。此所以苦思力索。而冥造此大同之制也。若其實行。則世間與法界。豈其遠哉。

(戊)出世間之法界　前表所列諸苦惱。若大同制行。則悉消滅矣。而所餘者猶有一焉。曰死之苦是也。然則專言世間法而不言出世法。亦不足爲圓滿。故先生之哲學。以靈魂爲歸宿。使人知身雖滅而有不滅者存。先生以爲佛法之必出家。固非得已。雖然在當今之世界而勸人出家。其義理之不完有正多者。夫度人出家。爲使其人去苦而得樂也。然一人樂矣。而其一家之苦頓增。衆生平等。若此則何其偏毗乎。且佛法最重報恩。父母鞠之育之。罔極劬勞。一旦棄去。其何爲心。此所以世間法與出世法。常不相容也。若大同制行。則人人無家。不出自出。如是乃可言出世法。然先生以爲雖大同之後。猶當立律以制限之。非至四十歲以外者。不許離世務也。何也。以其曾受社會敎養二十年。則有當爲社會做事二十年之義務。以相償報恩之義則然也。但人人既享世俗之樂。則又當知器世虛假。軀殼無常。勇猛精進。竿頭一步。盡破分別相。以入於所謂永生長樂之法界者。是則先生之志也。人智日進。眞理日明。大同之後。有不期然而然者矣。

(第四)理想與現實之調和及其進步之次第　然則此理想與現在之實際。不悉相衝突乎。且將由何道以達之乎。先生以爲萬物並育而不相害。道並行而不相悖。春秋三世。可以同時並行。或此地據亂。而彼地升平。或此事升平。而彼事太平。義取漸進。更無衝突。凡法律務適宜於其地與其時。苟其適宜。必能使其人日以發達。愈發達。愈改良。遂至止於至善。故不可以大同之法爲是。小康之法爲非也。猶佛言大乘不廢小乘也。先生教學者常言『思必出位。（論語君子思不出其位）所以窮天地之變。行必素位。（中庸君子素其位而行）所以應人事之常』是故其思想恆窮於極大極遠。其行事恆踐乎極小極近。以是爲調和。以是爲次第。

## 第八章　康南海之中國政策

先生固以行大同救天下爲最終之目的。但以爲吾所最親者中國也。今日衆生受苦最深者中國也。人民居地球三之一者中國也。於是乎內觀實踐。以救中國爲下手之第一段。戊戌夏秋之間。雖贊政三月。然百事掣肘。所志不能行萬一。今略述其所懷抱之政策如下。

（第一）　中國倡民權者。以先生爲首。（知之者雖或多而倡之者殆首先生）然其言實施政策。則注重君權。以爲中國積數千年之習慣。且民智未開。驟予以權。固自不易。況以君權積久如許之勢力。苟得賢君相因而用之。風行雷厲。以治百事。必有事半而功倍者。故先生之議。謂當以君主之法。行民權之意。若夫民主制度。則期期以爲不可。蓋獨有所見。非徒感今上之恩而已。

（第二）　近年聯漢撲滿之議頗行。先生以爲驟生此界。是使中國分裂。而授外國以漁人之利也。苟能去專制之秕政。進人民之公益。則漢人自居國民之大多數。兩利俱存。何必仇滿。

（第三）　近世多有倡各省獨立之說。先生以爲中國自秦以來數千年皆統一之歷史。蓋地理上人種上習慣上有不得不然者也。雖欲分之。必不可得分。徒取糜爛。且生外憂。

（第四）先生以爲欲維新中國。必以立憲法改官制定權限爲第一義。故今日之法。以今日之官。雖日下一上諭言維新。無益也。其所謂改官制者條理甚繁。不能具述。所謂定權限者定中央政府與地方自治之權限也。

（第五）先生雖極非各省獨立。而最重地方自治。以爲中國議會萬不能速立。而地方議會。不可不早開。因數千年來自治之習慣。其事甚順。且使民練習政務。爲將來參政之基也。

（第六）先生以爲今日中國分省太大。宜縮小之。約以今一道爲一省。置議會焉。直隸於中央政府。一道中各成一小政府之形。

（第七）先生謂中國當以工商爲國。是以天產之富。工價之廉。而其人精於商務。若天授焉。苟以政府之力獎厲之扶助之。上下一心。同此目的。不十年而中國之雄甲天下。

（第八）先生謂宜立敎務部。以提倡孔敎。非以此爲他敎敵也。統一國民之精神。於是乎在。今日未到智慧平等之世。則宗敎萬不可缺。諸敎雖各有所長。然按歷史因民性。必當以孔敎治中國。

（第九）先生謂內治稍有端緒。當經營西北。移民實蒙古新疆西藏。闢其富源。一以紓東南人滿之憂。二以爲爭雄歐西之基。

（第十）先生謂當留意殖民事業。今南洋一帶。華民居百分之九十九。但使能在其地得參政權。則我國民之發達。不可思議矣。又謂南美洲巴西各地地廣人稀。頗欲招華工。政府宜以實力速行之。勸導之。保護之。將來可立新中國於西半球。

（第十一）先生以爲今日中國無取多兵。何也。若能立憲法。改官制。行眞維新。則內亂必不生。無取兵也。泰西各國專務商業，咸願平和，苟外交無失，內治日興，誰則開釁，亦無取兵也，故以養兵之費，興學勸工，爲得策矣。

（第十二）先生以爲維新十年或二十年後，民强國富，則可從事於兵，兵旣成，號召英法美日以擯强俄，一戰而霸，則地球大同之幕開矣。

此其大概也，至如重敎育，廣鐵路，興警察等事，雖其所常言，然人多知之，且或已行之，故不及焉，先生之政策，與余所見有同者，有異者，故不置論其是非得失，惟臚列之以供當世之評騭采擇云爾。

## 第九章　人物及其價值

康南海果如何之人物乎，吾以爲謂之政治家，不如謂之敎育家，謂之實行者，不如謂之理想者，一言蔽之，則先生者，先時之人物也，如雞之鳴，先於羣動，如長庚之出，先於羣星，故人多不聞之，不見之，且其性質亦有實不宜於現時者乎，以故動輒得咎，舉國皆敵，無他，出世太早而已。

大刀闊斧開闢事業，此先生所最長也，其所爲之事，至今未有一成者，然常開人之所不敢開，每做一事，能爲後人生出許多事，無論爲原動力，爲反動力，要使之由靜而之動者，先生也，先生者，實最冒險最好動之人也，嘗有甲乙二人論戊戌維新事，『乙曰，康有爲亦尋常人耳，其所建白，吾皆能知之，能行之，甲曰，然則君何爲不爲，乙曰，難也，甲曰，知其難而爲之，此康有爲所以爲康有爲也。』可謂知言。

先生最富於自信力之人也，其所執主義，無論何人，不能搖動之，於學術亦然，於治事亦然，不肯遷就主義以徇事物，而每鎔取事物以佐其主義，常有六經皆我注腳，羣山皆其僕從之概，故短先生者，謂其武斷，謂其執拗，謂其專制。或非無因耶。然人有短長。而短卽在於長之中。長卽在於短之內。先生所以不畏疑難。剛健果決。以旋撼世界者。皆此自信力爲之也。蓋受用於佛學者深矣。

先生任事。不擇小大。常言事無小大。惟在比較。與大千世界諸星諸天比。何者非小。與西輪微蟲兔塵芥子比。何者非大。謂有小大者。妄生分別耳。故但遇一事。有觸動其不忍人之心者。卽注全力以爲之。雖費勞甚多。而結果甚少。不惜也。其半生常爲阻力所圍繞。蓋自好爲之也。

先生腦筋最敏。讀一書。過目成誦。論一事。片言而決。凡事物之達於其前者。立剖析之。釐然秩然。雖或有不悉當者。然皆爲自達其目的之助也。

先生之達觀。眞不可及也。素位而行。順受其正。是其生平所最服膺之語。又以爲我不入地獄。誰入地獄。救此衆生。故遇患難。遇窮困。皆謂爲我所應有。必如是乃盡吾責任也。雖日日憂國憂天下。然於身世之間。常泰然也。

先生爲進步主義之人。夫人而知之。雖然。彼又富於保守性質之人也。愛質最重。戀舊最切。故於古金石好之。古書籍好之。古器物好之。篤於故舊。厚於鄉情。其於中國思想界也。諄諄以保存國粹爲言。蓋先生之學。以歷史爲根柢。其外貌似急進派。其精神實漸進派也。吾知自今以往。新學小生。必愈益笑先生爲守舊矣。雖然。苟如是。是中國之福也。

要之。他人無論如何詆先生。罪先生。敵先生。而先生固衆目之的也。現今之原動力也。將來之導師也。無論其他日所成就。或更大與否。卽以今論。則於中國政治史世界哲學史。必能占一極重要之位置。吾敢斷言也。雖然。此非先生之所期也。先生惟乘願而來。隨遇而行。率其不忍人之心。做一事算一事。盡一分算一分而已。顧吾中國不患無將來百千萬億之大政治家大外交家大哲學家大教育家而不可無前此一自信家冒險家理想家之康南海吾安得不注萬斛之熱血爲中國爲衆生表感謝也海天萬里先生自愛

英國名相克林威爾嘗呵某畫工曰"PAINT ME AS I AM"蓋惡畫師之諛己而告以勿失吾眞相也世傳爲美談吾爲康南海傳無他長惟自信不至爲克林威爾所呵凡起草四十八點鐘傳成孔子二千四百五十二年十一月九日梁啓超記於日本橫濱山椒之飲冰室

# 霍布士學案 HOBBES

霍布士英人生於一千五百八十八年卒於一千六百七十九年嘗事英王查理士第二爲師傅與當時名士倍根相友善以哲學相應和有名於時英國哲學學風皆趨重實質主義功利主義而兩人實爲之先導霍布士之哲學以爲凡物無所謂靈魂其物體中所發一切現象不過一種之運動即吾人之苦樂亦皆腦髓之一運動耳腦筋之動適當於諸體則生樂抵觸於諸體則生苦由樂而生願欲由苦而生厭惡願欲者運動之暢發也厭惡者運動之收縮也然則所謂自由者不外形體之自由即我實行我之所願欲而已而心魂之自由實未嘗有也霍氏以此主義爲根本故其論道德也敢爲驚世駭俗之言而無所顧忌其言曰善者何快樂而已惡者何痛苦而已故凡可以得快樂者皆善也凡可以得痛苦者皆惡也然則利益者萬善之長而人人當以爲務者也霍氏於是臚舉凡人之情狀皆由利己一念變化而來敬天神之心畏懼之情所發也嗜文藝之心將以炫己之長也見人之粗鄙失儀則笑之以爲樂蓋所以自誇而以爲我迥出此人之上也恤人之患難不過示我之意氣也故利己一念實萬念之源也霍氏因論人生之職分以爲當因勢利導各求其利益之最大者以就樂而避苦此天理自然之法律亦道德之極致也霍氏本此旨以論政術謂人類所以設國家立法律者皆由契約而起而所謂契約一以利益爲主而所以保護此契約使無敢或背者

則在以强大之威權監行之。此其大概也。霍氏之哲學理論極密。前後呼應。幾有盛水不漏之觀。其功利主義。開辨端斯賓塞等之先河。其民約新說。爲洛克盧梭之嚆矢。雖其持論有偏激。其方法有流弊。然不得不謂有功於政治學也。

霍布士曰吾人之性。常爲就樂避苦之情所驅使。如機關之運轉。不能稍自懲窒者也。然則以此等人相聚而爲邦國。果能遽自變其性。不復爲利己之念所役乎。是必不能。其必仍就利避害。循所謂自然之常法。而不改初服。有斷然也。故昔者亞里士多德以爲人性本相愛。故其相聚而爲邦國。實天理之自然。雷布士反之。謂人人皆惟務利己。不知其他。故其相惡。實爲天性。其相聚而爲邦國也。亦不過爲圖利益而出於不得已。非以相愛而生者也。

霍布士曰。人人本相仇視者也。各人皆求充己之願欲。而他人之患。曾無所攖於其心。人人如是。欲其毋相鬭焉。不可得也。故邦國未建制度未設之前。人相吞噬如虎狼然。吞噬不已。勝捷必歸於强者。强者之勝。乃自然之勢。合於義理。而無容異議者也。由此論之。則謂强權爲天下諸種權之基本可也。

邦國未建之前。强者固侵淩弱者。而爲其害矣。雖然此害不得謂之不正也。何以故。當彼弱者之蒙害也。果據何法律以相訴辯乎。惟有屈伏而已。不然。彼强者將曰。我之侵害汝。我自從我之所欲也。汝何故不從汝之所欲乎。恐彼弱者必無詞以對也。然則衆互相爭。以强淩弱。是自然之勢。卽天定之法律也。

雖然。人人相鬭。日日相鬭。其事有足令人寒心者。蓋相鬭之本意爲利益也。而有大害出焉。故一轉念間。必能知輯睦不爭。其爲衆人之利益有更大者。是不待特別智識而後能知也。然則人人求利己。固屬天性。人人求輯睦不爭。亦天理之自然也。故輯睦不爭。是建國以後之第一要務也。但此所謂要務者。非謂道德之所必當然。不過為求利益之一方便法門而已矣。

其始也，人各有欲取衆物而盡爲己有之權，及既求輯睦不爭，則不可不舉此權而拋棄之，此自然之順序，不可避之理也。雖然，既拋棄己之專有權，必當有以償之，不然則是反於自然之順序也。故我一旦拋棄我之專有權，衆人亦不可不拋棄其專有權以相當。於是於立國之前，各人相與約曰：我所獲者，爾勿奪之；於我爾所獲者，我亦勿奪之。於爾人人以權相易，而民約以成。

民約既成之後，則以人人堅守契約而莫敢違爲第一要務矣。譬有人於此，欲輯睦相安，而首違衆人之契約，則所謂求體而棄用，而我之自矛盾也。此等事，就尋常論之，謂之爲不正不義，而霍布士則謂爲反於事之顯序，自失其目的而已。何也？當夫契約未定，或我未入此契約之前，無所謂不正不義，猶之未與人約事之前，決無踐約之責任也。或問曰：我既約一事之後，忽然回思，覺不踐吾言乃爲我之利益，則我仍當踐之乎？霍布士則答曰：踐不踐惟君。君如不以輯睦爲利也，請君復鬭，而吾儕亦起而與君相鬭。但利輯睦之人多，君恐不勝。然則尋常所謂正不正、義不義者，在霍布士之意，不過利不利而已。不過自爲謀之臧否而已，而非有所謂道德者存。雖然，若人人忽欲忽惡，念起念落，易破其約，則將使邦國復成爭鬭之故態，與未建國等，而於公衆之利益大不便。故不可不立一策以防之，此實至難之業也。而霍布士以爲直大易易，其策云何？則用威力以護持此約，使莫敢壞之人畏罪戮而約以永存，是故霍布士之政術，以體軀之力爲基，而即藉此力以擁衛法律者也。

按霍布士之議論，可謂持之有故，言之成理，如常山之蛇，首尾相應。蓋彼本以人類爲一種無生氣之偶像，常爲情欲所驅，而不能自制。世之所謂道德者，皆空幻而非實相。然則相爭鬭者，必爲自然之順序無疑。既無德義。則去利就害。亦自然之順序。其相約而求和平。亦自然之順序。如是則契約既成。必以威力護持之。亦自然之順序也。使人之本性。而果如霍布士之所言。則其說自固盛水不漏。無有矛盾者。

霍氏所謂人各相競專謀利己。而不顧他人之害。此卽後來達爾文所謂生存競爭優勝劣敗。是動物之公共性。而人類亦所不免也。苟使人類而僅有此性。而絕無所謂道德之念自由之性。則霍氏之政論。誠可謂完美無憾。惜夫霍氏知其一。不知其二也。然其敍人類中所有實體之理。其功固自不淺。

且霍布士雖不謂人心有自由之性。然以契約爲政治之本。是已知因衆人所欲以立邦國之理。其見可謂極卓。自霍布士倡此說。後之學者。襲而衍之。其識想愈高尚。其理論愈精密。以謂人人各以自主之權。而行其自由德義。實爲立國之本。以視霍布士所謂出於私慾者。誠夐乎尚矣。雖然。民約之義。實祖述霍氏。霍氏亦政學界之功臣哉。

以上所述霍布士學說。前後整齊之處也。今更舉其旨趣之前後矛盾者論之。

霍布士既謂邦國成立之後。所以護持此自然之法律者。當用威力。但此所謂威力者誰用之乎。將由官吏之專制乎。抑由人民之合議乎。霍布士當時爲英王查理第二之師。大見尊寵。於是乎獻媚一人。而主張君主專制政體。是實可謂一言之失。千古遺恨也。

霍布士之意。以爲若欲建設威力。使能統攝國人。而無爭。則必使衆意上同於一意。然後可。如是則衆人各拋其意欲。而委任於一人之意欲。亦政約所不得已也。其相約之意。若曰吾等各拋棄己權。以託君主某。故亦要使吾等相安而享利益云爾。

此約一成。衆庶皆相牽聯而無分離固也。雖然。霍布士既使臣庶盡行束縛於君主。而君主則毫無所束縛。是君主於臣庶無一事不可要求。而臣庶之於君主。則無一事可要求。天下果有如是之條約乎。君主之權限。如此其廣大。則行義可也。行不義亦可也。寖假而君主使人子弑其父。亦不可謂之非理。寖假而君主將國人之生命財產盡奪而歸於己手。亦爲所欲爲。故如霍布士之說。則君主實在世之造物主也。

或問曰。國民既拋棄其權而委之於君主之手。一旦欲恢復之。果能達其志乎。霍布士則曰不能也。使衆人一日得復其權。則君主之權終不專。而條約不能確定。利益不能永保也。故民約一立。雖歷千萬年而不容變更者。是霍布士之意也。乃至我祖若父拋棄其權以奉於君主。及我生長之後。欲變壞祖父之約。而亦有所不可。嗟乎。我父雖好自爲之。而我則未嘗預其事也。然而强我必從我父之約。而罔敢或違。天下有是理乎。霍布士之說。於是乎窮。

要之。霍布士政術之原。與其性惡之論相表裏。雖然。吾以爲卽如霍氏之所說。人人惟利是圖。絕無道德。而所以整齊之之政術。亦不必以君主專制爲務也。蓋苟人人各知自謀其利益。因以知謀全體之利益。則必以自由制度爲長。且自由制度。又不惟人民全體之利而已。又政府主權者之大利也。何也。政府之權限。惟在保護國民之自由權。擁衞其所立之民約。而此外無所干預。則輿情自安。而禍亂亦可以不萌。此近世政學之士。所以取霍氏民約之義功利之說。而屏棄其專制政體之論也。

更綜論之。霍布士之政論可分爲二大段。而兩段截然不相聯屬。其第一段謂衆人皆欲出爭鬭之地。入和平之域。故相約而建設邦國也。其第二段謂衆人皆委棄其權。而一歸君主之掌握也。審如此言。衆人既舉一身以奉君主。君主以無限之權肆意使令之。所謂契約者果安在乎。所謂公衆之利益者果安在乎。第一段所持論。第二段躬自破壞之以霍布士之才識。而致有此紕繆之言者。無他。媚其主而已。雖然。民約之義一出。而後之學士往往祖述其意。去瑕存瑾。發揮而光大之。以致開十九世紀之新世界新學理。霍布士之功。又可沒耶。

任按霍布士之學。頗與荀子相類。其所言哲學。卽荀子性惡之旨也。其所言政術。卽荀子尊君之義也。荀子禮論篇曰。『人生而有欲。欲而不得則不能無求。求而無度量分界。則不能不爭。爭則亂。亂則窮。先王惡其亂也。故制禮義以分之。以養人之欲。給人之求。』此其論由爭鬬之人羣進為和平之邦國。其形態級序。與霍氏之說。如出一轍。惟霍氏之意。謂所以成國者由人民之相約。而荀子謂所以成國者。由君主之竭力。此其相異之點也。就理論上觀之。則霍氏之說較高尚。就事實上驗之。則荀子之說較確眞。而荀子言立國由君意。故雖言君權。而尙能自完其說。霍氏言立國由民意。而其歸宿乃在君權。此所謂操矛而自伐者也。

又按霍布士之言政術。與墨子尤為相類。墨子尙同篇云。『古者民始生。未有正長。未有刑政之時。天下之人異義。是以一人一義。十人十義。百人百義。其人數茲衆。其所謂義者亦茲衆。是以人是其義。而非人之義。故交相非也。內之父子兄弟作怨讎。皆有離散之心。不能相和合。天下之百姓。皆以水火毒藥相虧害。至如禽獸然。明夫民之無正長以一同天下之義。而天下亂也。是故選擇天下賢良聖知辯慧之人。立以為天子。使從事乎一同天下之義。故里長率此里民以上同於鄉長。鄉長率此鄉民以上同於國君。國君率此國民以上同於天子。天子率天下之民以上同於天。』此其全論之條理次序。皆與霍氏若出一吻。其言未建國以前之情形也同。其言民相約而立君也同。其言立君之後。民各去其各人之意欲以從一人之意欲也同。地之相去數萬里。

世之相後數千年。而其思想若合符。豈不奇哉。雖然霍氏有不逮墨氏者一焉。墨氏知以天統君之義。故尚同篇又云『夫既尚同於天子。而未尚同乎天者則天菑猶未去也』 然則墨子之意固知君主之不可以無限制。而特未得其所以限制之之良法。故託天以治之。雖其術涉於空漠。若至君權有限之公理。則既得之矣。而霍氏乃主張民賊之僻論。謂君主吸收各人之權利。而無所制裁。是恐虎之不噬人而傅之翼也。惜哉

又按霍布士者泰西哲學界政學界極有名之人也。生於十七世紀。而其持論乃僅與吾戰國諸子相等。且其精密更有遜焉。亦可見吾中國思想發達之早矣。但近二百年來泰西思想進步如此其驟。而吾國雖在今日依然二千年以上之唾餘也。則後起者之罪也。

# 斯片挪莎學案 BARUCH SPINOZA.

斯片挪莎。本葡萄牙之猶太人。以一千六百三十二年生於荷蘭。初從猶太教牧師學經典及拉丁語希臘語。旁通佛蘭西語意大利語西班牙語等。後更從事於物理學。佩法國大儒笛卡兒 DESCARTES 之說。漸疑猶太教。著書以非難之。尤爲教會所擯。或欲陰刺殺之。於是逃於他鄉。遁世不與俗通。既不願貨殖。不求聞達。遂以磨眼鏡爲業。有欲薦爲某大學教授者不就也。沈思冥想以送餘生。以一千六百七十七年罹肺病卒。年僅四十四。斯片挪莎爲荷蘭哲學大家。其論以爲凡事物皆有不得不然之理。而天地萬物皆循此定軌而行。一毫不能自變。故其解自由二字。亦謂爲不可避之理而已。而非有所謂人人之自由意欲者存。其所著有政教論道德論等書。議論整嚴健勁。辟易一世。其論政學因霍布士之說而補正之。亦頗有功云。

斯片挪莎之政術。與其哲學之旨趣。緊相接。而極整齊。以爲制度未立之始。人惟知有力。不知有義。然此亦自然

之道。正合於理者也。但人也者有良智者也。寖假而知人人孤立謀生。不如和協立國。其勢力更大。利益更廣。是卽民約所由起也。

霍布士以爲約成之後。衆各棄其權以奉諸君。斯片挪莎則不然。以爲凡契約云者。非有所利於己則無自成。若利益旣去。契約之力斯失。人人得而破之。若欲以有害無益之契約。束縛人而久持之。是終不可得之數也。斯片挪莎曰。邦國所恃以强立者。由衆民皆有自由權。故政府必以保護此權爲本旨。且卽如霍布士之說。謂人人皆拋棄其諸權。而就中亦必有一權欲棄之而不能棄者。何也。卽隨己意而有所思有所欲之權是也。故凡百行爲可受束縛可受壓抑。惟此思欲自由之權。則無可束縛壓抑之隙。亦無有能束壓之者。而由此一權則生萬權。故斯氏政術所以異於霍氏者。斯氏謂邦國旣立之後。猶當以防護天然之權爲務。霍氏則反是。

霍布士以爲政治之最可貴者。在能輯和衆民而使不爭也。斯片挪莎則曰。保平和之外。更有護自由之一事。同爲政治之大目的。若束縛衆民。鞭撻黎庶。以保平和。則平和爲天下最可厭惡之物矣。以余觀之。所謂眞平和者。非徒無爭鬬之謂。乃衆心相和協而無寃抑之謂也。

斯片挪莎以爲君主政體者。眞平和之大蠹也。彼霍氏謂舉一國政權歸於一人之手。其權益鞏固。是眞謬想耳。蓋以一人之力。能當此大任而無愧者。東西古今所未曾有也。於是君主不得不任若干人以自佐。其末也則此若干人代之而爲政。故名爲君主政體。實則流爲權貴政體。政體之最不良者也。

且國王幼冲或老病之時。政權每旁落於他人。國家衰亂。卽自此起。或又君主畏偪。殺戮嚴酷。間諜伺察。上下相猜。不能自安。篡弒之禍。遂相續焉。然則君主之權愈大。其危殆愈甚耳。故斯片挪莎斷言之曰。若以一國之權。專屬於一人之所欲。則其政府必不能鞏立。然則政體之最良者。惟有民主政治而已。

# 盧梭學案 JEAN JACQUES ROUSSEAU

嗚呼。自古達識先覺。出其萬斛血淚。爲世界衆生開無前之利益。千百年後。讀其書。想其丰采。一世之人。爲膜拜贊歎。香花祝而神明視。而當其生也。舉國欲殺。顚連困苦。乃至謀一饘一粥而不可得。僇辱橫死。以終其身者。何可勝道。誠一游瑞士之日內瓦府。與法國巴黎之武良街。見有巍然高聳雲表。神氣颯爽。衣飾襤褸之石像。非 JEAN JACQUES ROUSSEAU 先生乎哉。其所著民約論 SOCIAL CONTRACT 迄於十九世紀之上半紀。重印殆數十次。他國之繙譯印行者。亦二十餘種。噫嘻盛哉。以隻手爲政治學界開一新天地。何其偉也。吾輩讀盧氏之書。請先述盧氏之傳。

盧梭者。法國人匠人某之子也。以一千七百十二年。生於瑞士之日內瓦府。家貧窶。幼失母。天資穎敏。不屑家人生產作業。而好讀稗官野乘。久之自悟句讀。遂涉獵發朱惠。慕理英爾。諸大家著作。及執弟子禮於鄉校師良邊西之門。得讀普魯達爾之書。慨然自奮曰。英雄豪傑。非異人任矣。自是刻苦砥礪。日夜孜孜。惟恐不足。嶄然有睥睨千古之概。成童時。其父以故去日內瓦府。屬盧梭於傭書某。而盧梭意不自適。因從彫剗師某業焉。無何。又去某氏。漫游四方。千七百二十八年。入法國安西府。寄食瓦列寡婦某氏。氏憫其年少氣銳。常爲飢驅。又欲變化其狷介之氣質。恩遇周摯。若家人父子然。遂勸其奉耶穌舊敎。又命入意大利株林府敎育院。既又出敎育院。爲音律師。出入侯門。僅免凍餒。後益困。常執僕隸之役。卑賤屈辱。不可終日。乃復投瓦列寡婦。婦善視之如初。及婦沒。赴里昂府。主大判事某家。敎授其子弟。千七百四十一年。著音律書於巴黎。爲伶人所沮。書不得行。千七百四十九年。窮乏益酷。恆終日不得一炊。遂矯正其所著書。務求合俗。出而售之。僅獲旦夕之餉焉。千七百五十二年。著一書。顏曰 DICTIONARY OF MUSIC 痛斥法國音律之弊。於是掊擊紛起。幾無容身之地。自後益肆力於政治之學。往往有所著述。而皆與老師宿儒不合。排之者衆。羣將媒孽之以起冤獄。大懼。避至日內瓦府。又奉耶穌新敎。欲爲瑞士共和國人民。瑞人阻之。不得意而還巴黎。又著教育論及道德小說等書。言天道之眞理。造化之妙用。以排斥耶穌教之豫言奇蹟者。得謗益甚。巴黎議會命燬其書。且將拘而置諸重典。又奔瑞士。與其國人爭論不合。復還巴黎。會法政府命吏物色盧梭。搜捕甚亟。乃閉戶不敢外出。時或微服而行云。千七百六十六年。應友人非迷氏之聘。赴英倫敦。與僚友議不合。又還法國。自變姓名。潛居諸州郡。而屢與人齟齬。不能久居於一處。千七百七十年五月。卒歸巴黎。自謂天下之人。皆仇視我也。怏怏不樂。遂發狂疾。仁剌達伯惜其有志不遂。爲與田宅數畝。隱居自養。千七百七十一年。著波蘭政體考。七十八年。業成。此書鴻富典博。而於民約之旨。尤三致意焉。是年三月。暴卒。或云病斃。或云遭仇人之毒。官吏驗視。則自殺也。盧梭性銳達。少有大志。然好爲過激詭異之論。雖屢爲世人所挫折。而其志益堅。晚年憤世人不己容。遂至發狂自戕。於戲。不其悲夫。一千七百九十四年。法人念盧梭發明新學之功。改葬遺骸於巴黎招魂社。又刻石肖像於日內瓦府。後數年。巴黎人選大理石刻半身像於武良街。至今人稱爲盧梭街。搢紳大夫過者必式禮焉。

民約之義。起於一千五百七十七年。姚伯蘭基氏。嘗著一書。名曰征討暴君論。以爲邦國者。本由天與民與君主相共結契約而起者也。而君主往往背此契約。爲民災患。是政俗之亟宜匡正者也云云。此等議論。在當時實爲奇創。其後霍布士陸克皆祖述此旨。漸次光大。及盧梭。其說益精密。遂至牢籠一世。別開天地。今欲詳解盧氏民約之旨。使無遺憾。必當明立國之事實與立國之理義。兩者分別之點。然後不至誤解盧氏之說。以誤後人也。就立國之實際而考之。有兩原因焉。一則因不得已而立者也。一則因人之自由而立者也。所謂不得已者何。夫人不能孤立而營生也。因種種之需求。不得不通功易事。相聚以各得所欲。此理自亞里士多德以來。學士輩多能論之。皆以爲人之性。本相聚而爲生者也。是故就事實實跡言之。苟謂人類之始。皆一一孤立。後乃相約而成邦國云云。其論固不完善。蓋當其未立契約以前。已有其不得已而相處者存也。是故盧梭民約之說。非指建邦之實跡而言。特以爲其理不可不如是云爾。而後世學者排擠之論。往往不察作者本旨所在。輒謂徧考歷史。曾無一國以契約而成者。因以攻民約論之失當。抑何輕率之甚耶。

盧梭民約之眞意。德國大儒康德 IMMANUEL KANT 解之最明。康氏曰。民約之義。非立國之實事。而立國之理論也。此可謂一言居要者矣。雖然。徵之史籍。凡各國立國之始。亦往往有多少之自由主義行乎其間者。夫人智未開之時。因天時人事之患害。爲强有力者所脅迫。驅民衆而成部落。此所謂勢之不可避者。固無待言。然於其間自有自由之義存焉。人人於不識不知之間而自守之。此亦天理所必至也。故盧梭曰。凡人類聚合之最古而最自然者。莫如家族。然一夫一妻之相配。實由契於情好互相承認而成。是即契約之類也。既曰契約。則彼此之間。各有自由之義存矣。不獨此也。即父母之於子亦然。子之幼也。不能自存。父母不得已而撫育之。固也。及其長也。猶相結而爲尊卑之交。是實由自由之眞性使之然。而非有所不得已者也。世人往往稱家族爲邦國之濫觴。夫以家族之親。其賴以久相結而不解。尚必藉此契約。而況於邦國乎。

夫如是。衆家族既各各因契約而立矣。寖假而衆家族共相約爲一團體。而部落生焉。寖假而衆部落又共相約爲一團體。而邦國成焉。但此所謂相約者。不過彼此心中默許。不識不知而行之。非明相告語著之竹帛云爾。不寧惟是。或有一邦之民。奮其暴威。戰勝他邦。降其民而有之。若欲此二邦之民。永合爲一。輯睦不爭。則必不可無所約。不然。則名爲二邦相合。實則陰相仇視而已。故知人類苟相聚而居。其間必自有契約之存。無可疑者。又凡人生長於一政府之下。及既達丁年。猶居是邦。而遵奉其法律。是即默認其國之民約而守之也。又自古文明之國。常有舉國投票。改革憲法。亦不外合衆民以改其民約而已。

以上所論。是邦國因人之自由而立之一證也。雖然。盧梭所最致意者。不在於實事之跡。而在事理之所當然。今先揭其主義之最簡明而爲人人所誦佩者如下。

盧梭曰。衆人相聚而謀曰。吾儕願成一團聚。以衆力而擁護各人之性命財產。勿使蒙他族之侵害。相聚以後。人人皆屬從於他之衆人。而實毫不損其固有之自由權。與未相聚之前無以異。若此者。卽邦國所由立之本旨也。而民約者。卽所以達行此本旨之具也。

盧氏此言。可謂深切著明矣。凡兩人或數人欲共爲一事。而彼此皆有平等之自由權。則非共立一約不能也。審如是。則一國中人人相交之際。無論欲爲何事。皆當由契約之手段亦明矣。人人交際既不可不由契約。則邦國之設立。其必由契約。又豈待知者而決乎。

夫一人或數人之交際。一事或數事之契約。此契約之小焉者也。若邦國之民約。則契約之最大者。而國內人人小契約之所託命也。譬之民約如一大圓線。人人之私約如無數小圓線。大圓線先定其位置。於是小圓線在其內。或占左位。或占右位。以成種種結構。大圓之體。遂完足而無憾。

民約所以生之原因既明。又當論民約所生之結果。盧梭以爲民約之目的。決非使各人盡入於奴隸之境。故民約既成之後。苟有一人敢統御衆人而役使之。則其民約非復眞契約。不過獨夫之暴行耳。且卽使人人甘心崇奉一人。而自供其役使。其所謂民約者。亦已不正。而前後互相矛盾。不可爲訓矣。要而論之。則民約云者。必人人自由。人人平等。苟使有君主臣庶之別。則無論由於君主之威力。由於臣民之好意。皆悖於事理者也。故前此霍布士及格魯西亞。皆以爲民約既成。衆人皆當捐棄己之權利。而託諸一人或數人之手。盧梭則言凡棄己之自由權者。卽棄其所以爲人之具也。旨哉言乎。

盧梭曰。保持己之自由權。是人生一大責任也。凡號稱爲人。則不可不盡此責任。蓋自由權之爲物。非僅如鎧冑之屬。藉以蔽身。可以任意自披之而自脫之也。若脫自由權而棄之。則是我棄我而不自有云爾。何也。自由者凡百權理之本也。凡百責任之原也。責任固不可棄。權理亦不可捐。而況其本原之自由權哉。

且自由權又道德之本也。人若無此權。則善惡皆非己出。是人而非人也。如霍氏等之說。殆反於道德之原矣。盧梭言曰。譬如甲乙同立一約。甲則有無限之權。乙則受無限之屈。如此者可謂之眞約乎。如霍氏等說。則君主向於臣庶無一不可命令。是君主無一責任也。凡契約云者。彼此各有應盡之責任云也。今爲一契約。而一有責任。一無責任。尙何約之可言。

按盧氏此論。可謂鐵案不移。夫使我與人立一約。而因此盡捐棄我之權利。是我幷守約之權而亦喪之也。果爾。則此約旋成隨毀。當初一切所定條件。皆成泡幻。若是者謂之眞約得乎。

盧梭既論棄權之約之悖謬。又以爲吾若爲此等約。不徒自害。且害他人。何以故。邦國者非獨以今代之人成。而後來之人。陸續生長者。皆加入之也。子又生孫。孫又生子。如是乃至無窮。則我之契約。並後代之人而坑陷之。其罪爲何如耶。

盧梭又言曰。縱令人有捐棄本身自由權之權。斷無爲兒子豫約代捐彼自由權之權。何也。彼兒子亦人也。生而有自由權。而此權當躬自左右之。非爲人父者所能强奪也。是故兒子當嬰孩不能自存之時。爲父者雖可以代彼約束各事。以助其生長。增其福利。若夫代子立約。擧其身命而與諸人。使不得復有所變更。此背天地之公道。

越爲父之權限，文明之世所不容也。

案吾中國舊俗，父母得鬻其子女爲人婢僕，又父母殺子，其罪減等，是皆不明公理，不尊重人權之所致也。由此觀之，則霍氏之說之謬誤，不辨自明。夫人既不能濫用己之自由權以代後人捐棄其權，然則奉世襲之一君主若貴族以爲國者，其悖理更無待言。

問者曰：民約者不能捐棄其自由權以奉於一人若數人，既聞命矣。然則捐棄之以奉於衆人可乎？更申言之，則民約者非甲與乙所立之約，乃甲乙同對於衆人（卽邦國）所立之約，然則各人舉其權而奉諸邦國，不亦可乎？是說也，卽純類乎近世所謂『共有政體』，欲舉衆人而盡納諸公會之中者也。盧氏關於此答案，其言論頗不明瞭，且有瑕疵，請細論之。

盧梭曰：民約中有第一緊要之條款，曰各人盡舉其所有之諸權而納諸邦國是也。由此觀之，則其所謂民約者，宛然『共有政體』。蓋盧梭浸淫於古者柏拉圖之說，以邦國爲全體，以各人爲肢節，而因祖述其義者也。夫邦國之與人民，其關係誠有如全體之於肢節者，蓋人在邦國相待而爲用，又有諸種之職，各分任之，猶人之一身，手足頭目肺腸，各司其職，以爲榮養。是說也，古昔民主國往往實行之，而斯巴達（希臘之一國）羅馬二國其尤著者也。彼其重邦國而輕各人，惟實行此主義之故。

盧梭及十八世紀諸碩學，皆得力於古籍者也，故舊主義（卽以國爲重者）與新主義（卽以民爲重者）常攙雜於其間。盧氏嘗定國中各種之職務，而設一喻，其言曰：主權者，元首也；法律及習俗，腦髓也；諸職官，意欲及感觸之器也；農工商賈，口及腸胃所以榮養全身者也；財政，血液也；出納之職，心臟也；國人，身也，全體之肢節也。

是故苟傷害國家之一部。則其病苦之感。直及於頭腦。而忽徧於全身云云。此等之論。僅自財利上言之。可謂毫髮無遺憾。若夫自各人自由權言之。則稍有未安者。果如此說。則邦國獨有一身之全體。而各人不過其肢節臟腑。是人民爲國家之附庸也。是惟邦國爲能有自由權。而各人之自由。不過如冥頑無覺之血液。僅隨生理循環之轉動也。夫盧氏之倡民約也。其初以人人意識之自由爲主。及其論民約之條項。反注重邦國。而不復顧各人。殆非盧氏之眞意。

盧梭亦知其說之前後不相容也。於是乃爲一種之遁詞。其言曰。各人雖皆自舉其身以與衆人。實則一無所與。何也。我舉吾身以與他人。他人亦舉其身以與我。如是而成一邦國。吾於此有所失。而於彼有所得。而又得賴衆力以自擁衞。何得失之可言云云。是言也。不過英雄欺人耳。夫既已舉各人而納於邦國中。則吞吐之而消融之矣。何緣復得其所已失耶。民約論全書中。此段最爲瑕疵矣。

雖然。以盧梭之光明俊偉。豈屑爲自欺欺人者。故既終其說之後。復發一議以自正其誤曰。凡各人爲民約而獻納於國家者。亦有度量分界。不過爲維持邦國所必要之事件。而將己有之能力財產與自由權。割愛其中之幾分以供衆用云耳。由此言之。則盧梭所謂各人捐棄其權利者。非全部而一部也。然盧氏之精意。猶不止此。彼以爲民約之成也。各人實於其權利分毫無所捐棄。非獨無捐棄而已。各人因民約所得之利益。較之未立約以前更有增者。何也。合衆力而自擁衞。得以護持己之自由權。而使莫或侵也。

讀至此。然後盧梭之本旨乃可知矣。蓋以爲民約之爲物。非以剝削各人之自由權爲目的。實以增長堅立各人之自由權爲目的者也。但盧氏深入於古昔希臘羅馬之民主政治。其各種舊主義。來往胸中。拂之不去。故雖以燗燗如炬之眼。爲近世眞民主主義開山之祖。而臨去秋波。未免有情。此亦不必爲大賢諱者也。

盧梭又以爲民約之爲物。不獨有益於人人之自由權而已。且爲平等主義之根本也。何以言之。天之生人也。有强弱之別。有智愚之差。一旦民約既成。法律之所要。更無强弱。更無智愚。惟視其正不正何如耳。故曰民約者。易事勢之不平等。而爲道德之平等者也。事勢之不平等者何。天然之智愚强弱是也。道德之平等者何。由法律條款所生之義理是也。

人人既相約爲羣以建設所謂政府者。則其最上之主權。當何屬乎。盧梭以爲民約未立以前。人人皆自有主權。而此權與自由權合爲一體。及約之既成。則主權不在於一人之手。而在此衆人之意。而所謂公意者是也。盧梭以爲凡邦國皆藉衆人之自由權而建設者也。故其權惟當屬之衆人。而不能屬之一人若數人。質而言之。則主權者。邦國之所有。邦國者。衆人之所有。主權之形所發於外者。則衆人共同制定之法律是也。

盧梭又以爲所謂公意者。非徒指多數人之所欲而已。必全國人之所欲而後可。故其言曰。凡議事之時。相約以三占從二決可否。固屬不得不然之事。然爲此約之前。必須得全員之許諾而後可。是每決一事。皆不啻全員之同意也。不寧惟是。所謂公意者。非徒指現時國人之所欲而已。又並後人之所欲而言之。何也。現時全國人之所欲。在於現時。洵所謂公矣。及其與後代全國人之所欲不相合時。則已不得謂之公意。是故今日以全國人之議而決定者。明日亦可以全國人之議而改之。不然則豫以今日之所欲。而束縛他日之所欲。豈理也哉。

由是觀之。則盧梭所謂公意。極活潑自由。自發起之。自改正之。自變革之。日征月邁。有進無已。夫乃謂之公意。且公意既如此其廣博矣。則必惟屬於各人所自有。而不可屬於他人。故盧梭又言曰。國民之主權不可讓與者也。

今有人於此。而曰某甲今日之所欲。吾亦欲之。斯可也。若曰。某甲明日之所欲。吾亦欲之。斯大不可。何則。意欲者。非可自束縛者也。故凡涉於將來之事。皆不得豫定。反此者。是謂我侵我之自由權。

盧梭又曰。一邦之民。若相約擁立君主。而始終順其所欲。則此約即所以喪失其爲國民之資格。而不復能爲國也。蓋苟有君主。則主權立即消亡。盧氏據此眞理。以攻擊世襲君主之制。及一切貴族特權之政治。如以千鈞之弩潰癰矣。盧梭又曰。主權者。合於一而不可分者也。一國之制度。雖有立法行法之別。各司其職。然主權當常在於國民中而無分離。雖分若干省部。設若干人員。皆不過受國民之附託。就職於一時耳。國民因其所欲。可以隨時變更法度。而不能有所制限。然則立法行法司法三權。所以分別部居不許雜廁者。正所以保護三權所從出之主權。使常在全國人之掌握也。是故主權之用可分。而主權之體不可分。是民約論之旨趣也。

學者見盧梭之主張公意。如此其甚也。以爲所謂公意者。必與確乎不易之道理爲一體矣。雖然。又當細辨盧梭之所貴乎公意者。指其體而言。非指其用而言。故其言曰。公意者。誠常正。而以規圖公益爲主者也。雖然。其所議決。非必常完善者。何也。旨趣與決議。或往往背馳。民固常願望公益。而或常不能見眞公益之所存故也。故盧梭又曰。衆之所欲。與公意自有別。公意者。必常以公益爲目的。若夫衆之所欲。則以各人一時之私意聚合而成。或往往以私利爲目的者有之矣。

若是乎。凡一國所布之令。必以眞出於公意者。然後可謂之法律。若夫發於一人或數人之意者。不能成法律。此理論之正當者也。雖然。以今日之國家。其實際必不能常如是。故但以衆人所公認者。即名之曰法律。而公認之方法。則以國人會議。三占從二以決之而已。

盧梭乃言曰。法律者。以廣博之意欲。與廣博之目的。相合而成者也。苟以一人或數人所決定者。無論其人屬於何等人。而決不足以成法律。又雖經國民全員之議決。苟其事僅關於一人或數人之利害。而不及於衆者。亦決不足以成法律。

案此論可謂一針見血。簡而嚴。精而透矣。試一觀我中國之法律。何一非由一人或數人所決定者。何一非僅關係一人或數人之利害者。以此勘之。則謂吾中國數千年來未嘗有法律。非過言也。

盧梭又曰。法律者。國民相聚而成立之規條也。又曰。法律者。全國民所必當遵守。以故全國民不可不議定之。又曰。國也者。國民之會聚場也。法律也者。會所之規約也。定會所之規約。凡與於此會聚之人。所公有之責任也。

又曰。若欲得意欲之公。不可先定某某事以表衆人之同意。必衆人皆自發議而後可。

又曰。若欲眞得意欲之公。則各人必須由自己所見而發。不可仰承他人之風旨。苟有所受。斯亦不得爲公矣。

雖然盧梭之意。以爲公意。體也。法律。用也。公意無形也。法律有形也。公意不可見。而國人公認以爲公意之所存者。夫是之謂法律。惟然。故公意雖常良善。而法律必不能常良善。故盧梭又曰。凡事之善良而悉合於道理者。非吾人所能爲。皆天之所命也。使吾人若能一一聽命於天。不踰其矩。則無取乎有政府。無取乎有法律。惟其不能。則法律所以不得不起也。

又曰。世固有事物自然之公理。精當不易之大義。然欲以行之於斯世。而不能人人盡從者。有從有不從。是義終不得行也。於是乎不得不由契約而定之。由法律而行之。然後權理乃生。責任乃出。而理義始得伸。故盧梭謂孟德斯鳩之所謂法律。不過事物自然之法律。而未足稱爲邦國之法律。謂其施行之方法未明也。

是故盧梭之意。以爲法律者。衆人相共議定。從於事物自然之理。以發表其現時之意欲云爾。要之法律者。自其旨趣言之。雖常公正。然其議而定之也。常不能盡然。故不可不常修改而更正之。此一說實盧梭之識卓越千古者也。

凡當議定法律之時。必求合於正理。固不待言。但有時錯謬而與理背馳。故無論何種法律。皆可隨時釐正變更。而此釐正之權。當常在於國民之手。故盧梭謂彼握權之人。一旦議定法律。而始終不許變易者。實政治之罪人也。

又曰。凡法律無論若何重大。無有不可以國人之所欲而更之者。苟不爾。則主權不復在國民之手。而政治之基壞矣。

盧梭又曰。凡法律之目的。在於爲公衆謀最大利益。而所謂公衆最大利益者。非他。在自由與平等二者之中而已。何也。一國之中有一人喪自由權之時。則其國減一人之力。此自由所以爲最大利益也。然無平等。則不能得自由。此平等所以爲最大利益也。

又曰。吾所謂平等者。非謂欲使一國之人。其勢力財產。皆全相均而無一差異也。若是者。蓋決不可行之事也。但使其有勢力者。不至涉於暴虐。以背法律之旨趣。越官職之權限。則於平等之義斯足焉矣。至財產一事。但使富者不至藉金錢之力以淩壓他人。貧窶者不至自鬻爲奴。則於平等之義斯足焉矣。

又曰。欲使邦基永奠。則當令貧富之差。不至太相遠。苟富者太富。貧者太貧。則於國之治安。俱有大害。何也。富者藉財力以籠絡貧者。而潛奪其政權。貧者甘諂諛富者。而供其使役。質而言之。則富者以金錢收買貧者之自由權。而主人奴隸之勢斯成矣。雖然。富者愈富。貧者愈貧。其差異以漸次而日甚。此又自然之勢。無可如何者也。故必當藉法律之力以防制此勢。節中而得其平。則平等自由可以不墜於地。

盧梭以前諸學者。往往以國民之主權。與政府之主權。混淆爲一。及盧梭出。始別白之。以爲主權者。惟國民獨掌之。若政府則不過承國民之命以行其意欲之委員耳。其言曰。政府者何也。即居於掌握主權者。（即國民全體）與服從主權者（即各人）之中間。而贊助其交際。且施行法律以防護公衆之自由權者也。更質言之。則國民者主人也。而官吏者其所傭之工人而執其役者也。

夫政府之爲物。既不過受民之委託以施行其公意之一機關。則其所當循守之責任可知矣。故凡可以傷國民自由權之全部若一部之事。皆當避之。故無論何種政體。苟使國民不能自行其現時之意欲與將來之意欲者。皆謂之不正。何也。苟國民常不能掌握主權。則背於立國之大本也。盧梭乃斷言曰。凡政體之合於眞理者。惟民主之制爲然耳。

是故盧梭以爲政體種類之差別。不過因施法權之分配如何而强爲之名耳。非謂立法權之分配。可以相異也。蓋立法權者。必常在全國之人手。而萬無可以分配之理。若不爾。則一人或數人握之。已反於民約之本義。而尙何政體之足云。所謂施法權之分配者。或以全國人而施行全國人之所欲。或以一人而施行全國人之所欲。或以若干人而施行全國人之所欲。即世俗所謂君主政體少數政體民主政體之分也。若夫發表意欲。（即立法權）必屬於全國人之責任。無可移者。且彼之任施法權者。無論爲一人爲若干人。皆不過一時偶受委託。苟有過舉。則國人皆得責罰之。罷黜之。

至委託施法權之事三者之中。果以何爲善乎。盧梭曰。全國人自行施法之權。苟非小國。必不能實行之。且有種種弊端。此諸君主政體貴族政體。其害或有更甚者。故分諸種之官職。而嚴畫其權限。最爲善矣。

盧梭於是取現時英國所循之政體。卽所謂代議政體者而評論之。以爲其分別施法之權。洵善也。雖然其代議政體尚不免與自由眞義稍有所戾。何則代議政體者。以若干人員而代國人任主權者也。故國人得發表其意欲者。僅存投票選舉議員之一日而已。此一日以外。不過拱手以觀代人之所爲。故如此政體。國人雖非永遠捐棄其自由權。而不免一時捐棄之矣。故曰未得爲眞善美之政體也。盧梭以爲國人票選若干人員而委之以議政之權。固無不可。惟必當明其責任。有負責者。則可隨時黜之。何也。彼若干人者。不過爲一時受託之人。非謂使其人代己握主權。而以己權全付之也。蓋權本不得讓與他人。故亦不得使人代我握之。主權常存於公衆意欲之中。而意欲者必非他人可以代表者也。

又言。法律者。衆意之形於外者也。我有我之意。代人有代人之意。故立法權決不可使人代我。若夫施法權則可以代矣。何也。施法權者不過實行我所定之法律而已。又言。英國人自以爲我實有自由權。可謂愚謬。蓋彼等惟選舉議員之日有自由權耳。選舉事畢。便爲奴隸矣。

如盧梭之言。則議定法律之事。凡爲國民者。不可不躬自任之。斯固善矣。然有一難事焉。在於大國之國民。果能一一躬握此權。而不託諸代人乎。盧梭曰。是固不能。是故欲行眞民主之政。非衆小邦相聯結不可。難者曰。衆小邦並立。則或有一大邦狡焉思逞。以侵犯之。其奈之何。盧梭曰。衆小邦相聯爲一。則其勢力外足以禦暴侮。內足以護國人之自由。故聯邦民主之制。夐乎尚矣。

盧氏又以爲聯邦民主之制。其各邦相交之際。有最緊要者一事。惜哉其所謂緊要之一事。未及論敍。而盧氏遂卒。使後人有葭蒼露白之感焉。但度其所謂聯邦民主之制。殆取法於瑞士。而更研究其利弊也。盧氏以爲瑞士聯邦。誠太弱小。或不免爲鄰邦所侵轢。雖然使有一大邦效瑞士之例。自分爲數小邦。據聯邦之制。以實行民主之政。則其國勢之强盛。人民之自由。必有可以震古鑠今。而永爲後世萬國法者。盧氏之旨。其在斯乎。其在斯乎。

案盧氏此論。可謂精義入神。盛水不漏。今雖未有行之者。然將來必徧於大地。無可疑也。我中國數千年生息於專制政體之下。雖然民間自治之風最盛焉。誠能博採文明各國地方之制。省省府府州州縣縣鄉鄉市市。各爲團體。因其地宜以立法律。從其民欲以施政令。則成就一盧梭心目中所想望之國家。其路爲最近。而其事爲最易焉。果爾則吾中國之政體。行將爲萬國師矣。過屠門而大嚼。雖不得肉。固且快意。姑妄言之。願天下讀者勿姑妄聽之也。

# 論學術之勢力左右世界

亙萬古。袤九垓。自天地初闢以迄今日。凡我人類所棲息之世界。於其中而求一勢力之最廣被而最經久者。何物乎。將以威力乎。亞歷山大之獅吼於西方。成吉思汗之龍騰於東土。吾未見其流風餘烈。至今有存焉者也。將以權術乎。梅特涅執牛耳於奧大利。拿破崙第三弄政柄於法蘭西。當其盛也。炙手可熱。威震環瀛。一敗之後。其政策亦隨身名而滅矣。然則天地間獨一無二之大勢力。何在乎。曰智慧而已矣。學術而已矣。

今且勿論遠者。請以近世史中文明進化之跡。略舉而證明之。凡稍治史學者。度無不知近世文明先導之兩原因。卽十字軍之東征與希臘古學復興是也。夫十字軍之東征也。前後凡七役。亙二百年。（起一千零九十六年訖一千二百七十年）卒無成功。乃其所獲者不在此而在彼。以此役之故。而歐人得與他種民族相接近。傳習其學藝。增長其智識。蓋數學。天文學。理化學。動物學。醫學。地理學等。皆至是而始成立焉。而拉丁文學宗教裁判等。亦因之而起。此其遠因也。中世末葉。羅馬教皇之權日盛。哲學區域。爲安士林 Anselm（羅馬教之神甫也）派所壟斷。及十字軍罷役以後。西歐與希臘。亞剌伯諸邦。來往日便。乃大從事於希臘語言文字之學。不用繙譯而能讀亞里士多德諸賢之書。思想大開。一時學者。不復爲宗教迷信所束縛。卒有路得新教之起。全歐精神。爲之一變。此其近因也。其間因求得印書之法。而文明普徧之途開。求得航海之法。而世界環遊之業成。凡我等今日所衣所食所用所乘所聞所見。一切利用前民之事物。安有不自學術來者耶。此猶曰其普通者。請舉一二人之力左右世界者。而條論之。

一曰歌白尼 Copernicns（生於一四七三年卒於一五四三年）之天文學。泰西上古天文家言。亦如中國古代。謂天圓地方。天動地靜。羅馬教會。主持是論。有倡異說者。輒以非聖無法罪之。當時哥倫布雖尋得美洲。然不知其爲西半球。謂不過亞細亞東岸之一海島而已。及歌白尼地圓之學說出。然後瑪志侖 Magellan（以一五一九年始航太平洋一周）始尋得太平洋航海線。而新世界始開。今日之有亞美利加合衆國。燦然爲世界文明第一。而駸駸握全地球之霸權者。歌白尼之爲之也。不甯惟是。天文學之既興也。從前宗教家種種憑空構造之謬論。不復足以欺天下。而種種格致實學。從此而生。雖謂天文學爲宗教改革之强援。爲諸種格致學之鼻祖。非過言也。歌白尼之關係於世界何如也。

二曰倍根笛卡兒之哲學。中世以前之學者。惟尙空論。呶呶然爭宗派爭名目。口崇希臘古賢。實則重誣之。其心思爲種種舊習所縛。而曾不克自拔。及倍根出。專倡格物之說。謂言理必當驗事物而有徵者。乃始信之。及笛卡兒出。又倡窮理之說。謂論學必當反諸吾心而自信者。乃始從之。此二派行。將數千年來學界之奴性。犁庭掃穴。靡有孑遺。全歐思想之自由。驟以發達。日光日大。而遂有今日之盛。故哲學家恆言二賢者。近世史之母也。倍根笛卡兒之關係於世界何如也。

三曰孟德斯鳩 Montesquien（法國人生於一六八九年卒於一七五五年）之著萬法精理。十八世紀以前。政法學之基礎甚薄。一任之於君相之手。聽其自腐敗自發達。及孟德斯鳩出。始分別三種政體。論其得失。使人知所趨向。又發明立法行法司法三權鼎立之說。後此各國。靡然從之。政界一新。漸進以迄今日。又極論聽訟之制。謂當廢拷訊設陪審。歐美法廷。遂爲一變。又謂販賣奴隸之業。大悖人道。攻之不遺餘力。實爲後世美英俄諸國放奴善政之嚆矢。其他所發之論。爲法蘭西及歐洲諸國所採用。遂進文明者。不一而足。孟德斯鳩實政法學之天使也。其關係於世界何如也。

四曰盧梭 Rousseau（法國人生於一七一二年卒於一七七八年）之倡天賦人權。歐洲古來有階級制度之習。一切政權敎權。皆爲貴族所握。平民則視若奴隸焉。及盧梭出。以爲人也者。生而有平等之權。卽生而當享自由之福。此天之所以與我。無貴賤一也。於是著民約論 Social Cont act 大倡此義。謂國家之所以成立。乃由人民合羣結約。以衆力而自保其生命財產者也。各從其意之自由。自定約而自守之。自立法而自遵之。故一切平等。若政府之首領及各種官吏。不過衆人之奴僕。而受託以治事者耳。自此說一行。歐洲學界。如平地起一霹靂。如暗界放一光明。風馳雲捲。僅十餘年。遂有法國大革命之事。自茲以往。歐洲列國之革命。紛紛繼起。卒成今日之民權世界。民約論者。法國大革命之原動力也。法國大革命。十九世紀全世界之原動力也。盧梭之關係於世界何如也。

五曰富蘭克令 Franklin（美國人生於一七〇六年卒於一七九〇年）之電學。瓦特 Watt（英人生於一七三六年卒於一八一九年）之汽機學。十九世紀所以異於前世紀者何也。十九世紀有縮地之方。前人以馬力行。每日不能過百英里者。今則四千英里之程。行於海者。十三日而可達。行於陸者。三日而可達矣。則輪船鐵路之爲之也。昔日製帽製靴紡紗織布等之工。以若干時而能製成一枚者。今則同此時刻。能製至萬枚以上矣。倫敦一報館一年所用之紙。視十五世紀至十八世紀四百年間所用者有加多焉。則製造機器之爲之也。美國大統領下一敎書。僅一時許而可以傳達於支那。上午在印度買貨。下午可以在倫敦銀行支銀。則電報之爲之也。凡此數者。能使全世界之政治商務軍事。乃至學問道德。全然一新其面目。而造此世界者。乃在一煑沸水之瓦特（瓦特因沸水而悟汽機之理）與一放紙鳶之富蘭克令（富氏嘗放紙鳶以驗電學之理）二賢之關係於世界何如也。

六曰亞丹斯密 Adam Smith（英國人生於一七二三年卒於一七九〇年）之理財學。泰西論者。每謂理財學之誕生日何日乎。即一千五百七十六年是也。何以故。蓋以亞丹斯密氏之原富。Inquiry into the Nature and Causes of the Wealth of Nations（此書侯官嚴氏譯）出版於是年也。此書之出。不徒學問界爲之變動而已。其及於人羣之交際。及於國家之政治者。不一而足。而一八四六年以後。英國決行自由貿易政策。Free trade 盡免關稅。以致今日商務之繁盛者。斯密氏原富之論爲之也。近世所謂人羣主義。Socialism 專務保護勞力者。使同享樂利。其方策漸爲自今以後之第一大問題。亦自斯密氏發其端。而其徒馬爾沙士大倡之。亞丹斯密之關係於世界何如也。

七曰伯倫知理 Bluntschli 德國人生於一八〇八年卒於一八八一年之國家學。伯倫知理之學說。與盧梭正相反對者也。雖然。盧氏立於十八世紀。而爲十九世紀之母。伯氏立於十九世紀。而爲二十世紀之母。自伯氏出。然後定國家之界說。知國家之性質精神作用爲何物。於是國家主義乃大興於世。前之所謂國家爲人民而生者。今則轉而云人民爲國家而生焉。使國民皆以愛國爲第一之義務。而盛强之國乃立。十九世紀末世界之政治則是也。而自今以往。此義愈益爲各國之原力。無可疑也。伯倫知理之關係於世界何如也。

八曰達爾文 Darwin Charles 英國人生於一八〇九年卒於一八八二年之進化論。前人以爲黃金世界在於昔時。而末世日以墮落。自達爾文出。然後知地球人類乃至一切事物。皆循進化之公理。日赴於文明。前人以爲天賦人權。人生而皆有自然應得之權利。及達爾文出。然後知物競天擇。優勝劣敗。非圖自强。則決不足以自立。達爾文者。實舉十九世紀以後之思想。徹底而一新之者也。是故凡人類智識所能見之現象。無一不可以進化之大理貫通之。政治法制之變遷。進化也。宗教道德之發達。進化也。風俗習慣之移易。進化也。數千年之歷史。進化之歷史。數萬里之世界。進化之世界也。故進化論出。而前者宗門迷信之論。盡失所據。教會中人。惡達氏滋甚。謂有一魔鬼住於其腦云。非無因也。此義一明。於是人人不敢不自勉爲强者爲優者。然後可以立於此物競天擇之界。無論爲一人爲一國家。皆向此鵠以進。此近世民族帝國主義。National Imperialism 民族自增植其勢力於國外。謂之民族帝國主義。所由起也。此主義今始萌芽。他日且將磅礴充塞於本世紀而未有已也。雖謂達爾文以前爲一天地。達爾文以後爲一天地可也。其關係於世界何如也。

以上所列十賢，不過舉其犖犖大者。至如奈端。Newton（英人生於一六四二年卒於一七二七年）之創重學。嘉列。Guericke（德國人生於一六〇二年卒於一六八六年）杯黎 Boyle（英人生於一六二六年卒於一六九一年）之製排氣器。連挪士 Linnæus（瑞典人生於一七〇七年卒於一七七八年）之開植物學。康德 Kant（德國人生於一七二四年卒於一八〇四年）之開純全哲學。皮里士利 Priestley（英人生於一七三三年卒於一八〇四年）之化學。邊沁 Bentham（英人生於一七四七年卒於一八三二年）之功利主義。黑拔 Herbart（生於一七七六年卒於一八四一年）之教育學。仙士門 St.Simon（法人）喀謨德 Comte（法人生於一七九五年卒於一八五七年）之倡人羣主義及羣學。約翰彌勒 John Stusrt Mill（英人生於一八〇六年卒於一八七三年）之論理學政治學女權論。斯賓塞 Spencér（英人生於一八二〇年今猶生存）之羣學等。皆出其博學深思之所獨得。審諸今後時勢之應用。非如前代學者。以學術為世界外遁跡之事業。如程子所云玩物喪志也。以故其說一出。類能聳動一世。餉遺後人。嗚呼。今日光明燦爛如荼如錦之世界。何自來乎。實則諸賢之腦髓之心血之口沫之筆鋒所組織之而莊嚴之者也。

亦有不必自出新說。而以其誠懇之氣。清高之思。美妙之文。能運他國文明新思想。移植於本國。以造福於其同胞。此其勢力亦復有偉大而不可思議者。如法國之福祿特爾 Voltaire（生於一六九四年卒於一七七八年）日本之福澤諭吉（去年卒）俄國之託爾斯泰 Tolstoi（今尚生存）諸賢是也。福祿特爾當路易第十四全盛之時。愍然憂法國前途。乃以其極流麗之筆。寫極偉大之思。寓諸詩歌院本小說等。引英國之政治。以譏諷時政。被錮被逐。幾瀕於死者屢焉。卒乃為法國革新之先鋒。與孟德斯鳩盧梭齊名。蓋其有造於法國民者。功不在兩人下也。福澤諭吉當明治維新以前。無所師授。自學英文。嘗手抄華英字典一過。又以獨力創一學校。名曰慶應義塾。創一報館。名曰時事新報。至今為日本私立學校報館之巨擘焉。著書數十種。專以輸入泰西文明思想為主義。日本人之知有西學。自福澤始也。其維新改革之事業。亦顧問於福澤者十而六七也。託爾斯泰生於地球第一專制之國。而大倡人類同胞兼愛平等主義。其所論蓋別有心得。非盡憑藉東歐諸賢之說者焉。其所著書。大率皆小說。思想高徹。文筆豪宕。故俄國全國之學界。爲之一變。近年以來。各地學生。咸不滿於專制之政。屢屢結集。有所要求。政府捕之錮之放之逐之。而不能禁。皆託爾斯泰之精神所鼓鑄者也。由此觀之。福祿特爾之在法蘭西。福澤諭吉之在日本。託爾斯泰之在俄羅斯。皆必不可少之人也。苟無此人。則其國或不得進步。卽進步亦未必如是其驟也。然則如此等人者。其於世界之關係何如也。

吾欲敬告我國學者曰。公等皆有左右世界之力。而不用之何也。公等卽不能爲倍根笛卡兒達爾文。豈不能爲福祿特爾福澤諭吉託爾斯泰。卽不能左右世界。豈不能左右一國。苟能左右我國者。是所以使我國左右世界也。吁嗟山兮。穆如高兮。吁嗟水兮。浩如長兮。吾聞足音之跫然兮。吾欲溯洄而從之兮。吾欲馨香而祝之兮。

# 飲冰室文集之七

## 論中國學術思想變遷之大勢

### 總論

學術思想之在一國。猶人之有精神也。而政事法律風俗及歷史上種種之現象。則其形質也。故欲覘其國文野強弱之程度如何。必於學術思想焉求之。

立於五洲中之最大洲而爲其洲中之最大國者誰乎。我中華也。人口居全地球三分之一者誰乎。我中華也。四千餘年之歷史未嘗一中斷者誰乎。我中華也。我中華有四百兆人公用之語言文字。世界莫能及。（據一千九百年之統計歐洲各國語之通用以英爲最廣猶不過一百十二兆人耳較吾華文僅有四分之一也印度人雖多而其語言文字糅雜殊甚中國雖南北閩粵其語異殊至其大致則一也此事爲將來一大問題別有文論之）我中華有三十世紀前傳來之古書。世界莫能及。（墳典索邱其書不傳姑勿論即如尚書已起於三千七八百年以前夏代史官所記載今世界所稱古書如摩西之舊約全書約距今三千五百年婆羅門之四章陀論亦然希臘和馬耳之詩歌約在二千八九百年前門梭之埃及史約在二千三百年前皆無能及尚書者若夫二千五百年以上之書則我中國今傳者尚十餘種歐洲乃無一也此眞我國民可以自豪者）西人稱世界文明之祖國有五。曰中華。曰印度。曰安息。曰埃及。曰墨西哥。然彼四地者。其國亡。其文明與之俱亡。今試一游其墟。但有摩訶末遺裔鐵騎蹂躪之跡。與高加索強族金粉歌舞之場耳。而我中華者。屹然獨立。繼繼繩繩。增長光大。以迄今日。此後且將匯萬流而劑之。合一爐而冶之。於戲美哉我國。於戲偉大哉我國民。吾當草此論之始。吾不得不三薰三沐。仰天百拜。謝其生我於此至美之國。而爲此偉大國民之一分子也。

深山大澤而龍蛇生焉。取精多用物宏而魂魄强焉。此至美之國。至偉大之國民。其學術思想所磅礴鬱積。又豈彼崎嶇山谷中之獷族。生息彈丸上之島夷所能夢見者。故合世界史通觀之。上世史時代之學術思想。我中華第一也。泰西雖有希臘梭格拉底亞里士多德諸賢然安能及我先秦諸子中世史時代之學術思想。我中華第一也。中世史時代我國之學術思想雖稍衰然歐洲更甚歐洲所得者惟基督教及羅馬法耳自餘則暗無天日歐洲以外更不必論惟近世史時代。則相形之下。吾汗顏矣。雖然。近世史之前途未有艾也。又安見此偉大國民不能恢復乃祖乃宗所處最高尚最榮譽之位置。而更執牛耳於全世界之學術思想界者。吾欲草此論。吾之熱血如火如焱。吾之希望如海如潮。吾不自知吾氣燄之何以湓涌。吾手足之何以舞蹈也。於戲。吾愛我祖國。吾愛我同胞之國民。

生此國。爲此民。享此學術思想之恩澤。則歌之舞之。發揮之光大之。繼長而增高之。吾輩之責也。而至今未聞有從事於此者何也。凡天下事。必比較然後見其眞。無比較則非惟不能知己之所短。並不能知己之所長。前代無論矣。今世所稱好學深思之士有兩種。一則徒爲本國學術思想界所窘。而於他國者未嘗一涉其樊也。一則徒爲外國學術思想所眩。而於本國者不屑一厝其意也。夫我界既如此其博大而深賾也。他界復如此其燦爛而蓬勃也。非竭數十年之力。於彼乎於此乎。一一擷其實。咀其華。融會而貫通焉。則雖欲歌舞之。烏從而歌舞之。區區小子。於四庫著錄。十未睹一。於他國文字。初問津焉。爾夫何敢搖筆弄舌。從事於先輩所不敢從事者。雖然。吾愛我國。吾愛我國民。吾不能自已。吾姑就吾所見及之一二。雜寫之以爲吾將來研究此學之息壤。流布之以爲吾同志研究此學者之筆路藍縷。天如假我數十年乎。我同胞其有聯袂而起者乎。佇看近世史中我中華學術思想之位置何如矣。

且吾有一言欲爲我青年同胞諸君告者。自今以往二十年中。吾不患外國學術思想之不輸入。吾惟患本國學術思想之不發明。夫二十年間之不發明。於我學術思想必非有損也。雖然。凡一國之立於天地。必有其所以立之特質。欲自善其國者。不可不於此特質焉淬厲之而增長之。今正過渡時代蒼黃不接之餘。諸君如愛國也。欲喚起同胞之愛國心也。於此事必非可等閑視矣。不然。脫崇拜古人之奴隸性。而復生出一種崇拜外人蔑視本族之奴隸性。吾懼其得不償失也。且諸君皆以輸入文明自任者也。凡教人必當因其性所近而利導之。就其已知者而比較之。則事半功倍焉。不然。外國之博士鴻儒亦多矣。顧不能有裨於我國民者何也。相知不習。而勢有所扞格也。若諸君而吐棄本國學問不屑從事也。則吾國雖多得百數十之達爾文約翰彌勒赫胥黎斯賓塞。吾懼其於學界一無影響也。故吾草此論。非欲附益我國民妄自尊大之性。蓋區區微意亦有不得已焉者爾。

今於造論之前。有當提表者數端。

吾欲畫分我數千年學術思想界爲七時代。一胚胎時代。春秋以前是也。二全盛時代。春秋末及戰國是也。三儒學統一時代。兩漢是也。四老學時代。魏晉是也。五佛學時代。南北朝唐是也。六儒佛混合時代。宋元明是也。七衰落時代。近二百五十年是也。八復興時代。今日是也。其間時代與時代之相嬗。界限常不能分明。非特學術思想有然。卽政治史亦莫不然也。一時代中或含有過去時代之餘波。與未來時代之萌蘖。則舉其重者也。其理由於下方詳說之。

吾國有特異於他國者一事。曰無宗教是也。淺識者或以是爲國之恥。而不知是榮也。非辱也。宗教者。於人羣幼稚時代雖頗有效。及其既成長之後。則害多而利少焉。何也。以其阻學術思想之自由也。吾國民食先哲之福。不以宗教之臭味混濁我腦性。故學術思想之發達。常優勝焉。不見夫佛教之在印度在西藏。在蒙古在緬甸暹羅。恆抱持其小乘之迷信。獨其入中國。則光大其大乘之理論乎。不見夫景教入中國數百年。而上流人士從之者希乎。故吾今者但求吾學術之進步思想之統一。（統一者謂全國民之精神。非擯斥異端之謂也。）不必更以宗教之末法自縛也。

生理學之公例。凡兩異性相合者。其所得結果必加良。（種植家常以梨接杏以李接桃。牧畜家常以亞美利加之牡馬交歐亞之牝駒。皆利用此例也。男女同姓。其生不蕃。兩緯度不同之男女相配。所生子必較聰慧。皆緣此理。）此例殆推諸各種事物而皆同者也。大地文明祖國凡五。各遼遠隔絕。不相溝通。惟埃及安息藉地中海之力。兩文明相遇。遂產出歐洲之文明。光耀大地焉。其後阿剌伯之西漸。十字軍東征。歐亞文明再交媾一度。乃成近世震天鑠地之現象。皆此公例之明驗也。我中華當戰國之時。南北兩文明初相接觸。而古代之學術思想達於全盛。及隋唐間與印度文明相接觸。而中世之學術思想放大光明。今則全球若比鄰矣。埃及安息印度墨西哥四祖國。其文明皆已滅。故雖與歐人交。而不能生新現象。蓋大地今日只有兩文明。一泰西文明。歐美是也。二泰東文明。中華是也。二十世紀。則兩文明結婚之時代也。吾欲我同胞張燈置酒。迓輪俟門。三揖三讓。以行親迎之大典。彼西方美人。必能爲我家育甯馨兒以亢我宗也。

## 胚胎時代

中國種族不一。而其學術思想之源泉。則皆自黃帝子孫（下文省稱黃族。向用漢種二字。今以漢乃後起一朝代。不足冒我全族之名。故改用此。）來也。黃族起於西北。戰黃河流域之蠻族而勝之。寖昌寖熾。遂徧大陸。太古之事。搢紳先生難言焉。第弗深考。今畫春秋以前爲胚胎時代。而此時代中復畫爲小時代者四。其圖如下。

胚胎時代：第一黃帝時代　第二夏禹時代　第三周初時代　第四春秋時代

學術思想與歷史上之大勢。其關係常密切。上古之歷史。至黃帝而一變。至夏禹而一變。至周初而一變。至春秋而一變。故文明精神之發達。亦緣之以爲界焉。黃帝之書著錄於漢書藝文志者二十餘種。班氏既一一明揭其依託。今所存素問內經等。亦其一也。黃帝時代其文學之發達。不能到此位。固無待言。要其進步之信而有徵者四事。曰制文字。曰定曆象。曰作樂律。曰興醫藥是也。黃帝四征八討。東至海。南至江。西至流沙。北逐葷粥。蓋由經驗之廣。交通之繁。屢戰異種之民族而吸收之。得智識交換之益。故能一洗混沌之陋。而爛然揚光華也。及洪水之興。下民顚頷。全國現象生一頓挫。禹抑洪水。乘四載。徧九洲。經驗益廣。交通益繁。玄圭告成。帝國乃立。故中華建國實始夏后。古代稱黃族爲華夏。爲諸夏。皆紀念禹之功德。而用其名以代表國民也。其時政治思想哲學思想皆漸發生。禹貢之制度。洪範之理想。（洪範雖箕子所述。其稱傳自神禹。必非盡誣。）皆爲三千年前精深博大之籍。自禹以後垂千年。黃族各部落並立。休養生息。逮於周初。中央集權之勢益行。菁華漸集於京師。周公兼三王。作官禮。（近儒多攻周官爲僞書。周官雖或有後人竄附。然豈能一筆抹煞耶。攻之者蓋有二弊。一由過崇孔子以前之文明。若無物焉。二由不通人羣進化之公例。見其中有許多制度不脫蠻野思想習俗者。便以爲古聖人豈當有此。皆有所眦而生迷因也。）文王繫易。而詩書亦爛然大完。古代學術思想之精神條理。於是乎粗備。洎及春秋。兼幷漸行。列國盟會征伐。交通益頻數。南北兩思潮。漸相混合。磅礴鬱積。斯達極點。於是孔子生。而全盛時代來矣。

綜觀此時代之學術思想實爲我民族一切道德法律制度學藝之源泉約而論之蓋有三端一曰天道二曰人倫三曰天人相與之際是也而其所以能構成此思想者亦有二因一曰由於天然者蓋其地理之現象空界（即天然界近於地文學範圍者）之狀態能使初民（此名詞從侯官嚴氏譯謂古代最初之民族也）對於上天而生出種種之觀念也二曰由於人爲者蓋哲王先覺利導民族之特性因而以天事比附人事以爲羣利也請一一論次之

中國無宗教無迷信此就其學術發達以後之大體言之也中國非無宗教思想但其思想之起特早且常倚於切實故迷信之力不甚强而受益受敝皆少中國古代思想敬天畏天其第一著也其言天也與今日西教言造化主者頗近但其語圓通不似彼之拘墟迹象易滋人惑綜觀經傳所述以爲天者生人生物萬有之本原也（詩天生烝民書惟陰騭下民禮記萬物本乎天）天者有全權有活力臨察下土者也（詩皇矣上帝臨下有赫監觀四方求民之瘼又天監在下有命既集）天者有自然之法則以爲人事之規範道德之基本也（詩下生烝民有物有則書天敘有典天秩有禮）故人之於天也敬而畏之一切思想皆以此爲基焉各國之尊天者常崇之於萬有之外而中國則常納之於人事之中此吾中華所特長也中國文明起於北方其氣候嚴寒地味确瘠得天較薄故其人無餘裕以馳心廣遠游志幽微專就尋常日用之問題悉心研究是以思想獨倚於實際凡先哲所經營想像皆在人羣國家之要務其尊天也目的不在天國而在世界受用不在未來而在現在是故人倫亦稱天倫人道亦稱天道記曰善言天者必有驗於人此所以雖近於宗教而與他國之宗教自殊科也

人羣進化第一期必經神權政治之一階級此萬國之所同也吾中國上古雖亦爲神權時代然與他國之神權又自有異他國之神權以君主爲天帝之化身中國之神權以君主爲天帝之雇役故尋常神權之國君主一言

一動視之與天帝之自言自動等。中國不然。天也者。統君民而並治之也。所謂天秩天序天命天討。達於上下。無貴賤一焉。質而言之。則天道者。猶今世之憲法也。歐洲今世君民同受治於法之下。中國古代君民同受治於天之下。不過法實而有功。天遠而無效耳。但在邈古之世。而有此精神。不得不謂文明想像力之獨優也。泰西皆言君主無責任。（古代神權之無責任。以其爲天帝之化身也。今世立憲之無責任。歸其責於大臣。使人人不必有所顧忌。得以課其功罪也。過渡時代不得不然也。）惟中國則君主有責任。責任者何。對於天而課其功罪也。日食彗見。水旱蝗螟。一切災異。君主實尸其咎。此等學說。以今日科學家之眼視之。可笑孰甚。而不知其有精義存焉也。其踐位也。薦天而受。其殂死也。稱天而謚。春秋所謂以天統君。蓋雖專制而有不能盡專制者存。此亦神權政體之所無也。不寧惟是。天也者。非能諄諄然命之者也。於是乎有代表之者。厥惟我民。書曰。天聰明自我民聰明。天明畏自我民明畏。又曰。天視自我民視。天聽自我民聽。又曰。天矜于民。民之所欲。天必從之。於是無形之天。忽變爲有形之天。他國所謂天帝化身者。君主也。而吾中國所謂天帝化身者。人民也。然則所謂天之秩序命討者。實無異民之秩序命討也。立法權在民也。所謂君主對於天而負責任者。實無異對於民而負責任也。司法權在民也。然則中國古代思想。其形質則神權也。其精神則民權也。（雖其法不立。其效不覩。然安可以責諸古代。）當邃古之初。而有此。非偉大之國民。其孰能與於斯。

古代各國皆行多神教。或有拜下等動物者。所在皆是。中國前古雖亦多神。然所拜者。皆稍高尚而兼切於人事者也。天子祭天地。諸侯祭社稷。大夫祭五祀。天地之祭。幾於一神尚矣。社稷者。切於農事者也。五祀者。門戶井竈中霤。皆關於日用飲食者也。吾國最初之文明。事事皆主實際。即此亦可以見之。且其中尤有最重特異者一事焉。曰尊先祖是也。吾國族制之發達最備。而保守之性質亦最强。故於祭天之外。祀祖爲重。所謂天神地祇人鬼。

凡稱鬼者皆謂先祖也。孔子謂夏道尊命事鬼敬神而遠之。殷人尊神。率民而事神。先鬼而後禮。周人尊禮尙施。事鬼敬神而遠之。言三代思想之變遷。於其事鬼神之間最注意焉。初民之特質則然也。尊祖之極。常以之與天並重。（墨子天鬼並稱最多）記曰。萬物本乎天。人本乎祖。詩曰。文王陟降。在帝左右。書曰。乃祖乃父。丕乃告我高后曰。作丕刑於朕孫。迪高后丕乃崇降不祥。記曰。郊祀后稷以配天。宗祀文王於明堂以配上帝。蓋常視其祖宗之權力幾與天並。此亦中國人與外國特異之點也。此等思想範圍數千年。至今不衰。

要而論之。胚胎時代之文明。以重實際爲第一義。重實際故重人事。其敬天也。皆取以爲人倫之模範也。重實際故重經驗。其尊祖也。皆取以爲先例之典型也。於是乎由思想發爲學術。其握學術之關鍵者有二職焉。

一曰祝。掌天事者也。凡人羣初進之時。政敎不分。主神事者。其權最重。（埃及之法老猶太之祭司長見於舊約全書者皆司祝官也印度有四族婆羅門爲首刹利次之刹利帝王之族也婆羅門司祝之族也乃至波斯安息莫不皆然今西藏有坐牀喇嘛掌全國大政仍是此制歐洲自羅馬敎皇興後其權常駕各國君主而上之而俄羅斯皇今猶兼希臘敎皇之徽號其敎務大臣柄權最重此實半開民族之通例也）中國宗敎之臭味不深。雖無以敎權侵越政權之事。而學術思想。亦常爲祝之所掌焉。祝之分職亦有二。一曰司祀之祝。主代表人民之思想。以達之於天。而祈福祉者也。周官春官一篇。皆此職之支與流裔也。魯侯與曹劌論戰。首稱犧牲玉帛之必信。隨侯將戰楚。首言牲牷肥腯粢盛豐備。蓋以爲祭祀之事。與國家之安危大有關係焉。其他百事。皆聽命於神。不待言也。二曰司曆之祝。主揣摩天之思想。以應用於人事者也。三皇之時。命南正重司天以屬神。北正黎司地以屬民。堯典乃命羲和。欽若昊天。曆象日月星辰。敬授民時。又曰。在璿璣玉衡。以齊七政。蓋司曆之祝所主者。凡三事。一曰協時月正日。以便民事也。二曰推終始五德。以定天命也。（堯典天之曆數在爾躬及後世言三代受命之符皆推其本於曆學後世言洪範五行言讖緯皆發源於此）三曰占星象卜筮。以決吉凶也。（漢書藝文志九流略有陰陽家數術略有天文曆譜

（五行蓍龜雜占形法古代之學術半屬此類）降及春秋。此術猶盛。如裨竈梓愼之流。皆以司祝之官。爲一時君相之顧問。而左傳一書。言卜筮休咎占驗災祥者。十居七八。後人不知人羣初進時之形狀。詫其支離誕妄。因以疑左氏之僞託。而不知胚胎時代。實以此爲學術思想之中心點也。讖緯亦然。緯書之爲眞僞。今無暇置辨。要之必起於春秋戰國時代。而爲古學術之代表。無可疑也。

二曰史。掌人事者也。吾中華既天祖並重。而天志則祝司之。祖法則史掌之。史與祝同權。實吾華獨有之特色也。重實際。故重經驗。重經驗。故重先例。於是史職遂爲學術思想之所薈萃。周禮有大史小史左史右史內史外史。六經之中。若詩。（太史乘輶軒所采）若書若春秋。（漢志稱左史記言右史記事事爲春秋言爲尙書）皆史官之所職也。若禮若樂。亦史官之支裔也。故欲求學者。不可不於史官。周之周任史佚也。楚之左史倚相也。老聃之爲柱下史也。孔子適周而觀史記也。就魯史而作春秋也。蓋道術之源泉。皆在於史。史與祝皆世其官。（史之世官至漢猶然司馬談司馬遷其最著者也）若別爲一族者然。蓋當時竹帛不便。學術之傳播甚難。非專其業者。不能盡其長也。而史之職亦時有與祝之職相補助者。蓋其言吉凶禍福之道。祝本於天。以推於人。史鑒於祖。以措於今。故漢志謂道家出於史官。而陰陽讖緯家言。亦常有與史相通者。要而論之。則胚胎時代之學術思想。全在天人相與之際。而樞紐於兩者之間者。則祝與史皆有力也。今列其系統如下。

學術思想 天人相與
- （一）祝官 天事
  - （甲）司祀之祝
  - （乙）司曆之祝
    - （子）曆象家（即天文學）
    - （丑）曆數學（即陰陽家）
    - （寅）占驗家（方術之言）
- （二）史官 人事
  - （甲）志事的史家（儒家之祖）
  - （乙）推理的史家（道家之祖）

此外尙有醫官樂官。亦於當時學術思想頗有關係。但所關者只在一部分。而非其全體也。故略之不別論。（古者之醫必兼巫故古醫字作毉黃帝內經有祝由科然則醫實祝之附庸也樂與詩同體詩掌於太史樂官亦稱瞽史然則樂實史之附庸也）

吾於此章之末。欲更有一言。卽當知此時代之學術思想。爲貴族所專有。而不能普及於民間是也。吾華階級制度。至戰國而始破。若春秋以前。常有如印度所謂喀私德。Castes（印度分人爲四種最上者稱婆羅門其次爲刹利其次爲毗舍最下者爲首頭陀不許互通婚）中世歐羅巴所謂埃士忒德。Estates（歐人大率分僧侶貴族公民奴隸四種）者。蓋上流人士。握一羣之實權。不獨政治界爲然。而學術思想界尤其要者也。加以文字未備。典籍難傳。交通未開。（指舟車來往等言）流布尤窒。故一切學術。非盡人可以自由研究之者。其權固不得不專歸於最少數之人。勢使然矣。而此少數之人。亦惟汲汲焉保持其舊。使勿失墜。旣無餘裕以從事於新理想。復無人相與討論。以補其短。而發其榮。此所以歷世二千餘年。而發達之效不覩也。雖然。此後全盛時代之學術思想。其胚胎皆蘊於此時。如漢書藝文志諸子略。（班志全本劉歆七略故今用其原名）所述謂

儒家者流。出於司徒之官。

道家者流。出於史官。

陰陽家者流。出於羲和之官。

法家者流。出於理官。

名家者流。出於禮官。

墨家者流。出於淸廟之守。

縱橫家者流。出於行人之官。

雜家者流。出於議官。

農家者流。出於農稷之官。

小說家者流。出於稗官。

雖其分類未能盡當。其推原所出。亦非盡有依據。要之古代世官之制行。學術之業。專歸於國民中一部一族。非其族者不能與聞。（管子稱士之鄉農有農之鄉工商有工商之鄉不可使雜處又曰士之子恆爲士農之子恆爲農蓋古俗然也古者以官爲氏如祝氏史氏樂正氏倉氏庾氏等皆由世業之故）非在官者不獲從事。此不惟中國爲然。卽各國古代。亦莫不皆然者也。中世歐羅巴學術之權。皆在教會。迨十五世紀以後。教會失其專業。人人得自由講習。而新文明乃生。論者或以窒抑多數之民智爲教會詬病。而不知當中世黑暗時代。苟無教會以延一線之光明。恐其墮落更有甚者。而後起之人。益復無所憑藉也。然則知人論世。其功與過。又豈可相掩耶。觀胚胎時代之學術思想。亦如是而已矣。

## 全盛時代

### 第一節　論周末學術思想勃興之原因

全盛時代。以戰國爲主。而發端實在春秋之末。孔北老南。對壘互峙。九流十家。繼軌並作。如春雷一聲。萬綠齊茁於廣野。如火山乍裂。熱石競飛於天外。壯哉盛哉。非特中華學界之大觀。抑亦世界學史之偉蹟也。求其所以致此之原因。蓋有七事焉。

一由於蘊蓄之宏富也。人羣初起。皆自草昧而進於光華。文明者。非一手一足所能成。非一朝一夕所可幾也。

傳記所載。黃帝堯舜以來。文化已起。然史公猶謂搢紳難言焉。觀夏殷時代質朴之風。猶且若此。則唐虞以前之文明。概可想矣。（凡人羣進化之公例必由行國進而爲居國由漁獵進而爲畜牧由畜牧進而爲耕桑殷自成湯以至盤庚凡五遷其都蓋尙未能脫行國之風焉孟子頌周公之功則曰兼夷狄驅猛獸詩美宣王之德則以牛羊蕃息蓋殷周以前尙未盡成居國成農國也）及文王化被南國。武周繼起。而中央集權之制大定。威儀三千。周官三百。（漢學家言禮儀周禮也威儀儀禮也）孔子歎之曰。周監於二代。郁郁乎文哉。吾從周。自豳岐以至春秋。又數百年。休養生息。遂一脫蠻野固陋之態。觀於左傳。列國士大夫之多才藝嫻文學者。所在皆然矣。積數千年民族之腦精。遞相遺傳。遞相擴充。其機固有磅礴鬱積一觸卽發之勢。而其所承受大陸之氣象。與兩河流之精華。機會已熟。則沛然矣。此固非島夷谷民崎嶇局仄者之所能望也。此其一。

一由於社會之變遷也。　由堯舜至於周初。由周初至於東遷。由東遷至於春秋之末。其間固劃然分爲數時代。其變遷之跡。亦有不可掩者。雖然。其跡不甚著。而史傳亦不詳焉。獨至獲麟以後。迄於秦始。實爲中國社會變動最劇之時代。上自國土政治。下及人心風俗。皆與前此截然劃一鴻溝。（顧亭林日知錄云自左傳之終以至戰國凡百三十三年史文闕軼考古者爲之茫昧如春秋時猶尊禮重信而七國則絕不言禮與信矣春秋時猶宗周王而七國則絕不言王矣春秋時猶嚴祭祀重聘享而七國則無其事矣春秋時猶論宗姓氏族而七國則無一言及矣春秋時猶宴會賦詩而七國則不聞矣春秋時猶有赴告策書而七國則無有矣邦無定交士無定主此皆變於一百三十三年之間史之闕文而後人可以意推者也不待始皇幷天下而文武之道已盡矣）而其變動之影響。一一皆波及於學術思想界。蓋閥閱之階級一破。前此爲貴族世官所壟斷之學問。一舉而散諸民間。遂有秦失其鹿天下共逐之觀。（歐洲十四五世紀時學權由敎會散諸民間情形正與此同此近世文明所由開也）周室之勢既微。其所餘虛文儀式之陳言。不足以範圍一世之人心。遂有河出伏流一瀉千里之概。此其二。

一由於思想言論之自由也。　凡思想之分合。常與政治之分合成比例。國土隸於一王。則敎學亦定於一尊。勢使然也。周室爲中央一統之祖。當其盛也。威權無外。禮記王制所載。作左道以惑衆殺。作奇器異服奇技淫巧以疑衆殺。行僞而堅。言僞而辨。學非而博。順非而澤。以疑衆殺。蓋思想言論之束縛甚矣。周既不綱。權力四散。游士學者。各稱道其所自得。以橫行於天下。不容於一國。則去而之他而已。故仲尼干七十二君。墨翟來往大江南北。荀卿所謂『無置錐之地。而王公不能與之爭名。在一大夫之位。則一君不能獨畜。一國不能獨容。』言論之自由。至是而極。加以歷古以來。無宗教臭味。先進學說。未深入人心。學者盡其力之所及。拓殖新土。無罣無礙。豈所謂海闊從魚躍。天空任鳥飛者耶。莊子曰。天下大亂。賢聖不明。道德不一。學者多得一察焉以自好。（天下篇）孟子曰。聖王不作。諸侯放恣。處士橫議。蓋政權之聚散。影響於學術思想者。如是其甚也。此其三。

一由於交通之頻繁也。　泰西文明發生。有三階段。其在上古。則腓尼西亞以商業之故。常周航於地中海之東西南岸。運安息埃及之文明以入歐洲也。其在中世。則十字軍東征。亙二百年。阿剌伯人西漸。威慴歐陸。由直接間接種種機會。以輸入巴比倫猶太之舊文明。與隋唐時代之新文明也。其在近世。則列國並立。會盟征伐。常若比鄰。彼此觀感。相摩而善也。由此觀之。安有不藉交通之力者乎。交通之道不一。或以國際。（各國交涉日本名爲國際取孟子交際何心之義最爲精善今從之）或以力征。或以服賈。或以游歷。要之其有益於文明一也。春秋戰國之時。兼并盛行。互相侵伐。其軍隊所及。自濡染其國政敎風俗之一二。歸而調和於其本邦。征伐愈多。則調和愈多。而一種新思想。自不得不生。其在平時。則聘享交際之道。常爲國家休戚所關。（當時羣雄割據大國欲籠絡小國以自雄小國則承事大國以求保護故其交際皆甚重要非如周初覲貢獻方物循行故事而已）故各國皆不得不妙選人才。以相往來。若相鼠茅鴟之不知。將辱國體而危亡隨之矣。其膺交通之任者。既國中文學最優之士。及其游於他社會。自能吸取其精英。齎之歸以爲用。如韓宣子聘魯而見易象春秋。吳季札聘上國而知十五國風皆其例也。而當時通商之業亦漸盛。豪商巨賈往往與士大夫相酬酢。如鄭商弦高能以身救國。子貢廢著鬻財於曹魯之間結駟連騎以聘享諸侯所至國君無不分庭與之抗禮。而陽翟大賈呂不韋。至能召集門客著呂氏春秋。蓋商業之盛通爲學術思想之媒介者。亦不少焉。若夫縱橫捭闔之士專以奔走游說爲業者。又不待言矣。故數千年來交通之道莫盛於戰國。此其四。

一由於人材之見重也。　一統獨立之國務綏靖內憂馴擾魁桀不羈之氣。故利民之愚。並立爭競之國務防禦外侮動需奇材異能之徒。故利民之智。此亦古今中外得失之林哉。衰周之際兼幷最烈時君之求人才載飢載渴。又不徒奬厲本國之才而已。且專吸他國者而利用之。蓋得之則可以爲雄。失之且恐其走胡走越。以爲吾患也。故秦迎孟嘗。而齊王速復其位。商鞅去國。而魏遂弱於秦。游士之聲價重於時矣。貴族階級摧蕩廓淸布衣卿相之局遂起。（貴族階級最爲文明之障礙中國破此界最早是亦歷史之光也）士之欲得志於時者莫不研精學問標新領異。以自取重。雖其中多有勢利無恥者。固不待言。而學問以辨而明。思潮以摩而起。道術之言。遂徧於天下。此其五。

一由於文字之趨簡也。　中國文字衍形不衍音。故進化之難。原因於此者不少。但衍形之中亦多變異。而改易最劇者。惟周末爲甚。倉頡以來。所用古籀篆形之文。十而八九。近世學者搜羅商周鐘鼎。其字體蓋大略相類。至秦皇刻石。而大變焉矣。說文序云『諸侯力政分爲七國言語異聲文字異形秦始皇帝初兼天下丞相李斯乃奏聞之。罷其不與秦文合者。』然則當時各國各因所宜隨言造文。轉變非一。故今傳墨子楚辭所用字往往與北方中原之書互有出入。漢書藝文志謂『秦始造隸書起於官獄多事苟趨省易。』其實日趨簡易者人羣進化之公例。積之者已非一日。而必非秦所能驟創也。文字既簡則書籍漸盛。墨子載書五車以游諸侯。莊子亦言惠施多方其書五車。學者之研究日易。而發達亦因之以速。勢使然也。此其六。

一由於講學之風盛也。前此學術既在世官。則非其族者不敢希望。及學風興於下。則不徒其發生也驟。而其傳播也亦速。凡創一學說者。輒廣求徒侶傳與其人。而千里負笈者。亦不絕於道。孔子之弟子三千。墨子之鉅子徧於宋鄭齊之間。孟子後車數十乘。從者數百人。許行之徒數十人。捆屨織席以爲食。蓋百家莫不皆然矣。此實定哀以前之所無也。故一主義於此。一人倡之。百人從而和之。一人啓其端。而百人揚其華。安得而不昌明也。此其七。

此七端者。能盡其原因與否。吾不敢言。要之略具於是矣。全盛時代之所以爲全盛。豈偶然哉。豈偶然哉。

## 第二節　論諸家之派別

先秦之學。既稱極盛。則其派別。自千條萬緒。非易論定。今請先述古籍分類異同之說。而別以鄙見損益之。

古籍中記載最詳者。爲漢書藝文志。其所本者。劉歆七略也。篇中諸子略。實爲學派論之中心點。而兵書略術數略方技略。亦學術界一部之現象也。今舉諸子略之目如下。凡爲十家。亦稱九流。（小說家不在九流之內）

一儒家。　二道家。　三陰陽家。　四法家。　五名家。　六墨家。　七縱橫家。　八雜家。　九農家。　十小說家。

又史記太史公自序。述其父司馬談論六家要指。凡六家。

一陰陽家。　二儒家。　三墨家。　四名家。　五法家。　六道德家。

諸子書中論學派者。以荀子之非十二子篇。莊子之天下篇爲最詳。荀子所論。凡六說十二家。

一它囂魏牟。二陳仲史鰌。三墨翟宋鈃。四愼到田駢。五惠施鄧析。六子思孟軻。

莊子所論凡五家。並己而六。

一墨翟禽滑釐。二宋鈃尹文。三彭蒙田駢愼到。四關尹老聃。五莊周。六惠施。

以上四篇皆專論學派者也。其他各書論及者亦不尠。孟子則以楊墨並舉。又以儒墨楊並舉。韓非子顯學篇則以儒墨並舉。又以儒墨楊秉並舉。史記則以老子韓非合傳。而孟子荀卿傳中附論騶忌騶衍淳于髡愼到環淵接子田駢騶奭公孫龍劇子李悝尸子長盧吁子以及墨翟焉。

四篇之論。荀子最爲雜亂。荀子北派之鉅子也。故所列十二家皆北人。而南人無一焉。以老子楊朱之學如此其盛。乃缺而不舉。遺憾多矣。（四方之學亦未一及）且所論者。除墨翟惠施之外。皆非其本派中之祖師也。若乃子思孟軻。本與荀同源。而其强辭排斥與他子等。蓋荀卿實儒家中最狹隘者也。非徒崇本師以拒外道。亦且尊小宗而忘大宗。雖謂李斯坑儒之禍。發於荀卿。亦非過言也。（李斯坑儒所以排異己者實荀卿狹隘主義之敎也）故其所是非。殆不足採。藝文志亦非能知學派之眞相者也。既列儒家於九流。則不應別著六藝略。既崇儒於六藝。何復夷其子孫以儕十家。其疵一也。縱橫家毫無哲理。小說家不過文辭。雜家既謂之雜矣。豈復有家法之可言。而以之與儒道名法墨等比類齊觀。不合論理。其疵二也。農家固一家言也。但其位置與兵商醫諸家相等。農而可列於九流也。則如孫吳之兵。計然白圭之商。扁鵲之醫。亦不可不爲一流。今有兵家略方技略在諸子略之外。於義不完。其疵三也。諸子略之陰陽家。與術數略界限不甚分明。其疵四也。故吾於班劉之言。亦所不取。莊子所論。推重儒墨老三家。頗能絜當時學派之大綱。（天下篇前一段所謂內聖外王之學指儒家也宋鈃尹文墨派也彭蒙田駢愼到老派也莊子本身老派也惠施名家言亦與墨子大取小取等篇相近近於墨派也篇中一唱三嘆者惟孔墨老三家實能知學界之大勢也。然猶有漏略者。太史公（司馬談）之論。則所列六家。五雀六燕。輕重適當。皆分雄於當時學界中。旗鼓相當者也。分類之精。以此爲最。雖然。欲以觀各家所自起。及其精神之所存。則談之言猶未足焉耳。今請據羣籍審趨勢。自地理上民族上放眼觀察。而證以學說之性質。製一先秦學派大勢表如左。

先秦學派

- 一　北派
  - （甲）鄒魯派（北派正宗）　孔子
    - 孟子及其他儒徒
    - 荀卿
  - （乙）齊派（北東派）
    - 管子
    - 鄒衍及其同派
  - （丙）秦晉派（北西派）
    - 申不害　商鞅　韓非
    - 李悝
  - （丁）宋鄭派（北南派）
    - 墨翟宋牼及其他墨徒
    - 鄧析惠施及其同派
- 二　南派
  - （南派正宗）——老子
    - 莊子　列子　及其他老徒
    - 楊朱
  - （南派支流）
    - 許行
    - 屈原

欲知先秦學派之眞相。則南北兩分潮。最當注意者也。凡人羣第一期之進化。必依河流而起。此萬國之所同也。

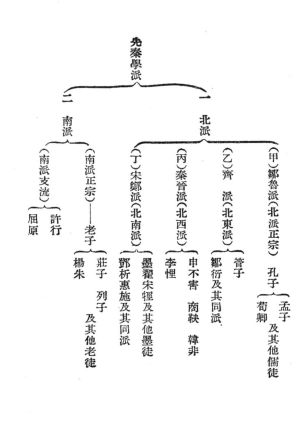

我中國有黃河揚子江兩大流。其位置性質各殊。故各自有其本來之文明。爲獨立發達之觀。雖屢相調和混合。而其差別自有不可掩者。凡百皆然。而學術思想其一端也。北地苦寒磽瘠。謀生不易。其民族銷磨精神日力以奔走衣食維持社會。猶恐不給。無餘裕以馳騖於玄妙之哲理。故其學術思想常務實際。切人事。貴力行。重經驗。而修身齊家治國利羣之道術最發達焉。惟然故重家族。以族長制度爲政治之本。（封建與宗法皆族長政治之圓滿者也）敬老年。尊先祖。隨而崇古之念重。保守之情深。排外之力強。則古昔稱先王。內其國外夷狄。重禮文。繫親愛。守法律。畏天命。此北學之精神也。南地則反是。其氣候和。其土地饒。其謀生易。其民族不必惟一身一家之飽煖是憂。故常達觀於世界以外。初而輕世。既而玩世。既而厭世。不屑屑於實際。故不重禮法。不拘拘於經驗。故不崇先王。又其發達較遲。中原之人。常鄙夷之。謂爲蠻野。故其對於北方學派。有吐棄之意。有破壞之心。探玄理。出世界。齊物我。平階級。輕私愛。厭繁文。明自然。順本性。此南學之精神也。今請兩兩對照比較。以明其大體之差別。列表如下。

| | |
|---|---|
| 北派崇實際。 | 南派崇虛想。 |
| 北派主力行。（主動） | 南派主無爲。（主靜） |
| 北派貴人事。 | 南派貴出世。 |
| 北派明政法。 | 南派明哲理。 |
| 北派重階級。（中庸曰親親之殺尊賢之等禮所生也） | 南派重平等。（如莊子齊物許行並耕之論） |
| 北派重經驗。 | 南派重創造。 |
| 北派喜保守。（孔子曰非先王法服不敢服非先王法行不敢行） | 南派喜破壞。（老子曰絕聖棄智民利百倍絕仁棄義民復孝慈） |

北派主勉強。勉強者節性也書曰節性惟日其邁董子曰勉強學問勉強行道孔子曰克己復禮爲仁　南派明自然。自然者順性也莊子山木之喻渾沌竅之喻皆其義也

北派畏天。孔子曰畏天命　南派任天。老子曰天地不仁以萬物爲芻狗

北派言排外。　南派言無我。

北派貴自強。　南派貴謙弱。

古書中言南北分潮之大勢者。亦有一二焉。中庸云。寬柔以敎。不報無道。南方之強也。衽金革。死而不厭。北方之強也。孟子云。陳良楚產也。悅周公仲尼之道。北學於中國。北方之學者。未能或之先也。是言南北之異點。彰明較著者也。要之此全盛時代之第一期。實以南北兩派中分天下。北派之魁。厥惟孔子。南派之魁。厥惟老子。孔學之見排於南。猶老學之見排於北也。試觀孔子在魯衞齊之間。所至皆見尊崇。乃至宋而畏矣。至陳蔡而阨矣。宋陳蔡皆鄰於南也。及至楚。則接輿歌之。丈人揶揄之。長沮桀溺目笑之。無所往而不阻焉。皆由學派之性質不同故也。北方多憂世勤勞之士。孔席不煖。墨突不黔。栖栖者終其身焉。南方則多棄世高蹈之徒。接輿丈人沮溺。皆汲老莊之流者也。蓋民族之異性使然也。

孔老分雄南北。而起於其間者有墨子焉。墨亦北派也。顧北而稍近於南。墨子生於宋。宋南北要衝也。故其學於南北各有所採。而自成一家言。其務實際。貴力行也。實原本於北派之眞精神。而其刻苦也過之。但其多言天鬼。頗及他界。肇創論法。漸闡哲理。力主兼愛。首倡平等。蓋亦被南學之影響焉。故全盛時代之第二期。以孔老墨三分天下。孔老墨之盛。非徒在第二期而已。直至此時代之終。其餘波及於漢初。猶有鼎足爭雄之姿。見後今爲三大宗表示其學派勢力之所及如下。

三宗

- 孔學
  - 小康一派（春秋據亂世升平世之義以法治國以禮率民故法家言亦頗出於此其的傳者爲荀卿而李克李悝等之治術亦多本此李斯受其道以相秦秦制多本焉漢初賈誼鼂錯皆汲其流此派之傳最永）
  - 大同一派（春秋太平世之義傳諸子游而孟子大昌明之荀子非十二子篇攻子思孟子云以爲仲尼子游爲茲厚於後世可見子思孟子之學實由子游以受於孔子也此派爲荀派所奪至秦而絕）
  - 天人相與一派（此派亦春秋之學而其原出於易與洪範蓋九流所謂陰陽家者此派之流裔也以緯書爲論宗齊派（卽北東派）多由此出至漢代而極盛董子及其餘今文家言皆其子孫也）
  - 心性一派（世子（碩）漆雕子等傳之孟子荀子告子皆各明一義閱千餘年後衍爲宋明學）
  - 考證一派（孔子祖述憲章徵夏禮殷禮於杞宋讀易韋編三絕蓋於考證古書三致意焉北派之重經驗崇前古勢則然也此派亦荀卿受之漢興六經皆荀卿所傳衍爲東漢初唐注疏之學其末流盛於本朝乾嘉間）
  - 記纂一派（孔子因魯史作春秋左邱明採國語以爲之傳蓋北學重先例故史學之興亦相因而至者也太史公以紹述孔學自命其作史記卽受孔子此派之教也）
- 老學
  - 哲理一派（此道德家言之正宗也莊列傳之大盛於魏晉間）
  - 厭世一派（凡游心空理者必厭離世界楚狂沮溺之徒皆汲老學之流也後世逸民傳中人皆屬此派）
  - 權謀一派（老學最毒天下者權謀之言也將以愚民非以明民將欲取之必先與之此爲老學入世之本故縱横家言實出於是而法家末流亦利用此術韓非子有解老等篇史公以老韓合傳最得眞相此派極盛於戰國之末）
  - 縱樂一派（楊朱傳之數千年來日盛一日）
  - 神祕一派（谷神玄牝流沙化胡蓋必有所授焉後衍爲神仙方術家言盛於秦漢後爲符籙丹鼎之學盛於漢末三國六朝）
- 兼愛一派（此墨學正宗也禽滑釐等爲鉅子宋牼尹文以禁攻寢兵爲務皆此學之感化也戰國之末祖述之者極盛）

一墨學｛游俠一派（凡兼愛者必惡公敵除害馬乃所以愛馬也故墨學衍爲游俠之風楚之攻宋墨子之徒赴其難而死者七十二人皆非有所爲而爲也殉其主義而已自戰國以至漢初此派極盛朱家郭解之流實皆墨徒也）
　　　｛名理一派（墨子經說上下大取小取等篇多名家言莊子天下篇言南方之墨者以堅白同異之論相訾以觭偶不仵之言相應）

此其大略也。雖然。吾非謂三宗之足以盡學派也。又非如俗儒之牽合附會。欲以當時之學派。盡歸納於此三宗也。不過示其勢力之盛。及拓殖之廣云爾。請更論餘子。南北兩派之中。北之開化先於南。故支派亦獨多。陰陽家言。胚胎時代祝官之遺也。法家言。遠祖周禮。而以管子爲繼別之大宗。申商爲繼禰之小宗。及其末流。而目大殊焉。名家言最後起。而常爲諸學之媒介者也。孔老墨而外。惟此三家。蔚爲大國。巍然有獨立之姿。而三家皆起於北方。此爲全盛時代第三期。

齊海國也。上古時代。我中華民族之有海思想者。厥惟齊。故於其間產出兩種觀念焉。一曰國家觀。二曰世界觀。國家觀衍爲法家。世界觀衍爲陰陽家。自管仲藉官山府海之利。定霸中原。銳意整頓內治。使成一『法治國』Rechtsstat 之形。管子一書。實國家思想最深切著明者也。但其書必非管子所自作。殆戰國時其後輩所纂述。要之此書則代表齊國風者也。降及威宣之世。而騶衍之徒興。史記稱『衍深觀陰陽消息。而作終始大聖之篇十餘萬言。其語閎大不經。必先驗小物。推而大之。至於無垠。先序今以上至黃帝。學者所共術。並世盛衰。因載其禨祥制度。推而遠之。至天地未生。窈冥不可考而原也。先列中國名山大川通谷禽獸。水土所殖。物類所珍。因而推之。及海外人之所不能睹。稱引天地剖判以來。五德轉移。治各有宜。而符應若茲。以爲儒者所謂中國者。於天下乃八十一分之一耳。中國名曰赤縣神州。赤縣神州內自有九州。禹之序九州是也。不得爲州數。中國外如赤縣神州者九。乃所謂九州也。於是有裨海環之。如此者九。乃有大瀛海環其外焉。』史記孟子荀卿列傳此其思想何等偉大。其推論何等淵微。非受海國感化者。孰能與於斯。鄒衍所謂先驗小物推而大之近世奈端達爾文諸賢能開出彌天際地之大學說者皆恃此術也雖其以陰陽爲論根。未免失據。然萌芽時代。豈能以今日我輩數千年後之眼識訾議之耶。騶子既沒。而稷下先生數百輩。猶演其風。及秦漢時。遂有渡海求蓬萊之事。徐福之開化日本。皆騶子之徒導之也。此爲齊派。（北東派）之兩大家。齊派之能獨立於鄒魯派以外也。大國則然也。海國則然也。

秦。黃族先宅之地。而三皇所迭居也。控山谷之險。而民族强悍。故國家主義。亦最易發達。及戰國之末。諸侯游士。輻輳走集。秦一一揖而入之。故其時西方之學術思想。爛然光燄萬丈。有睥睨北南東而凌駕之之勢。申不害韓產也。商鞅魏產也。三晉地勢。與秦相近。法家言勃興於此間。而商鞅首實行之。以致秦强。逮於韓非。以山東功利主義。與荆楚道術主義。合爲一流。李斯復以儒術緣附之。而李克李悝等。亦兼儒法以爲治者也。於是所謂秦晉派（北西派）者興。秦晉派實前三派之合體而變相者也。

宋鄭。東西南北之中樞也。其國不大。而常爲列强所爭。故交通最頻繁焉。於是墨家名家。起於此間。墨家之性質。前既言之矣。而墨翟亦名學一宗師也。名家言起於鄭之鄧析。而宋之惠施。及趙之公孫龍大昌之。名家言者。其繁重博雜似北學。其推理俶詭似南學。其必起於中樞之地。而不起於齊魯秦晉荆楚者。地勢然也。其氣象頗小。無大主義可以眞自立。其不起於大國而必起於小國者。亦地勢然也。要之此齊、秦晉、宋鄭之三派者。觀其大體。自劃然活現北學之精神。而必非南學之所得而混也。地理與文明之關係。其密切而不可易。有如此者。豈不奇哉。

南派之老莊尙矣而楊朱亦老學之嫡傳也（楊子居爲老子之徒見莊子）楊氏之爲我主義縱樂主義實皆起於厭世觀列子楊朱篇引其學說曰『世事苦樂古猶今也變易治亂古猶今也既聞之矣既更之矣百年猶厭其多而況久生之苦也乎』又曰『生則堯舜死則腐骨生則桀紂死則腐骨腐骨一矣孰知其異』蓋其厭世之既極任自然之既極乃覺除爲我主義縱樂主義更無所可事此其與近世邊沁彌兒等之爲我派快樂派由功利主義而生者迥殊科矣故北學之有墨南學之有楊皆走於兩極端之極點而立於正反對之地位楊之於老得其體而並神其用楊學之幾奪老席非偶然也故楊氏不可不列於大家而論之

許行亦南學一代表也但其流傳甚微非惟學說不見於他書即其名亦除孟子外未有稱述之者雖然其所持理論頗與希臘柏拉圖之共產主義及近世歐洲之社會主義Socialism（社會主義與無政府主義相類而亦不盡同社會主義者溺平等博愛之理論而用之過其度者也）相類蓋反對北人階級等殺之學說矯枉而過其直者也至其精神淵源於老學固自有不可掩者老氏以初民之狀態爲羣治之極則故其言曰郅治之極鄰國相望雞犬之聲相聞民各甘其食美其服安其俗樂其業至老死不相往來此正南方沃土之民之理想而北人所必無者也北方政論主干涉主義（保民牧民皆干涉也）南方政論主放任主義此兩主義者在歐洲近世互相沿革互相勝負而其長短得失至今尚未有定論者也（十八世紀以前重干涉主義十八世紀後半十九世紀前半重放任主義近則復趨於干涉主義英國放任主義之代表也德國干涉主義之代表也盧梭放任主義之宗師也伯倫知理干涉主義之宗師也格蘭斯頓放任主義之實行者也俾斯麥干涉主義之實行者也）而許行實放任主義之極端也吾甚惜其微言之湮沒而不彰也（漢志農家者流殆即指許行一派若僅以李克盡地力者當之似不足爲一家言也又按許行一派亦兼有墨家主義殆南而稍染北風也但墨主干涉而許主放任其精神自異）

屈原文豪也然論感情之淵微設辭之瑰偉亦我國思想界中一異彩也屈原以悲閔之極不徒厭今而欲反之

古也。乃直厭俗而欲游於天。試讀離騷自『跪敷衽以陳詞兮』至『哀高丘之無女』一段。自『靈氛既告余以吉占兮』至『蜷局顧而不行』一段。徒見其詞藻之紛綸雜遝。其文句之連犿俶詭。而不知實厭世主義之極點也。九歌天問等篇。蓋猶胚胎時代之遺響焉。南人開化後於北人。進化之跡。歷歷可徵也。屈原生於貴族。故其國家觀念之强盛。與立身行己之端嚴。頗近北派。至其學術思想。純乎爲南風也。此派後入漢而盛於淮南。淮南雞犬。雖謂聞三閭之說法而成道可也。

以上皆各派分流之大概也。北派支流多而面目各完。南派支流少而體段未具。固由北地文明之起先於南。亦緣當時載籍所傳。北詳南略。故南人之理想。殘缺散佚而不可觀者。尙多多也。

諸派之初起。皆各樹一幟。不相雜廁。及其末流。則互相辯論。互相薰染。往往與其初祖之學說相出入。而旁採他派之所長以修補之。故戰國之末。實爲全盛時代第四期。亦名之混合時代。殆全盛中之全盛也。其時學界大勢。有四現象。一曰內分。二曰外布。三曰出入。四曰旁羅。四者皆進步之證驗也。所謂內分者。韓非子顯學篇云『自孔子之死也。有子張之儒。有子思之儒。有顏氏之儒。有孟氏之儒。有漆雕氏之儒。有仲梁氏之儒。有孫氏之儒。（即荀卿）有樂正氏之儒。自墨子之死也。有相里氏之墨。有相夫氏之墨。有鄧陵氏之墨。故孔墨之後。儒分爲八。墨離爲三。』而荀子非十二子篇亦云『子游氏之賤儒。子夏氏之賤儒。子張氏之賤儒。』莊子天下篇云『相里勤（即韓非子所謂相里氏也）之弟子。五侯之徒。南方之墨者苦獲已齒（郭注云二人姓氏也）鄧陵子之屬。俱誦墨經。而倍譎不同。相謂別墨。以堅白同異之辯相訾。以觭偶不仵之辭相應。』觀此可見當時各派分裂之大概矣。自餘諸流。雖其支派不甚可考。要之必同此現象無疑也。後世曲儒。或以本派分裂爲道術衰微。不知學派之爲物。與國家不同。國家分爭而遂亡。學術分爭而益盛。其同出一師而各明一義者。正如醫學之解剖。乃能盡其體而無遺也。

所謂外布者。各派皆起於本土。內力既充。乃務拓殖民地於四方。於斯之時。地理界限漸破。有南北混流之觀。史記儒林傳云。孔子既歿。七十子之徒。散游諸侯。故子路居衞。澹臺子羽居楚。子夏居西河。子貢終於齊。西河、北西派所領地也。齊。北東派所領地也。楚則南派之老營也。孟子曰。陳良楚產也。北學於中國。北方之學者。未能或之先也。是儒行於南之證也。莊子云。南方之墨者。苦獲已齒鄧陵子之屬。俱誦墨經。是墨行於南之證也。愼到趙人。田駢接子齊人。皆學黃老道德之術。（見史記孟荀傳）韓非韓人。有解老之編。是老行於北之證也。故其時學術漸進。不能以地爲限。智識交換之途愈開。而南北兩文明與接爲構。故蒸蒸而日向上也。

所謂出入者。當時諸派之後學。常從其所好。任意去就。孟子曰。逃墨必歸於楊。逃楊必歸於儒。蓋出彼入此。恬然不以爲怪也。故禽滑釐。子夏弟子也。而爲墨家鉅子。莊周。田子方弟子也。而爲道家魁桀。韓非李斯。荀卿之弟子也。而爲法家大成。陳相。陳良弟子也。而爲農家前驅。自餘諸輩。不見於載記者。當復何限。可見其時思想自由。達於極點。非如後世暖暖姝姝。守一先生之言。而尺寸不敢越其畔也。

所謂旁羅者。當時諸派之大師。往往兼學他派之言。以光大本宗。如儒家者流之有荀卿也。兼治名家法家言者也。道家者流之有莊周也。兼治儒家言者也。法家者流之有韓非也。兼治道家言者也。北南東西四文明。愈接愈厲。至是幾將合一爐而冶之。雜家之起於是時。亦運會使然也。蘇張縱橫之辨。兒奭稷下之談。其論無當於宏旨。其義不主於一家。蓋承極盛之後。聞見雜博。取材贍宏。秦相呂不韋。至集諸侯游客。作八覽六論十二紀。兼儒墨。合名法。綜道德。齊兵農。實千古類書之先河。亦一代思想之淵海也。故全盛時代第四期。列國之國勢。楚齊秦三分而終幷於秦。思想界之大勢。亦楚齊秦鼎立而匯合於秦。今請更列一時期變遷表如下。

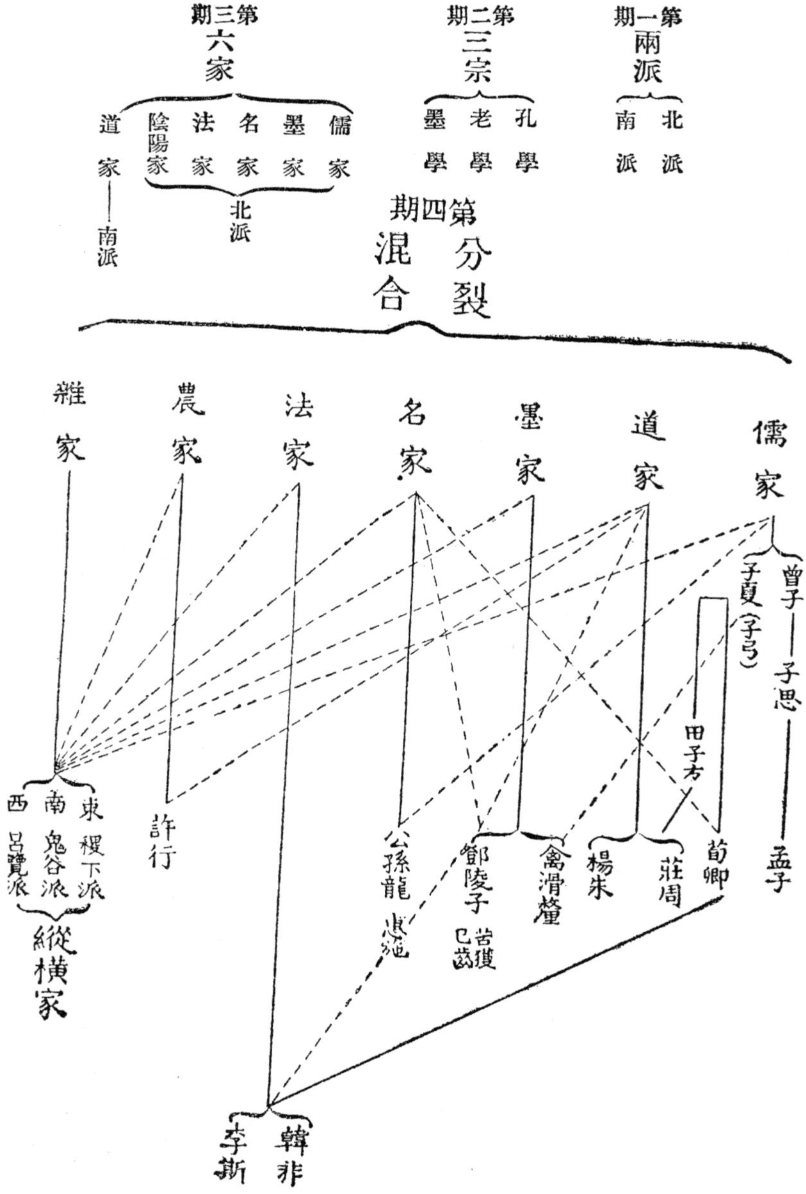

當時所極盛者。不徒哲理政法諸學而已。而專門實際之學。亦多起乎其間。其一曰醫學。黃帝內經素問。考古者定爲戰國時書。蓋非誣也。最名家者爲扁鵲。其術能見五臟癥結。蓋全體之學精也。能割皮解肌。訣脈結筋。搦髓腦。揲荒爪幕。湔浣腸胃。則解剖之學明也。其二曰天算。周髀算經。九章算術。亦衍於戰國。管子有地員篇。是知地圓之理也。緯書言地有四游。是知地動之理也。漢張衡有地動儀其名家之人。不能指之。其三曰兵法學。孫武子一書。兵學之精神備焉。雖拿破崙之用兵。不能出其範圍也。而吳子司馬法。亦有淵源。其四曰平準學。日本所謂經濟學計然之策七。范蠡用其五於越國而霸諸侯。既施諸國。乃用諸家。三致千金焉。白圭樂觀時變。嘗自言吾之治生也。猶伊尹呂尚之謀。孫吳用兵。商鞅行法。是故其智不足與權變。勇不足以決斷。仁不能以取予。强不能有所守。雖欲學此術。終不告之矣。俱見史記貨殖傳是皆深通乎準學。技而進乎道者也。

此外則尚有史學。亦頗發達。史學蓋原於胚胎時代。至此乃漸成一家言者。太史公屢稱左邱失明。厥有國語。而春秋左氏傳一書。爛然爲古代思想之光彩焉。漢志有鐸氏春秋。楚人鐸椒之著也。有虞氏春秋。趙人虞卿之著也。其書今佚其或爲記事之史如左氏傳或爲解經之書如公羊穀梁傳或爲纂述之書如呂氏春秋皆不可考此亦史學思想萌芽之徵也。而其時光燄萬丈者。尤在文學。文學亦學術思想所憑藉以表見者也。屈宋之專門名家者勿論。而老墨孟荀莊列商韓。亦皆千古之文豪也。文學之盛衰。與思想之强弱。常成比例。當時文家之盛。非偶然也。

以上所列各派之流別。略具矣。但有附庸諸家。不能徧論者。今請列其總目如下。或雖非大家而有著書者亦列之或雖無著書而爲他書所稱述者亦列之

孔子。　老子。　墨子。　管子。戰國時人纂集　晏子。戰國時人纂集漢志列於儒家　孟子。　荀卿。　關尹子。　列子。或云依託　莊子。

慎子。文子。採集本或云依託 鶡冠子。楚人居深山以鶡爲冠其書今採集本或云依託 商君。韓非子。公孫龍子。尉繚子。劉向別錄云繚爲商君學 尸子。名佼晉人商君師之其書今採集本 申子。採集本 鬼谷子。或云依託 鄧析子。採集本 尹文子。惠子。採集本 楚辭。孫武子。

以上其書今存列於四庫總目者。其四庫不載而近世採集成本通行者數種亦附焉

子思二十三篇。曾子十八篇。漆雕子十三篇。宓子十六篇。名不齊孔子弟子 景子三篇。漢志原注云說宓子語似其弟子 世子二十一篇。名碩 魏文侯六篇。李克七篇。子夏弟子 公孫尼子二十八篇。芊子十八篇。名嬰 甯越一篇。公孫固一篇。董子一篇。原注云名無心難墨子 徐子一篇。原注云宋外黃人 魯仲連子十四篇。平原君七篇。虞氏春秋。十五篇。虞卿 以上儒家者流。

蜎子十三篇。原注云名淵楚人老子弟子 老成子十八篇。長盧子九篇。楚人 王狄子一篇。公子牟四篇。原注魏之公子也先莊子莊子稱之 田子廿五篇。名駢 老萊子十四篇。楚人 黔婁子四篇。原注云齊隱士 以上道家者流。

鄒子四十九篇。又鄒子終始五十六篇。原注名衍齊人爲燕昭王師 公孫發二十二篇。原注六國時 乘丘子五篇。原注六國時 杜文公五篇。原注六國時劉向別錄云韓人也 黃帝泰素二十篇。原注六國時韓諸公子所作 南公三十一篇。原注六國時 鄒奭子十二篇。原注齊人 公孫橋終始十四篇。原注傳鄒奭始終書 閭丘子十三篇。原注名快魏人在南公前 馮促十三篇。原注鄭人 將鉅子五篇。原注六國時在南公前南公稱之 以上陰陽家者流。

李子三十二篇。原注名悝相魏文侯 處子九篇。以上法家者流。

毛公九篇。原注趙人與公孫龍等並游平原君家 以上名家者流。

田俅子一篇。原注先韓子 我子一篇。隨巢子六篇。胡非子。三篇。原注並云墨翟弟子 以上墨家者流。

蘇子三十一篇。張子十篇。龐煖二篇。原注爲燕將 以上縱橫家者流。

伍子胥八篇。子晚子三十五篇。原注云齊人好議兵 以上雜家者流。

神農二十篇。原注云六國時諸子疾時怠於農業道耕農事託之

神農野老十七篇。原注云六國時 以上農家者流。 齊孫子八十九篇。原注圖四卷顏注孫臏也 公孫鞅二十七篇。 吳起四十八篇。 范蠡二篇。 大夫種二篇。 李子十篇。 龐煖三篇。 兒良一篇。六國時 王孫十六篇。原注圖五卷 魏公子二十一篇。原注圖十卷名無忌 以上兵書略。 扁鵲內經九卷外經十二卷 白氏內經三十八卷外經三十六卷。 以上方伎略。

以上其書今佚見於漢書藝文志者。

它囂。見荀子非十二子篇 魏牟同上漢志道家之公子牟疑即是人 陳仲同上又見孟子 史鰌同上論語作史魚 宋鈃同上又見莊子天下篇孟子作宋牼 彭蒙。見莊子天下篇 許行。見孟子 告子。見孟子蓋儒家也 楊朱屢見孟子莊子列子有楊朱篇載其學說 子莫。見孟子執楊墨之中者 淳于髡。見孟子史記云博聞彊記學無所主 接子。見史記齊人 環淵見史記楚人著上下篇或云即漢志之蜎子 劇子見史記 吁子。見史記索隱云即漢志之芊子也 秉子見莊子謂惠施曰儒墨楊秉四與夫子而五秉不知其何指或言公孫龍字子秉也待考 白圭。 詽然。俱見史記

以上其名散見羣書無自著書或有之而不載於漢志者。

綜是觀之。偉大哉此時代之學術思想乎。繁賾哉此時代之學術思想乎。權奇哉此時代之學術思想乎。謂黃帝子孫而非神明也。謂亞洲大陸而非靈秀也。嘻烏克有此。嘻烏克有此。

## 第三節 論諸家學說之根據及其長短得失闕

此節原爲本論最要之點。但著者學殖淺薄。綜合而論斷之。自媿未能。尙須假以時日。悉心研究。非可以率爾操觚也。故從闕如。若夫就正有道。當俟全書殺青時矣。著者附識。

## 第四節　先秦學派與希臘印度學派比較

嗚呼。世運之說。豈不信哉。當春秋戰國之交。豈特中國民智為全盛時代而已。蓋徵諸全球。莫不爾焉。自孔子老子以迄韓非李斯。凡三百餘年。九流百家皆起於是。前空往劫後絕來塵。尚矣。試徵諸印度。萬教之獅子厥惟佛。佛之生在孔子前四百十七年。在耶蘇前九百六十八年。（此侯官嚴氏所考據也見天演論下第三章案語今從之）凡住世者七十九歲。佛滅度後六百年而馬鳴論師興。七百年而龍樹菩薩現。馬鳴龍樹殆與孟子荀卿同時也。八百餘年而無著世親陳那護法諸大德起。大乘宏旨顯揚殆罄。時則秦漢之交也。而波儞尼之聲論哲學。為婆羅門教中興鉅子。亦起於馬鳴前百餘年。（波儞尼之學以言語為道本頗似五明中之聲明又與柏拉圖之觀念說相類其時代傳說不同大率先波騰闍梨二百年）此印度之全盛時期也。更徵諸希臘。七賢之中德黎 Thales 稱首。生魯僖二十四年。亞諾芝曼德 Anaximandros 倡無極說者也。生魯文十七年。畢達哥拉 Pythagoras 天算鼻祖。以律呂言天運者也。生魯宣間。芝諾芬尼 Xenophanes 創名學者也。生魯文七年。巴彌匿智 Parmenides 倡有宗者也。生魯昭六年。額拉吉來圖 Herakleitos 首言物性。而天演學之遠祖也。生魯定十三年。安那薩哥拉 Anaxagoras 討論原質之學者也。（額安二哲皆安息人）生魯定十年。德謨頡利圖 Demokritos 倡阿屯論（即莫破質點之說也）者也。生周定王九年。梭格拉底 Sokrates 言性理道德。西方之仲尼也。生周元王八年。柏拉圖 Plato 倫理政術之淵源也。生周考王十四年。亞里士多德 Aristoteles 古代學派之集大成也。生周安王十八年。此外則安得臣 Antisthune 什匿派之大宗。倡克己絕欲之教者也。生周元間。芝諾 Zenor 斯多噶派之初祖。而泰西倫理風俗所由出也。生周顯三年。伊璧鳩魯 Epikuros 幸福主義之祖師也。生周顯廿七年。至阿克西拉。Arkesilaos 倡懷疑學派。實惟希臘思想一結束。阿氏生周赧初年。卒始皇六年。是時正值中國焚坑之禍將起。而希學支流亦自茲稍涸矣。由是觀之。此前後一千年間。實爲全地球有生以來空前絕後之盛運。茲三士者。地理之相去如此其遼遠。人種之差別如此其殽異。而其菁英之磅礴發洩。如銅山崩而洛鐘應。伶倫吹而鳳皇鳴。於戲。其偶然耶。其有主之者耶。姑勿具論。要之此諸哲者。同時以其精神相接構相補助相戰駁於一世界遙遙萬里之間。既壯既劇。既熱既切。我輩生其後。受其教而食其賜者。烏可以不歌舞之。烏可以不媒介之。以地理論。則中國印度同爲東洋學派。而希臘爲西洋學派。以人種論。則印度希臘同爲阿利揚族學派。而中國爲黃族學派。以性質論。則中國希臘同爲世間學派。而印度爲出世間學派。（希臘之斯多噶派伊壁鳩魯派懷疑派雖亦講求解脫主義然猶世間法之解脫也中國之老莊亦然）故三者互有其相同之點。相異之點。今請校其長短而僭論之。

## 甲　與希臘學派比較

### 一　先秦學派之所長

凡一國思想之發達。恆與其地理之位置歷史之遺傳有關係。中國者。大國也。其人。偉大之國民也。故其學界全盛之時。特優於他邦者自不少。今請舉其五事。

曰國家思想之發達也。希臘有市府而無國家。如雅典斯巴達諸邦。垂大名於歷史者。實不過一都會而已。雖其自治之制整然。然終不能組織一國。如羅馬及近世歐洲列邦。卒至外敵一來。而文明之跡。隨羣市府以同成灰燼者。蓋國家思想缺乏使然也。（柏拉圖亞里士多德皆有功於政治學而皆不適於造完全之國家）中國則自管子首以國家主義倡於北東。其繼起者率以建國問題爲第一目的羣書所爭辯之點大抵皆在此雖孔老有自由干涉之分商墨有博愛苛刻之異然皆自以所信爲立國之大原一也中國民族所以能立國數千年保持固有之文明而不失墜者諸賢與有勞焉矣此其一

曰生計 Economy 問題之昌明也希臘人重兵事貴文學而於生計最不屑屑焉故當時哲學技術皆臻極盛爲萬世師獨於茲科講論殊少惟芝諾芬尼亞里士多德嘗著論之而已而中國則當先秦時此學之昌殆與歐洲十六七世紀相頡頏若管子輕重乘馬之篇孟子井田徹助之制墨翟務本節用之訓荀卿養欲給求之論李悝盡地力之業白圭觀時變之言商鞅開墾之令許行並耕之說或闡原理或述作用或主農穡或貴懋遷或倡自由政策 Free Trade（孟子關市譏而不征則天下之民皆悅而願藏諸其市矣）或言干涉主義濟濟彬彬各明一義蓋全地球生計學（即前論所屢稱之平準學）發達之早未有吾中國若者也（余擬著一中國生計學史搜集前哲所論以與泰西學說相比較若能成之亦一壯觀也）此其二

曰世界主義之光大也希臘人島民也其虛想雖能窮宇宙之本原其實想不能脫市府之根性故於人類全體團結之業統治之法幸福之原未有留意者中國則於修身齊家治國之外又以平天下爲一大問題如孔學之大同太平墨學之禁攻寢兵老學之抱一爲式鄒衍之終始五德大抵向此問題而試研究也雖其所謂天下者非眞天下而其理想固以全世界爲鵠也斯亦中國之所以爲大也此其三

大抵中國之所長者在實際問題在人事問題就一二特點論之則先秦時代之中國頗類歐西今日希臘時代之歐西反類中國宋明間也（此不過言其有相類者耳非指其全體也讀者勿泥視）至就全體上論之則亦有見優者

曰家數之繁多也希臘諸哲之名家者凡十餘人其所論問題不出四五大抵甲倡一說而乙則引伸之或反駁

之故其學界爲螺線形雖千變萬化殆皆一線所引也中國則地大物博交通未盛學者每閉門造車出門應轍常非有所承而後起者也故其學界爲無數平行線形六家九流之門戶前既言之矣而其支與流裔何啻百數故每一問題臚其異說輒纍纍若貫珠然而問題之多亦冠他界此其四曰影響之廣遠也自馬基頓兼幷以後至西羅馬滅亡以前凡千餘年間希臘學術之影響於歐洲社會者甚微蓋由學理深遠不甚切於人事也（斯多噶派雖與羅馬風俗有影響然不多也）先秦學者生當亂世目擊民艱其立論大率以救時厲俗爲主與羣治之關係甚密切故能以學說左右世界以亙於今雖其爲益爲損未易斷言要其勢力之偉大殆非他方學界所能及也此其五

## 二　先秦學派之所短

不知己之所長則無以增長光大之不知己之所短則無以採擇補正之語其長則愛國之言也語其短則救時之言也今請舉中國之缺點

一曰論理 Logic 思想之缺乏也凡在學界有學必有問有思必有辯論理者講學家之劍冑也故印度有因明之教（因明學者印度五明之一也其法爲因宗喻三段一如希臘之三句法）而希臘自芝諾芬尼梭格拉底屢用辯證法至亞里士多德而論理學蔚爲一科矣以此之故其持論常圓滿周到首尾相赴而眞理愈析而愈明中國雖有鄧析惠施公孫龍等名家之言然不過播弄詭辯非能持之有故言之成理而其後亦無繼者（當時堅白馬等名學之詞句諸子所通稱道也如墨子大取小取等篇最著矣即孟荀莊韓書中亦往往援爲論柄但其學終不成一科耳）以故當時學者著想非不邃奧論事非不宏廓但其周到精微則遠不逮希印二士（試舉

一二爲例孟子云楊氏爲我是無君也墨氏兼愛是無父也夫爲我何故與無君同物兼愛何故與無父同物一以論理法反詰之必立窮矣孟子言性善謂辭讓之心人皆有之荀子言性惡謂人之性好利順是則爭奪生而辭讓亡其論法同一而根據與結斷皆相反終相持而不能決皆由無論理以範圍之不能於對待求眞理也墨子天志篇云然則天亦何欲何惡天欲義而惡不義(中略)然則何以知天欲義而惡不義曰天下有義則生無義則死(中略)然則天欲其生而惡其死(中略)此我所以知天欲義而惡不義也云云語中疊用數然則字望之極似循環論法然究其極際則天何以欲其生而惡其死之理據墨子不能言也是其前論之基礎胥不立矣中國古書之說理類此者什九不能偏舉也大抵西人之著述必先就其主題立一界說下一定義然後循定義以縱說橫說中國則不然如孔子之言仁言孝其義亦寥廓而不定他無論矣坐此之故。譬之雖有良將健卒。而無戈矛甲胄以爲之藉。故以攻不克。以守不牢。道之不能大光。實由於是。推其所以缺乏之由。殆緣當時學者。務以實際應用爲鵠。而理論之是非。不暇措意。一也。又中國語言文字分離。向無文典語典Language Grammar之教。因此措辭設句之法。不能分明。二也。又中國學者。常以教人爲任。有傳授而無駁詰。非如泰西之公其說以待人之贊成與否。故不必定求持論之圓到。三也。此事雖似細故。然實關於學術盛衰之大原。試觀泰西古代思想。集成於亞里士多德。近世文明。濫觴於倍根。彼二人皆以論理學鳴者也。後有作者。可以知所務矣。

二曰物理實學之缺乏也。凡學術思想之發達。恆與格致科學相乘。遠而希臘。近而當代。有明徵矣。希臘學派之中堅。爲梭格拉底柏拉圖亞里士多德師弟。梭派之學。殫精於人道治理之中。病物理之繁賾高遠。而置之其門庭。頗與儒法諸家相類。但自德黎以來。茲學固已大昌。而額拉吉來圖德謨頡利圖諸大師。固已潭思入微。爲數千年格致先聲。故希臘學界。於天道物理人治三者。調和均平。其獨步古今。良有由也。中國大學雖著格物一目。然有錄無書。百家之言雖繁。而及此者蓋寡。其間惟墨子剖析頗精。但當時傳者既微。秦漢以後。益復中絕。惟有陰陽五行之僻論。跋扈於學界。語及物性。則緣附以爲辭。怪誕支離。不可窮詰。馴至堪輿日者諸左道。迄今猶銘刻於全國人腦識之中。此亦數千年學術墮落之一原因也。

三曰無抗論別擇之風也。希臘哲學之所以極盛，皆由彼此抗辯折衷，進而愈深，引而愈長。譬有甲說之起，必有非甲說隨起而與之抗。甲與非甲，辯爭不已，時則有調和二者之乙說出焉。乙說既起，旋有非乙。乙非乙爭，又有調和丙說斯立。此論理學中所謂三段式也。今示其圖如下。

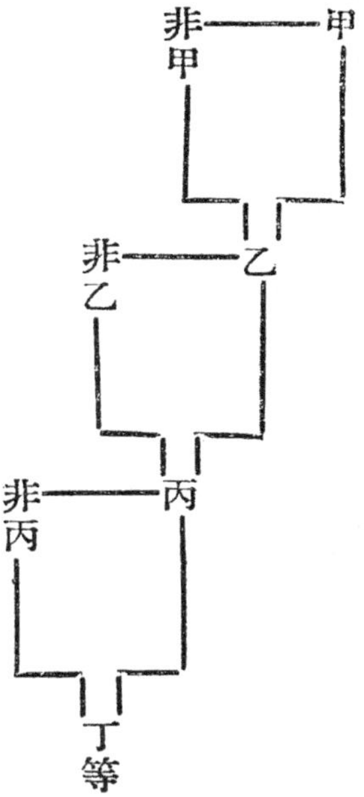


希臘學界之進步，全依此式。故自德黎開宗以後，有芝諾芬尼派之甲說，卽有額拉吉來圖之非甲說與之抗。對抗不已，而有調和派三家之丙說出焉。既有丙說，旋有懷疑派之非丙說踵起，而梭格拉底之丁說出，以集其成。梭聖門下，有什匿克派之戊說，旋有奇黎尼派之非戊說，而柏拉圖之己說出，以執其中。己說既行，又有德謨吉來圖之非己說，而亞里士多德之庚說更承其後。如是展轉相襲，亙數百年，青出於藍，冰寒於水，發揮光大，皆此之由。豈惟古代，卽近世亦有然矣。記稱舜之大智，曰執其兩端，用其中於民。有兩端焉，有中焉，則眞理必於是乎在矣。乃先秦學派，非不盛也；百家異論，非不殽也；顧未有堂堂結壘，針鋒相對，以激戰者。其異同皆無意識之異同也。於羣言殽亂之中，起而折衷者，更無聞焉。後世儒者動言羣言殽亂衷諸聖，此讕言也。此乃主奴之見，非所謂折衷也。何以故？彼其所謂聖者，孔子也。如老墨等羣言，則孔子

之論敵也孔子立於甲位羣言立於非甲位然則其能折衷之者必乙也今乃曰折衷諸甲有是理耶若墨子之於孔子。可謂下宣戰書者矣。然其論鋒。殊未正對也。墨之與楊。蓋立於兩極端矣。維時調和之者。則有執中之子莫。子莫誠能知學界之情狀者哉。惜其論不傳。然以優勝劣敗之理推之。其不傳也。必其說之無足觀也。若有精義他書必當引及何以於孟子之外並名氏亦無睹也凡爲折衷之丙說者。必其見地有以過於甲非甲兩家。然後可以立於丙之地位。而中國殊不然。此學之所以不進也。今勿徵諸遠。而徵諸近。歐洲當近世之初。倍根笛卡兒兩派。對抗者數百年。日耳曼之康德起。而折衷之。而斯學益盛。康德固有以優於倍笛二賢者也。中國自宋明以來。程朱陸王兩派。對抗者亦數百年。本朝湯斌等起而折衷之。而斯道轉熄。湯斌固劣於晦庵陽明遠甚也。此亦古今得失之林矣。推其所由。大率論理思想之缺乏實尸其咎。吾故曰後有作者。不可不此之爲務也。

四曰門戶主奴之見太深也。凡依論理持公心以相辨難者。則辨難愈多。眞理愈明。而意見亦必不生。何也。所爭者在理之是非。所敵者在說之異同。非與其人爲爭爲敵也。不依論理不持公心以相辨難。則非惟眞理不出。而筆舌將爲寃讎之府矣。先秦諸子之論戰。實不及希哲之劇烈。而嫉妒褊狹之情。有大爲吾歷史汚點者。以孔子之大聖。甫得政而戮少正卯。問其罪名。則行僞而堅。言僞而辯。學非而博。順非而澤也。夫僞與眞。至難定形也。是與非。至難定位也。藉令果僞矣。果非矣。亦不過出其所見。行其所信。糾而正之。斯亦可耳。而何至於殺。其毋乃以三盈三虛之故。變公敵而爲私仇。其毋乃濫用强權。而爲思想自由言論自由之蟊賊耶。梭格拉底被僇於雅典。僇之者聾盲也。今少正卯之學術。不知視梭氏何如。而以此見僇於聖人。吾實爲我學界恥之。此後如墨子之非儒。則摭其陳蔡享豚等陰私小節。孟子之距楊墨。則毫無論據。而漫加以無父無君之惡名。荀子之非十二子。動斥人爲賤儒。指其無廉恥而嗜飲食。凡此之類。皆絕似村嫗謾駡口吻。毫無士君子從容論道之風。豈徒非所以待人。抑亦太不自重矣。無他。不能以理相勝。以論相折。而惟務以氣相競。以權相淩。然則焚坑之禍。豈待秦皇。轂中之入。豈待唐太。吾屬稿至此。而不能不有慚於西方諸賢也。未識後之君子。能劃此孽苗否也。

五曰崇古保守之念太重也。希臘諸哲之創一論也。皆自思索之。自組織之。自發布之。自承認之。初未嘗依傍古人以爲重也。皆務發前人所未發。而思以之易天下。未嘗教人反古以爲美也。中國則孔子大聖。祖述堯舜。憲章文武。述而不作。信而好古。非先王法言不敢道。非先王法行不敢行。其學派之立腳點。近於保守。無論矣。若夫老莊。以破壞爲教者矣。乃孔子所崇者不過今之古。而老子所崇者乃在古之古。此殆中國人之根性使然哉。夫先秦諸子。其思想本强半自創者也。既自創之。則自認之。是非功過。悉任其責。斯豈非光明磊落者耶。今乃不然。必託諸古。孔子託諸堯舜。墨翟託諸大禹。老子託諸黃帝。許行託諸神農。自餘百家。莫不如是。試一讀漢書藝文志。其號稱黃帝容成岐伯風后力牧伊尹孔甲太公所著書者。不下百數十種。皆戰國時人所依託也。嘻何苦乃爾。是必其重視古人太過。而甘爲之奴隸也。否則其持論不敢自信。而欲諉功過於他人也。否則欲狐假虎威以欺飾庸耳俗目也。吾百思不得其解。姑文其言曰。崇古保守之念重而已。吾不敢妄謗前輩。然吾祝我國今後之學界。永絕此等腹蟹目蝦之遺習也。

六曰師法家數之界太嚴也。柏拉圖。梭氏弟子也。而其學常與梭異同。亞里士多德。柏氏弟子也。而其說常與柏反對。故夫師也者。師其合於理也。時或深惡其人。而理之所在。斯不得不師之矣。敵也者。敵其戾於理也。時或深敬其人。而理之所非。斯亦不得不敵之矣。敬愛莫深於父母。而幹父之蠱。大易稱之。斯豈非人道之極則耶。梭柏亞三哲之爲師弟。其愛情之篤。聞於古今。而其於學也若此。其所以衣鉢相傳。爲希學之正統者。蓋有由也。苟不爾。則非梭之所以望於柏。柏之所以望於亞矣。中國不然。守一先生之說。則兢兢焉不敢出入。不敢增損。稍有異議。近焉者則曰背師。遠焉者則曰非聖。行將不容於天下矣。以故孔子之後。儒分爲八。墨離爲三。而未聞有一焉能青於藍而寒於水者。譬諸家人積聚之業。父有千金產以遺諸子。子如克家。賫母取贏。而萬焉。而巨萬焉。斯乃父之志也。今曰吾保守之而已。則羣兒分領千金。其數已微。不再傳而爲窶人矣。吾中國號稱守師說者。既不過得其師之一體。而又不敢有所異同增損。更傳於其弟子。所遺者又不過一體之一體。夫其學安得不澌滅也。試觀二千年來孔教傳授之歷史。其所以陵夷衰微日甚一日者。非坐此耶。夫一派之衰微。猶小焉耳。舉國學者如是。則一國之學術思想界。奄奄無復生氣。可不懼耶。可不懼耶。

## 乙　與印度學派比較闕

欲比較印度學派。不可不先別著論。略述印度學術思想之變遷。今茲未能。願以異日。故此段暫付闕如。　著者附識

## 儒學統一時代

泰西之政治。常隨學術思想爲轉移。中國之學術思想。常隨政治爲轉移。此不可謂非學界之一缺點也。是故政界各國並立。則學界亦各派並立。政界共主一統。則學界亦宗師一統。當戰國之末。雖有標新領異如錦如荼之

學派。不數十年。摧滅以盡。巍然獨存者。惟一儒術。而學術思想進步之跡。亦自茲凝滯矣。夫進化之與競爭。相緣者也。競爭絕則進化亦將與之俱絕。中國政治之所以不進化。曰惟共主一統。故中國學術所以不進化。曰惟宗師一統。故而其運皆起於秦漢之交。秦漢之交。實中國數千年一大關鍵也。抑泰西學術。亦何嘗不由分而合。由合而分。遞衍遞嬗。然其凝滯不若中國之甚者。彼其統一之也以自力。此其統一之也以他力。所謂自力者何。學者各出其所見。互相辯詰。互相折衷。競爭淘汰。優勝劣敗。其最合於眞理最適於民用者。則相率而從之。衷於至當。異論自熄。泰西近日學界所謂定義公例者。皆自此來也。所謂他力者何。有居上位握權力者。從其所好而提倡之。而左右之。有所奬厲於此。則有所窒抑於彼。其出入者。謂之邪說異端。謂之非聖無法。風行草偃。民遂移風。泰西中古時代之景教。及吾中國數千年之孔學。皆自此來也。由前之道。則學必日進。由後之道。則學必日退。徵諸前事有明驗矣。故儒學統一者。非中國學界之幸。而實中國學界之大不幸也。今請先語其原因。次敍其歷史。次條其派別。次論其結果。

## 第一節　其原因

儒學統一云者。他學銷沈之義也。一興一亡之間。其原因至賾至雜。約而論之。則有六端。

天下大亂。兵甲滿地。學者之日月。皆銷蝕於憂皇擾攘之中。無復餘裕以從事學業。而霸者復肆其殘忍兇悍之手段。草薙而禽獮之。苟非有過人之精神毅力。則不能抱持其所學。以立於此棼亂闇黑之世界。故經周末兼幷之禍。重以秦皇焚坑一役。而前此之道術。若風掃落葉。空捲殘雲。實諸學摧殘之總原因。儒學與他學共之者也。

此其一。

破壞不可以久也。故受之以建設。而其所最不幸者。則建設之主動力。非由學者而由帝王也。帝王既私天下。則其所以保之者莫亟於靖人心事。雜言龐。各是所是而非所非。此人心所以滋動也。於是乎靖之之術。莫若取學術思想而一之。故凡專制之世。必禁言論思想之自由。秦漢之交。爲中國專制政體發達完備時代。然則其建設之者。不惟其分而惟其合。不喜其並立而喜其一尊。勢使然也。此其二。

既貴一尊矣。然當時百家。莫不自思以易天下。何爲不一於他而獨一於孔。是亦有故。周末大家。足與孔並者無逾老墨。然墨氏主平等。大不利於專制。老氏主放任。亦不利於干涉。與霸者所持之術。固已異矣。惟孔學則嚴等差。貴秩序。而措而施之者。歸結於君權。雖有大同之義。太平之制。而密勿微言。聞者蓋寡。其所以干七十二君。授三千弟子者。大率上天下澤之大義。扶陽抑陰之庸言。於帝王馭民。最爲適合。故霸者竊取而利用之。以宰制天下。漢高在馬上。取儒冠以資溲溺。及既定大業。則適魯而以太牢祀矣。蓋前此則孔學可以爲之阻力。後此則孔學可以爲之奧援也。此其三。

然則法家之言。其利於霸者更甚。何爲而不用之。曰。法家之爲利也顯而驟。其流弊多。儒家之爲利也隱而長。其流弊少。夫半開之民之易欺也。朝四暮三。則衆狙喜且答且飴。則羣兒服。故宋修太平御覽。以彀英雄。清開博學鴻詞。以戢反側。蓋逆取順守。道莫良於此矣。孔學說忠孝。道中庸。與民言服從。與君言仁政。其道可久。其法易行。非如法家之有術易以興。無術易以亡也。然則孔學所以獨行。殆亦競君擇適者生存。亦天演學公例所不可逃也。此其四。

以上諸端。皆由他動力者也。至其由自動力者。則亦有焉。盈虛消長。萬物之公例也。以故極盛之餘。每難爲繼。彼希臘學術。經亞里士多德後而漸衰。近世哲理。經康德後而稍微。此亦人事之無如何者矣。九流既茁。精華盡吐。再世以後。民族之思想力既倦。震於前此諸大師之學說。以爲不復可加。不復可幾及。故有因襲無創作。有傳受無擴充。勢使然矣。然諸家道術。大率皆得一察焉以自好。承於前者既希。其傳於後也亦自不廣。孔學則祖述堯舜。憲章文武。在先師雖有改制法後之精神。在後學可以抱殘守缺爲盡責。是故無赴湯蹈火之實力。則不能傳墨學。無幽玄微妙之智慧。不足以傳老學。至於儒術。則言訓詁者可以自附焉。言校勘者可以自附焉。言典章制度者可以自附焉。言心性理氣者可以自附焉。其取途也甚寬。而所待於創作力也甚少。所以諸統中絕。而惟此爲昌也。此其五。

抑諸子之立教也。皆自欲以筆舌之力。開闢途徑。未嘗有借助於君之心。如墨學主於鋤强扶弱。勢力愈盛者。則其仇之愈至。老學則芻狗萬物。輕世肆志。往往玩弄王侯以鳴得意。然則彼其學。非直霸者不取之。抑先自絕也。孔學不然。以用世爲目的。以格君爲手段。故孔子及身周游列國。高足弟子友交諸侯。爲東周而必思用我。行仁術而必藉王齊。蓋儒學者。實與帝王相依附而不可離者也。故陳涉起而孔鮒往。劉季興而叔孫從。恭順有加。强聒不捨。捷足先得。誰曰不宜。此其六。

## 第二節　其歷史

具彼六因。儒學所以視他學占優勝者。其故可知矣。雖然。其發達亦非一朝一夕之故。請略敘之。

（一）萌芽時代。　當孔子之在世。其學未見重於時君也。及魏文侯受經子夏。繼以段干木田子方。於是儒教始大於西河。文侯初置博士官。實爲以國力推行孔學之始。儒教第一功臣。舍斯人無屬矣。其次者爲秦始皇。始皇焚坑之虐。後人以爲敵孔教。實非然也。始皇所焚者。不過民間之書。百家之語。所坑者不過咸陽諸生侯生盧生等四百餘人。未嘗與儒教全體爲仇也。豈惟不仇。且自私而自尊之。其焚書之令云。有欲學者。以吏爲師。非禁民之學也。禁其於國立學校之外。有所私業而已。所謂吏者何。則博士是也。秦承魏制。置博士官。伏生叔孫通張蒼史皆稱其故秦博士。蓋始皇一天下。用李斯之策。固已知辨上下定民志之道。莫善於儒教矣。然則學術統一。與政治統一。同在一時。秦皇亦儒教之第二功臣也。漢高少年最惡儒。有儒冠者輒溲溺之。其吐棄也至矣。而酈食其叔孫通陸賈等。深自貶抑。包羞忍垢以從之。及天下既定。諸將爭奪喧譁。引爲深患。叔孫通乃緣附古制。爲草朝儀。導之使知皇帝之貴。然後信孔學之眞有利於人主。陸賈獻新語。益知馬上之不可以治天下。於是過魯。以太牢祠孔子。喟然興學。以貽後昆。漢高實儒教之第三功臣也。

（二）交戰時代。　雖然。天下事非一蹴可幾者。當漢之初。儒教以外。諸學派其燄未衰。墨也。老也。法也。皆當時與孔學爭衡者也。其在墨家。游俠一派獨盛。朱家郭解之流。爲一時士夫所崇拜。太史公曰。儒以文亂法。而俠以武犯禁。儒謂孔也。俠謂墨也。蓋孔墨兩派。在當時社會勢力殆相埒焉。（秦漢時人常以仲尼墨翟並稱或以儒墨儒俠並稱南海先生所著孔子改制考嘗彙鈔之得百餘條）其在道家。則漢初之時。殆奪孔席。蓋公之教曹參。（史稱曹參爲齊悼惠王相召諸儒百數問安集百姓道言人人殊莫知所從聞膠西有蓋公善黃老言請之見之蓋公爲言治道清靜則民自定曹參大悅師之後相漢日飲醇酒與民休息皆得力於道家言也）黃生之事竇后。（漢書外戚傳云太后好黃帝老子言景帝及諸竇不得不讀老子尊其術按竇后爲文帝后文帝即位之年即册立而崩於武帝建元六年此四十五年間勢傾外廷天子宰相莫敢逆登高而呼故道家言披靡朝野史稱老徒黃生與儒徒轅固生嘗辨難於帝前竇后怒使轅固入圈刺豕欲殺之其束縛言論自由

（可見一斑矣）此倡之自上者也。淮南王之著鴻烈解。（高誘注淮南子云天下方術之士多歸淮南於是蘇飛李尚左吳田由雷被毛被伍被晉昌等八人及諸儒大山小山之徒講論道德總統仁義以著此書其旨近於老子淡泊無爲蹈虛守靜云）司馬談之論六家要指。（史記太史公自序列其父談所論六家要指謂儒墨陰陽名法道各有所長而歸本於道家班固譏史公先黃老而後六經實則此乃談之言非遷之言也）此演之自下者也。故當時儒學雖磅礴鬱積於下。而有壓之於上者。故未能得志焉。其在法家。則景帝時代。鼂錯用事。（史稱錯與雒陽宋孟劉帶同學申商刑名之學於軹縣張恢然則張恢殆當時法家大師也）權傾九卿。法令多所更定。而武帝雖重儒術。實好察察之明。任用桑弘羊輩。欲行李悝商鞅之術以治天下。故儒法並立。而相水火於朝廷。鹽鐵論一書。實數千年來爭辨學術之第一大公案也。（鹽鐵論漢桓寬撰乃敘述始元六年丞相御史與所舉賢良文學論辨鹽鐵均輸之利害者也兩黨各持一見互相詰難洋洋十數萬言以視英國議院爭愛爾蘭自治案改正選舉法案者其論辨之激烈持理之堅確殆有過之無不及實爲中國學界政界放一大異彩也）由此觀之。當儒學將定未定之際。與之爭統者凡三家。就中隨分爲三小時期。第一期。爲儒墨之爭。蓋承戰國『武士道』之餘習。四公子。（孟嘗平原信陵春申）之遺風。猶赫赫印人耳目。故重然諾鋤强扶弱之美德。猶爲一世所稱羨。尚氣之士。每不惜觸禁網以赴之。而詆儒爲柔巽者有焉矣。雖然。其道最不利於霸者。朝廷豪族。日芟而月鋤之。文景以降。殆萎絕矣。等二期爲儒道之爭。道家有君（如竇太后文帝景帝等）相（如曹參汲黯等）以爲之後援。故其勢滋盛。而經數百年戰爭喪亂之後。與民休息。其道術固有適宜於當時之天擇者。故氣燄驟揚。而詆儒爲虛僞繁縟者有焉矣。雖然。帝者之好尙變。而其統之盛衰亦與俱變。第三期。爲儒法之爭。儒法兩有利於世主。而法家之利顯而近。儒家之利隱而長。景武之時。急於功名。法語斯起。而詆儒爲迂腐不切者有焉矣。然當時儒法勝負之數。頗不在世主而在兩造之自力。蓋法家之有力者。不能善用其術。緣操切以致挫敗。而儒家養百年來之潛勢力。人才濟濟。頗能不畏强禦以伸其主義。故朝野兩途。皆占全勝也。自茲以往。而儒學之基礎始定。

（三）確立時代。　自魏文侯以後。最有功於儒學者。不得不推漢武帝。然武帝當竇后未歿以前。不能實行所志。彼其第一次崇儒政策。以武帝之雄才大略。主持於上。竇嬰以太后之親爲丞相。田蚡以帝舅爲太尉。趙綰爲御史大夫。王臧爲郎中令。皆推崇儒術。將迎申公於魯。設明堂。制禮作樂。文致太平。然太后一怒。綰臧下吏。嬰蚡罷斥。遂以蹉跌。卒至后崩。蚡復爲相。董仲舒對策賢良。請表章六藝。罷黜百家。凡非在六藝之科者。絕勿進。自茲以往。儒學之尊嚴。迥絕百流。遂乃興學校。置博士。設明經射策之科。公孫弘徒以緣飾經術。起家布衣。封侯策相。二千年來國教之局。乃始定矣。

（四）變相時代。　一尊既定。尊經逾篤。每行一事。必求合於六藝之文。哀平之間。新都得政。因緣外戚。遂覬非常。然必附會經文。始足以箝盈廷之口。求諸古人。惟有周公可以附合。爰使劉歆制作僞經。隨文竄入。力有不足。假借古書。古人削竹爲篇。漆書其上。今之一卷。古可專本。其爲工也多。故傳書甚少。其轉徙也艱。故受燬甚易。其爲費也不貲。故白屋之士。不能得書者甚衆。以此三者。故圖書悉萃祕府。歆既親典中書。任意抑揚。縱懷改竄。謂此石渠祕籍。非民間有也。人孰不從而信之。卽不見信。又孰從而難之。況有君權潛爲驅督。於是鴻都太學。承用其書。奉爲太師。視爲家法。莒人滅鄫。呂種易嬴。自茲以往。而儒之爲儒。又非孔子之舊矣。

（五）極盛時代。　雖然新歆之學。固未能遽以盡易天下也。而東漢百餘年間。孔學之全盛。實達於極點。今請列西漢與東漢之比較。（一）西漢有異派之爭。而東漢無有也。（西漢前半紀三小期之交戰時代不待言矣卽武帝別黑白定一尊以後亦尙有如汲黯之治黃老桑弘羊張湯之治刑法者東漢則眞絕矣）（二）東漢帝者皆受經講學。而西漢無有也。（明帝親臨辟雍養三老五更自章帝以下史皆稱其受經淵源）（三）西漢傳經之業專在學官。而東漢則散諸民間也。（凡學權壟斷於一處者學必衰散布諸民間者學必盛泰西古學復興時代學權由教會移於平民遂開近代之治其明證也西漢非諸博士不得受業雖有私授而其傳不廣東漢則講學之風盛於一時史所載如劉昆弟子常五百餘人洼丹徒衆數百人楊倫講授大澤中弟子千餘人薛漢數授常數百人杜撫弟子千餘人曹曾魏應宋登丁恭皆弟子數千人樓望九千餘人牟長門下著錄萬餘人蔡玄萬六千人諸如此者不可枚舉（四）西漢傳經僅憑口說。而東漢則著書極盛也。西漢說經之書惟有春秋繁露韓詩外傳一二種其餘皆口授而已東漢則除賈馬許鄭服何諸大家著述傳世人人共見者不計外其儒林傳所載如周防著四十萬言伏恭著二十萬言景鸞著五十萬言其餘數萬言者尚指不勝屈故謂東京儒術之盛上軼往軌。下絕來塵。非過言也。

## 第三節　其派別

競爭之例。與天演相終始。外競既絕。內競斯起。於羣治有然。於學術亦有然。韓非子顯學篇謂孔子卒後。儒分爲八。顧漢代儒學雖盛。而所謂八儒者則渺不可覩。其條葉跗蕚。千差萬別。又迥非初開宗時之情狀矣。今欲言漢儒之派別。請先言漢以前之派別。

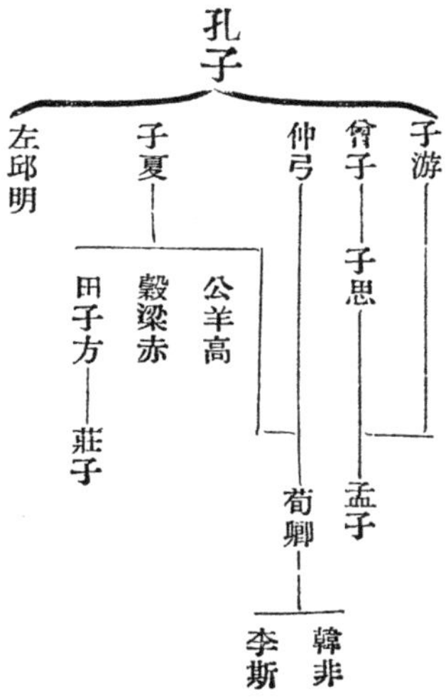

表例說明（一其流派不光大者不列　一列子游於孟子派者孟子言大同而大同之說本於禮運禮運爲子游所傳荀子非十二子篇攻思孟條下又云以爲仲尼子游爲茲厚於後世故知孟子之學出於子游也　一列仲弓於荀卿派者非十二子篇以仲尼子弓並稱論語言雍也可使南面正荀子君權之學統所自出也）

孔子之學。本有微言大義兩派。微言亦謂之大同。大義亦謂之小康。大同亦謂之太平。小康亦謂之撥亂。謂之升平。撥亂升平太平。春秋謂之三世。三世之中。復各含三世。如太平之撥亂。太平之升平。太平之太平等是也。大義之學。荀卿傳之。微言之學。孟子傳之。至微言中最上乘。所謂太平之太平者。或顏氏之子。其庶幾乎。而惜其遺緒之湮沒而不見也。莊生本南派鉅子。而復北學於中國。含英咀華。所得獨深。殆紹顏氏不傳之統者哉。然其嗣續固不可以專屬於孔氏。然則孔學在戰國。則固已僅餘孟荀兩家最爲光大。而二派者。孔子之時便已參商。迨及末流。截然相反。孟子治春秋。荀子治禮。（春秋孔子所自作明改制致太平之意者也禮孔子所雅言爲尋常人說法者也）孟子道性善。荀子道性惡。（兩義皆孔子所有言大同者必言性善太平世當人人平等也言小康者必言性惡撥亂世當以賢治不肖也故言性善者必言擴充近於自由主義言性惡者必言克治近於專制主義）孟子稱堯舜。荀子法後王。（堯舜者大同之代表也禮運所謂大道之行也天下爲公選賢與能等是也後王者禹湯文武成王周公小康之代表也禮運所謂三代之英所謂六君子也所謂天下爲家各親其親各子其子貨力爲己大人世及以爲禮禮義以爲紀等是也）此其大端也。若其小節。更僕難終。孟子既沒。公孫丑萬章之徒不克負荷。其道無傳。荀子身雖不見用。而其弟子韓非李斯等大顯於秦。秦人之政。壹宗非斯。漢世六經家法。强半爲荀子所傳。（見汪容甫述學）而傳經諸老師。又多故秦博士。故自漢以後。名雖爲昌明孔學。實則所傳者僅荀學一支派而已。此眞孔學之大不幸也。（漢代學術在荀派以外者惟公羊春秋耳）

漢儒流派繁多。綜其大別。可分兩種。

（一）說經之儒。

（二）著書之儒。

（一）說經之儒。在昔書籍之流布不易。故欲學者皆憑口說。非師師相傳。其學無由。故家法最重焉。今請將各經傳授本師列表如下。

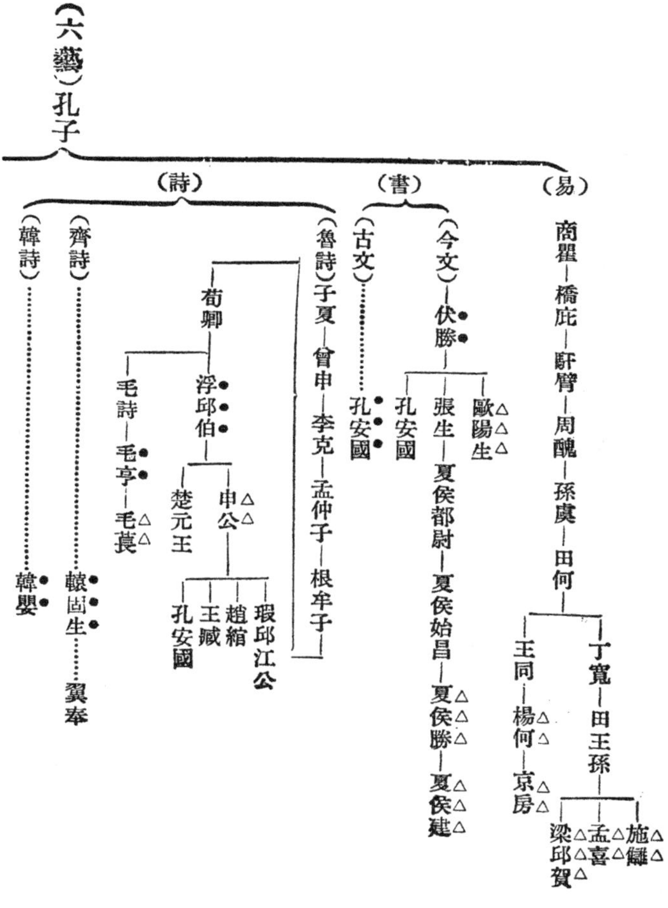

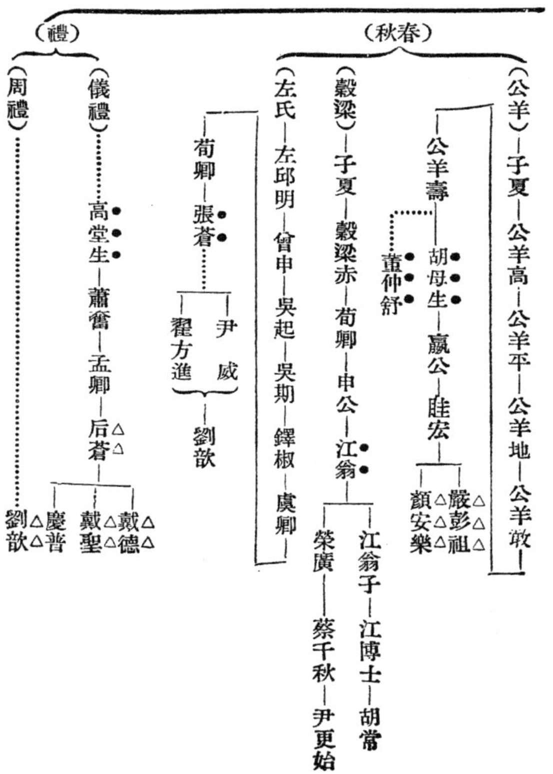


表例說明（一）凡傳授不斷者以—爲識傳授不明者以……爲識　一所表傳授人只據故書其眞僞非著者之責任　一每經於漢初第一本師旁施●●爲識立於學官者旁施△△爲識

由此觀之。魯詩毛詩穀梁春秋左氏春秋皆出自荀卿。傳有明文。而伏生轅固生張蒼皆故秦博士。禮經傳授。高堂生之前。雖不可考。然荀卿一書。皆崇禮。由禮之言。兩戴記又多採荀卿文字。則其必傳自荀門。可以推見。若是乎兩漢經術。其爲荀學者十而七八。昭昭然也。

論兩漢經學學派。最當注意者。今古文之爭是也。今文傳自西漢之初。所謂十四博士列於學官者是也。古文繇於西漢之末。新莽簒國。劉歆校書時所晚出者也。今文雖不足以盡孔學。然猶不失爲孔學一支流。古文則經亂賊僞師之改竄附託。其與孔子之意背而馳者。往往然矣。古文雖不盛於漢代。然漢末魏晉間。馬融鄭玄王肅之徒。大揚其波。逾六朝以及初唐。泐定五經正義。皆爲古文學。獨占時代。蓋自是而儒者所傳習。不惟非孔學之舊。抑又非荀學之舊矣。今將漢代所立於學官者。列其今古文之派爲一表。

漢代羣經立於學官者之宗派

- 易
  - 楊(何)　武帝時立
  - 施(讎)　宣帝時立
  - 孟(喜)　同上
  - 梁邱(賀)同上
  - 京(房)　元帝時立
  - 易皆今文　無古文
- 書
  - (今文)
    - 歐陽　武帝時立
    - 大夏侯(勝)　宣帝時立
    - 小夏侯(建)　同上
  - (古文)
    - 孔(安國)　平帝時立
- 詩
  - (今文)
    - 魯(申公)　武帝時立
    - 齊(轅固)　同
    - 韓(嬰)　同
  - (古文)
    - 毛(萇)　平帝時立

- 禮
  - (今文)
    - 后(蒼)　武帝時立
    - 大戴(德)　宣帝時立
    - 小戴(聖)　同
  - (古文)
    - 逸禮　平帝時立
    - 周官　未得立
- 春秋
  - (今文)
    - 公羊　武帝時立
    - 穀梁　元帝時立
    - 嚴(彭祖)　東漢初立　二家皆公羊支子出於胡母生者也
    - 顏(安樂)　同
  - (古文)
    - 左氏　平帝時立

綜而論之。兩漢經師。可分四種。(其一)口說家。專務抱殘守缺。傳與其人。家法謹嚴。發明頗少。如田何丁寬伏生歐陽生申公轅固生胡母生江翁高堂生等其人也。(其二)經世家。衍經術以言政治。所謂以禹貢行水。以洪範察變。以春秋折獄。以三百五篇當諫書。如賈誼董仲舒龔勝蕭望之匡衡劉向等其人也。(其三)災異家。災異之說何自起乎。孔子小康之義。勢不得不以一國之權託諸君主。而又恐君主之權無限。而暴君益乘以爲虐也。於是乎思所以制之。乃於春秋特著以元統天以天統君之義。而羣經亦往往三致意焉。其即位也。誓天而治。其崩薨也。稱天而謚。是蓋孔子所殫思焦慮。計無復之。而不得已出於此途者也。不然。以孔子之聖智。寧不知日蝕彗見地震星孛鷁退石隕等。地文之現象。動物之恆情。於人事上政治上毫無關係也。而斷斷然視之若甚鄭重焉

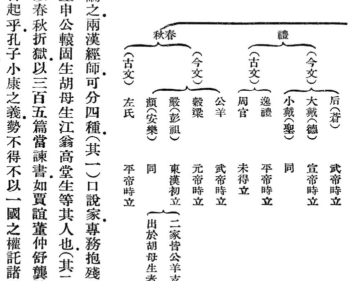

者。毋亦以民權既未能興。則政府之舉動措置。旣莫或監督之而匡糾之。使非於無形中有所以相懾。則民賊更何忌憚也。孔子蓋深察夫據亂時代之人類。其宗教迷信之念甚强也。故利用之而申警之。若曰。『某某者天神震怒之象也。某某者地祇怨恫之徵也。其必由人主之失德使然也。是不可不恐懼。是不可不修省。』夫人主者。無論何人。無論何時。夫安能無失德。則雖災變日起。而無不可以附會。但使稍自愛者。能恐懼一二。修省一二。則生民之禍。其亦可以稍弭。此孔子言災異之微意也。雖其術虛渺迂遠。斷不足以收匡正之實效。然用心蓋良苦矣。江都最知此義。故其對天人策。三致意焉。漢初大儒之言災異。大率宗此恉也。及於末流。寖乖本誼。牽合附會。自惑惑人。如書則有洪範五行。禮則有明堂陰陽。易則京房之象數災異。詩則翼奉之五際六情。（齊詩派）至於春秋。又益甚焉。馴至讖緯之學。支離誕妄。不可窮詰。駸駸競起。以奪孔席。則兩漢學者之罪也。（其四）訓詁家。漢初大師之傳經也。循其大體。玩經文。（見漢書藝文志）不爲章句訓故。舉大義而已。（見漢書儒林傳）故讀一經。通一經之義。明一義。得一義之用。自莽歆以後。提倡校勘詁釋之學。逮東都之末。則賈馬許鄭。益覃心於箋注。以破碎繁難相夸尚。於是學風又一變。近啓有唐陸（德明）孔（穎達）之淵源。遠導近今段（玉裁）王（引之）之嚆矢。買櫝還珠。去聖愈遠。蓋兩漢經學雖稱極盛。而一亂於災異。再亂於訓詁。災異亂其義。訓詁亂其言。至是益非孔學之舊。而斯道亦稍陵夷衰微矣。

（二）著書之儒。　今所傳漢代著述。除經注詞賦外。其稍成一家言者。有若陸賈之新語。賈誼之新書。董仲舒之春秋繁露。司馬遷之史記。淮南王安之淮南子。桓寬之鹽鐵論。劉向之說苑新序。揚雄之法言太玄。王充之論衡。王符之潛夫論。仲長統之昌言。許愼之說文解字等。四百年中。寥寥數子而已。而說文不過字書。於學術思想。全無關係。鹽鐵論專紀一議案。亦非可以列於作者之林。新語眞贋未定。新書割綴所成。未足以概作者之學識。要之漢家一代著述。除淮南子外。皆儒家言也。而其有一論之價值者。惟董仲舒司馬遷劉向揚雄王充王符仲長統七人而已。江都繁露。雖以說經爲主。然其究天人相與之故。衍微言大義之傳。實可爲西漢學統之代表。史記千古之絕作也。不徒爲我國開歷史之先聲而已。其寄意深遠。其託義皆有所獨見。而不徇於流俗。本紀之託始堯舜（五帝）也。世家之託始泰伯也。列傳之託始伯夷也。皆貴其讓國讓天下。以誅夫民賊之視國土爲一姓產業者也。陳涉而列諸世家也。項羽而列諸本紀也。尊革命之首功。不以成敗論人也。孔子而列諸世家也。仲尼弟子而爲列傳也。尊教統也。孟荀列傳而包含餘子也。著兩大師以明羣學末流之離合也。老子韓非同傳。明道法二家之關係也。游俠有傳。刺客有傳。厲尚武之精神也。龜筴有傳。日者有傳。破宗教之迷信也。貨殖有傳。明生計學之切於人道也。故太史公誠漢代獨一無二之大儒矣。彼其家學淵源。既已深邃。（太史公自序稱其父談學天官於唐都受易於楊何習道論於黃子）生於天下之中央。而足跡徧海內。（自序云遷生龍門耕牧河山之陽二十而南遊江淮上會稽探禹穴闚九疑浮於沅湘北涉汶泗講業齊魯之都厄困鄱薛彭城過梁楚以歸於是仕爲郎中奉使西征巴蜀以南南略邛笮昆明還報命今日版圖除兩廣貴州福建甘肅五省外史公足跡皆徧矣）蓋其於孔子之學。獨得力於春秋。（自序稱吾聞諸董生曰云云蓋史公於董子必有淵源矣公羊傳屢引子司馬子曰云云吾友仁和夏曾佑以爲必史公也）而南派北東派北西派之精華。皆能咀嚼而融化之。又世在史官。承胚胎時代種種舊思想。磅礴鬱積。以入於一百三十篇之中。雖謂史公爲上古學術思想之集大成可也。劉中壘粹然醇儒。然爲當時陰陽五行說所困。不能自拔。說苑陳義至淺。殆無足云。揚子雲新莽大夫。曲學阿世。著太玄以擬易。著法言以擬論語。是足以代表當時學者乏創作力。而惟存模擬性也。王仲任頗思爲窮理察變之學。然學識不足以副之。摭其小而遺其大。吾友餘杭章炳麟以比希臘之煩瑣哲學。斯爲近矣。節信（王符）公理（仲長統）雖文辭斐然。然止於政論。指摘當時末流之弊而已。於數千年學術思想界中。不足以占一席。若是乎兩漢之以著述嗚者、惟江都龍門二子、獨有心得、爲學界放一線光明而已。嗟乎、斯道之衰、一何至是、君子觀於此而益歎言論自由思想自由之不可以已如是其甚也。

其於說經著書之外、足以覘當時文明之迹者、則詞賦爲最優、而枚乘司馬相如揚雄班固等、其代表人也。而唐都洛下閎之曆數、張仲景之醫方、（著傷寒論）張衡之技巧、（製地動儀）亦有足多者焉。

## 第四節　其結果

儒學統一之運、既至兩漢而極盛、其結果則何如、試舉犖犖大者論之。

一曰名節盛而風俗美也。　儒學本有名教之目、故砥礪廉隅、崇尚名節、以是爲一切公德私德之本、孝武表章六藝、師儒雖盛、而斯義未昌、故新莽居攝、頌德獻符者徧天下、光武有鑒於此、故尊崇節義、敦厲名實、以經明行修四字爲進退士類之標準、故東漢二百年間、而孔子之所謂儒行者、漸漬社會、寖成風俗、至其末造、朝政昏濁、國事日非、而黨錮之流、獨行之輩、依仁蹈義、舍命不渝、風雨如晦、雞鳴不已、讓爵讓產、史不絕書、或千里以急朋友之難、或連軫以犯時主之威、論者謂三代以下風俗之美、莫尚於東京、非過言也、夫當時所謂名節者、其果人人出於眞心與否、吾不敢言、雖然、孟德斯鳩不云乎、立君之國、以名譽心爲元氣、孔子之政治思想、（專就其小康之統言）則正孟德斯鳩所謂立君政體也、故其所以維持之者、莫急於尚名、沿至東京、而儒效極矣、南史有云『漢世士務修身、故忠孝成俗、至於乘軒服冕、非此莫由』顧亭林亦云『名之所在、上之所庸、而忠信廉潔者顯榮於世、名之所去、上之所擯、而怙侈貪得者廢錮於學、即不無一二矯僞之徒、猶愈於肆然而爲利者』又曰『雖不能使天下之人以義爲利。猶使之以名爲利。』名節者實東漢儒教一最良之結果也。雖其始或爲『以名爲利』之一念所歐。而非其本相乎。至其寖成風俗。則其欲利之第一性。或且爲欲名之第二性所掩奪。而舍利取名者往往然矣。是孔學所以坊民之要具也。

二曰民志定而國小康也。　孔子之論政。雖有所謂大同之世。太平之治。其所雅言者。總不出上天下澤。羣臣大防。故東漢承其學風。斯旨最暢。范蔚宗之論以爲『桓靈之間。君道秕辟。朝綱日陵。國隙屢啓。自中智以下。靡不審其崩離。而權强之臣。息其窺盜之謀。豪俊之夫。屈於鄙生之議。（後漢書儒林傳論）所以傾而未顚。抑而未潰。豈非仁人君子心力之爲乎。』（同左雄傳論）　誠哉其知言也。儒教之結果使然也。自茲以往。二千餘年。以此義爲國民教育之中心點。宋賢大揚其波。基礎益定。凡搢紳上流。束身自好者。莫不兢兢焉。義理既入於人心。自能消其梟雄跋扈之氣。束縛於名教以就範圍。若漢之諸葛。唐之汾陽。近世之曾左。皆食其賜者也。夫共和之治。既未可驟幾。則與其亂臣賊子。繼踵方軌。以暴易暴。誠不如戢其戾氣。進之恭順。而國本可以不屢搖。生民可以不塗炭。兩漢以後。所以弑逆之禍稍殺於春秋。而權臣日少一日者。儒教治標之功不可誣也。

此其結果之良者也。若其不良者則亦有焉。

三曰民權狹而政本不立也。　儒教之政治思想。有自相矛盾者一事。則君民權限不分明是也。大抵先秦政論有反對極端之兩派。曰法家。曰道家。而儒實執其中。法家主干涉。道家主放任。惟干涉也。故君與民爲强制之關係。惟放任也。故君與民爲合意之關係。（即近於契約之關係）惟强制關係也。故重等差。惟合意關係也。故貴平等。惟等差也。故壓制暴威。惟平等也。故自由自治。此兩者雖皆非政治之正軌。要之首尾相應。成一家言者也。儒家則不然。其施政手段。則干涉也。（保民牧民皆干涉政策之極軌也）其君臣名分。則强制也。（所謂君臣之義無所逃於天地之間）其社會秩序。則等差也。（中庸親親之殺尊賢之等禮所生也）惟其政治之目的。則以壓制暴威爲大戒。夫以壓制暴威爲大戒。豈非仁人君子之極則耶。而無如不揣其本而齊其末。道固未有能致者也。儒教之所最缺點者。在專爲君說法。而不爲民說法。其爲君說法奈何。若曰汝宜行仁政也。汝宜恤民隱也。汝宜順民之所好惡也。汝宜採民之輿論以施庶政也。是固然也。若有君於此。而不行仁政。不恤民隱。不順民之所好惡。不採民之輿論。則當由何道以使之不得不如是乎。此儒教所未明答之問題也。夫有權之人之好濫用其權也。猶虎狼之嗜人肉也。向虎狼諄諄說法。而勸其勿食人。此必不可得之數也。謂余不信。則試觀二千年來。孔教極盛於中國。而歷代君主。能服從孔子之明訓。以行仁政而事民事者。幾何人也。然則其道當若何。曰。不可不箝制之以民權。當其暴威之未行也。則有權以監督之。當其暴威之方行也。則有權以屏除之。當其暴威之既革也。且有權以永絶之。如是然後當權者有所憚有所縛。而仁政之實乃得行。儒教不然。以犯上作亂爲大戒。猶可言也。寖假而要君亦爲大不敬矣。猶可言也。寖假而庶人議政亦爲無道矣。（儒教亦多非常異義如湯武革命順天應人之象視民草芥視君寇讎之義聞誅一夫未聞弑君之言皆所以限制暴威之不二法門也雖然爭權而必出於革命慘矣傷矣且革命之後復無所以限其權者前虎退而後狼進是革之無已時而國將何以立也故徒殺一虎殺一狼不可也必求所以絶虎狼之跡者卽不能亦必使虎狼不能食人由前之說則共和政體是也由後之說則立憲君主政體是也欲成郅治舍此何以哉而惜乎儒者之有所顧忌而不敢昌言也此所以雖有仁心而二千年不能蒙其澤也）是何異語人曰。吾已誡虎狼勿噬汝。汝但恭順俯伏於其側。雖犯汝而不可校也。雖曰小康時代。民智民力未充實。或有不能遽語於此者乎。雖然。其立言之偏。流弊之長。則雖加刀於我頸。我固不得爲古人諱也。故儒家小康之言。其優於法家者。僅一間耳。法家以爲君也者。有權利無義務。民也者。有義務無權利。儒家（專指小康）以爲君也者。有權利有義務。民也者。有義務無權利。其言君之有義務也。是其所以爲優也。雖然。義務必期於實行。不然。則與無義務等耳。夫其所以能實行者何也。必賴對待者之權利以監督之。今民之權利既怵於學說而不敢自有。則君之義務。其何附焉。此中國數千年政體所以儒其名而法其實也。（吾非崇道家言道家思想之乖謬而不全更甚也）故夫東京末葉。鴻都學生。郡國黨錮諸君子。膏斧鉞實牢檻而不悔。往車雖折。而來軫益遒。以若此之民德若此之士氣。苟其加以權利思想。知要君之必非罪惡。而爭政之實爲本權。卽中國議會之治。雖興於彼時可也。徒以一間未達。僅以補衰闕爲責任。以淸君側爲旗幟。曾不能乘此實力爲百世開治平。以視希臘羅馬之先民。其又安能無媿也。嗚呼。吾不敢議孔子。吾不能不罪荀卿焉矣。

四曰一尊定而進化沈滯也。　進化與競爭相倚。此義近人多能言之矣。蓋宇宙之事理。至繁賾也。必使各因其才。盡其優勝劣敗之作用。然後能相引以俱上。若有一焉。獨占勢力。不循天則以强壓其他者。則天演之神能息矣。故以政治論。使一政黨獨握國權。而他政黨不許容喙。苟容喙者加以戮逐。則國政未有能進者也。若是者謂之政治之專制。學說亦然。使一學說獨握人人良心之權。而他學說不爲社會所容。若是者謂之學說之專制。苟專制矣。無論其學說之不良也。卽極良焉。而亦阻學問進步之路。此徵諸古今萬國之歷史而皆然者也。儒敎之在中國也。佛敎之在印度及亞洲諸國也。耶敎之在泰西也。皆曾受其病者也。但泰西則自四百年來。異論蠭起。舉而此之縛軛而廓淸之。於是乎有哲學與宗敎之戰。有科學與宗敎之戰。至於今日。而護耶敎者自尊之如帝天。非耶敎者自攻之如糞土。要之歐洲今日學術之昌明。爲護耶敎者之功耶。爲攻耶敎者之功耶。平心論之。兩者皆與有力焉。而赫胥黎斯賓塞之徒。尤倜乎遠矣。而泰東諸國。則至今猶生息於一尊之下。此一切羣法所以瞠乎後也。吾之爲此言。讀者勿以爲吾欲攻孔子。以爲耶氏先驅也。耶氏專制之毒。視中國殆十倍焉。吾孔子非自欲以其教專制天下也。末流失眞。大勢趨於如是。孔子不任咎也。若耶則誠以專制排外爲獨一法門矣。故羅馬教會最全盛之時。正泰西歷史最黑暗之日。吾豈其於今日乃欲摭他人吐棄之唾餘而引而親之。但實有見夫吾中國學術思想之衰。實自儒學統一時代始。按之實跡而已然。證之公例而亦合。吾又安敢自枉其說也。吾更爲讀者贅一言。吾之此論非攻儒教也。攻一尊也。一尊者專制之別名也。苟爲專制。無論出於誰氏。吾必盡吾力所及以拽倒之。吾自認吾之義務當然耳。若夫孔子則固云萬物並育而不相害。道並行而不相悖。孔子之惡一尊也亦甚矣。此乃孔子之所以爲大。所以爲聖。而吾所頂禮讚歎而不能措者也。

或曰儒教太高尚而不能逮下。亦其結果不良之一端焉。蓋當人智未盛之時。禍福迷信之念。在所不免。顧儒教全不及此。使駭愚婦孺無所依仰。夫以是而不得不出於他途。坐是之故。道家入之。釋家入之。馴至袁了凡派所謂太上老君文昌帝君者。紛紛入之。未始非乘儒教之虛隙而進也。雖然以禍福迷信之說牖民。雖非無利而利或不勝其敝。吾中國國教之無此物。君子蓋以此自喜焉。

## 老學時代

三國六朝爲道家言猖披時代。實中國數千年學術思想最衰落之時也。申而論之。則三國六朝者。懷疑主義之時代也。厭世主義之時代也。破壞主義之時代也。隱詭主義之時代也。而亦儒佛兩宗過渡之時代也。

東漢儒教之盛如彼。乃不數十年至魏晉而衰落忽如此。何也。推原其故。蓋有五端。

一由訓詁學之反動力也。漢季學者。守師說。爭門戶。所謂『碎義逃難。便辭巧說。說五字之文。至於二三萬言。幼童而守一藝白首而不能通』見漢書藝文志學問之汨沒性靈至是已極物極必反矯枉過直故降及魏晉人心厭勸有提倡虛無者起則羣率而趨之舉一切思想投入懷疑破壞之渦中殆物理恆情無足怪者此其一

一由魏氏之提倡惡俗也晉泰始元年傅元上疏曰『近者魏武好法術而天下貴刑名魏文慕通達而天下賤守節』孟德既有冀州崇獎跅弛之士下令再三至於求「負汙辱之名見笑之行不仁不孝而有治國用兵之術者」建安二十二年八月令十五年春令十九年十二月令語意皆同於是風俗大壞人心一變顧亭林所謂『經術之治節義之防光武明章數世爲之而未足毀方敗常之俗孟德一人變之而有餘』誠哉其知言也儒術之亡半坐是故此其二

一由殺戮過甚人心皇惑也漢世外戚宦官之禍連踵繼軌兩漢后妃之家著聞者四十餘氏大者夷滅小者放竄其身家俱全者不得四五宦官弄權殺人如草一朝爲董袁所襲亦無孑遺人人漸覺骨肉之間皆有刀俎若乃黨錮之禍俊顧廚及一網以盡其學節冠一世位望至三公者亦皆駢首闕下若屠豬羊天下之人見權勢之不可恃也如彼道德學問之更不可恃也如此人心旁皇罔知所適故一遁而入於虛無荒誕之域芻狗萬物良非偶然此其三

一由天下大亂民苦有生也漢末自張角、董卓、李傕、郭汜、曹操、袁紹、孫堅、劉備以來四海鼎沸原野厭肉谿谷盈血繼以晉代八王五胡之亂中原喋血一歲數見學者既無所用亦困於亂離無復有餘裕以研究純正切實之學但覺我生靡樂天地不仁厭世之觀自然發生此其四

以此四因加以兩漢帝王儒者崇尚讖緯迷信休咎所謂陰陽五行之謬說久入人心而權勢道德既兩無可憑民志皇皇以爲殆有司命之者存焉祈焉禳焉煉養焉服食焉或庶可免於是相率而歸之此其五

此五者。殆當時學術墮落之最大原因也。故三國六朝間。老子之教徧天下。但其中亦有派別焉。

一曰玄理派　自魏文提倡曠達。舉世化之。前此建安七子既已以浮靡相尚。後遂爲清談之俗者二三百年。開其宗者實爲何晏王弼。晉書王衍傳稱『晏弼祖述老莊。謂天地萬物皆以無爲本。無也者。開物成務。無往而不存者也。』蓋其持之有故。言之成理。亦有應於時勢而可以披靡天下者焉。此後如阮籍、嵇康、劉伶、王衍、王戎、樂廣、衛玠、阮瞻、郭象、向秀之流。皆以談玄有大名於時。乃至父兄之勸戒。師友之講求。莫不以推究老莊爲第一事業。（潘京傳云京與樂廣談廣深歎之謂曰君天才過人若加以學必爲一代談宗京遂勤學不倦又王僧虔傳引其戒子書云汝未知輔嗣何所道平叔何所說而便執麈尾自稱談士此最險事云云）當時六經之中。除易理外。盡皆閣束。而諸傳中稱揚人學問者。皆以「研精老易」等語。老易並稱。實當時之普通名詞也。范甯謂王弼何晏二人之罪。深於桀紂。卞壼斥王澄謝鯤。謂悖禮傷教。中朝傾覆。實由於此。非過言也。平心論之。若著政治史。則王何等傷風敗俗之罪。固無可假借。若著學術思想史。則如王弼之於老易。郭象向秀之於莊。張湛之於列。皆有其所心得之處。成一家言。以視東京末葉咬文嚼字之腐儒。殆或過之焉。老學雖偏激。亦南派一鉅子。世界哲學應有之一義。吾雖惡之。而不願爲溢惡之言也。但其魔業之影響於羣治者。既若彼焉矣。無他。老子既以破壞一切爲宗旨。而復以陰險之心術。詭黠之權謀佐之。故老學之毒天下。不在其厭世主義。而在其私利主義。魏晉崇老。其必至率天下而禽獸。勢使然也。此爲當時老學正派。

二曰丹鼎派　馬貴與曰『道家之術。雜而多端。蓋清淨一說也。煉養一說也。服食又一說也。經典科教又一說也。俱欲冒以老氏爲之宗主。以行其教。』（文獻通考經籍考五十二）此實數千年道教流派之大略也。煉養服食兩派。其指歸略同。吾隱括之名曰丹鼎派。此派蓋導源於秦漢之交。始皇時。侯生盧生等既倡神仙之說。漢初張良功成身退。

自言從赤松子遊。其是否依託。姑弗深考。但留侯必有此等思想。可斷言也。漢武迷信封禪。李少君欒大之徒。相與炫惑。於是煉養服食之說益盛。至漢末魏伯陽著參同契。密勿傳授。其談益播。後蜀彭曉序參同契云謂伯陽先示青州徐從事徐乃隱名而注之復以授同郡淳于叔通遂行於世至晉葛洪而集其大成。洪著抱朴子內外編各四卷。神仙傳十卷。隱逸傳十卷。其他雜著一百餘卷。其言曰『道者儒之本也。儒者道之末也。』更有所謂丹經者。發明服食之訣。其言詭誕。不可窮詰。而後世神仙家之思想實宗此。此派之說。其在前者。文成五利之徒。實依託以誑人主而取富貴。固不足道。至如魏葛輩。所志或不在是。蓋懷抱厭世思想。而又不悟解脫眞理。知有軀殼。不知有靈魂。徒欲長生久視。游戲塵寰。是野蠻時代宗敎思想必有之現象。無足怪者。印度婆羅門外道每欲速滅其軀殼以享涅槃之樂中國神仙家言每欲長保其軀殼以享飛昇之樂雖其見地之深淺不同要之爲軀殼所迷縛一也古埃及人用木乃伊術保全屍體是由重視軀殼所致也耶敎號稱重魂而其言末日審判死者皆從塚中復生其爲軀殼所迷亦至矣宗敎進化之第一級莫不如是神仙家言又何責焉此爲當時老學第一別派。

三曰符籙派。　符籙之視丹鼎。風益下矣。丹鼎派起於漢初。符籙派起於漢末。順桓間。宮崇襄楷。始以于吉神書上於朝。後張角用其術以亂天下。後漢書襄楷傳云「楷上書言臣前上琅邪宮崇所受于吉神書不合明聽」又云「初琅邪宮崇詣闕上其師于吉於曲池泉水上所得神書百七十卷號太平清令書其言陰陽五行爲家而多巫覡雜語有司奏崇所上妖妄不經乃收藏之後張角頗有其書焉云云是張角之術所自本也按于吉神書即道家所謂太平經者宋中興史志始著錄馬端臨經籍考存其目于吉後爲孫策所殺順帝時距孫策據江東已七十餘年矣」同時張道陵亦託此術。密相傳授。延至後世。仰爲眞人。奉爲天師。按三國志裴注云張陵漢順帝時人入蜀居鶴鳴山中造符書爲人治病陵子衡衡子魯以其法相授自號師君其衆曰鬼卒曰祭酒曰理頭朝廷不能討就拜魯爲漢寧太守此張陵始末見於傳記者也後寇謙之自言嘗遇老子命繼道陵爲天師於是六朝以來天師之號起通攷載唐天寶六載以後漢天師子孫嗣眞敎册贈天師爲太師宋太宗祥符九年賜信州道士張正隨號眞靜先生自是凡天嗣世者皆賜號元至元十三年賜張宗演靈應沖和眞人之號給三品銀印其後屢有加號晉秩至一品明太祖時改爲二品沿襲以至於今幾與孔氏之衍聖公耶氏之敎皇等矣豈不異哉自是南北朝士大夫。習五斗米道即張陵派之名敎者。史不絕書。

而寇謙之最顯於北。（魏書釋老志云寇謙之自言遇仙人成公興授以大法又遇太上老君命之繼天師張陵之後處師位賜以雲中音誦新科之誡二十卷云云太上老君及天師等名稱實始於此其後崔浩師事之受其法術言之於元魏世祖乃遣使奉玉帛牲牢迎致焉於是崇奉天師顯揚新法宣布天下道業大行每帝即位必受符籙以爲故事云云）陶弘景最顯於南。（梁書言陶弘景好陰陽五行風角星算修辟穀導引之法受道經符籙武帝素與之游及禪代之際弘景取圖讖之文獻之恩誼益厚及即位猶自上章朝士受道者衆三吳及邊海之際信之踰甚陳武世國吳興故亦奉焉）蓋六藝九流。一切掃地。而此派獨滔滔披靡天下矣。竊嘗論之。其時佛教已入震旦。妖妄者流。竊其象教密宗最粗淺之說。以欺惑愚衆。故其所言天地淪壞劫數終盡。略與佛經同。又言天尊之體。常年不滅。往往開劫度人。（彼中言天尊開劫已非一度有延康赤明龍漢開皇等年號其間相去四十一億萬載云云皆竊佛氏過去七佛之說成住壞空四劫之論也）皆損益四阿含俱舍論等所說。剽竊之跡。顯然可見。而復取兩漢儒者陰陽五行之迷信以緣附之。故吾謂此時爲儒佛過渡時代。此派實其最著者也。此爲當時老學第二別派。

四曰占驗派。　自西京儒者翼奉眭孟劉向匡衡龔勝之徒。既已盛說五行。夸言讖緯。及光武好之。其流愈鬯。東京儒者張衡郎顗。最稱名家。襄楷蔡邕揚厚等。亦班班焉。於是所謂風角、遁甲、七政、元氣、六日七分、逢占、日者、挺專、須臾、孤虛、雲氣諸術。（諸術名義解俱見後漢書方術列傳注恕不具引）盛行於時。後漢書方術列傳所載者三十三人。皆此類也。然其術至三國而大顯。始儼然有勢力於社會。若費長房、于吉、管輅、左慈輩。其尤著者也。其後郭璞著葬書。（此書四庫著錄或言依託璞名）注青囊。（此書今佚）爲後世堪輿家之祖。而嵇康亦有難宅無吉凶論。則其時風水說之盛行可知。隋志著錄珞琭子一書。（六朝人撰）言祿命者。以爲本經。而臨孝公有祿命書。陶弘景有三命抄。實後世算命家之祖。衞元嵩著元包。庾季才著靈臺祕范。（皆北周人）爲後世言卜筮者之大成。陶弘景著相經。爲後世言相法者之祖。凡千年以來。誣罔怪誕之說。汩溺人心者。皆以彼時確然成一科學。雖謂魏晉六朝間。爲陷溺社會之罪惡府可也。此爲當時老學第三別派。

要而論之，當時實道家言獨占之時代也。其文學亦彪炳可觀，而發揮厭世精神亦最盛，所謂『對酒當歌，人生幾何，譬如朝露，去日苦多』等語，其代表也。此皆老子「芻狗萬物」楊朱「奚遑死後」之意也。雖我國二千年文學，大率皆此等音響，而魏晉六朝爲尤甚焉。曾無雄奇進取之氣，惟餘靡靡頹惰之音，老楊之毒，餤使然也」。其時治經學者，雖有若王肅杜預虞翻劉焯劉炫徐遵明之流，然曾不能於東京學風外有所建樹，徒咬文嚼字，破碎逾甚。北史儒林傳謂『南學簡約，得其精華；北學深蕪，窮其枝葉』。兩派之概象雖不同，要其於數千年儒學史，無甚關係一也。雖謂其時爲儒學最銷沈之時代可也。

佛學雖自漢明以後已入中國，苻秦崇法，廣事翻譯，宗風漸衍，然謂之爲佛學萌芽時代則可，竟謂之爲佛學時代則不可。蓋當時之治佛學者，徒誦讀經文，皈依儀式，而於諸乘理法，曾無所心得也。

老學之毒，雖不止魏晉六朝，卽自唐以後至今日，其風猶未息。雖然，遠不如彼時之盛矣。其派別之多，亦遠有所遜。故劃分數千年學術思想史，而名彼時爲老學時代，殆無以易也。

## 佛學時代

### 第一節　發端

吾昔嘗論六朝隋唐之間，爲中國學術思想最衰時代。雖然，此不過就儒家一方面言之耳。當時儒家者流，除文學外，（儒學與文學適成反比例，著中國儒學史當以六朝唐爲最衰時代，著中國文學史當以六朝唐爲全盛時代。）一無所事。其最錚錚於學界者，如王通、陸德明、孔穎達、韓慾之流。其於學術史中雖謂無一毫之價值焉可也。雖然。學固不可以儒教爲限。當時於儒家之外。有放萬丈光燄於歷史上者焉。則佛教是已。六朝三唐數百年中。志高行潔學淵識拔之士。悉相率而入於佛教之範圍。此有所盈則彼有所絀。物莫兩大。儒教之衰亦宜。

或曰。佛學外學也。非吾國固有之學也。以入中國學術思想史。毋乃不可。答之曰。不然。凡學術苟能發揮之光大之實行之者。則此學卽爲其人之所自有。如吾游學於他鄉。而於所學者既能貫通。既能領受。親切有味。食而俱化。而謂此學仍彼之學。而非我之學焉。不得也。一人如是。一國亦然。如必以本國固有之學而始爲學也。則如北歐諸國。未嘗有固有之文明。惟取諸希臘羅馬取諸猶太者。則彼之學術史。其終不可成立矣。又如日本未嘗有固有之文明。惟取諸我國取諸歐西者。則彼之學術史。其更不可成立矣。故論學術者。惟當以其學之可以代表當時一國之思想者爲斷。而不必以其學之是否本出於我爲斷。

審如是也。則雖謂隋唐之交爲先秦以後學術思想最盛時代可也。前乎此者兩漢之經學。非所及也。而餘更無論也。後乎此者宋明之理學。非所及也。而餘更無論也。又不惟在中國爲然耳。以其並時舉世界之學術思想界校之。印度自大乘教諸鉅子入滅後。繼法無人。（其繼法者悉在中國）日以萎微。歐洲則中世史號稱黑闇時代。自羅馬滅亡以後。全歐爲北狄所蹂躪。幾陷於無歷史之域。當時所賴以延文明絕續於一線者。惟恃一頑舊專制之天主教而已。印度歐洲如此。而餘更無論也。故謂隋唐之學術思想。爲並時舉世界獨一無二之光榮可也。縱說之則如彼。橫說之則如此。故隋唐學者。其在本論中占一重要之位置也。不亦宜乎。

## 第二節　佛學漸次發達之歷史

中國之受外學也。與日本異。日本小國也。且無其所固有之學。故有自他界入之者。則其趨如鶩。其變如響。不轉瞬而全國與之俱化矣。雖然。充其量不過能似人而已。（實亦不能眞似）終不能於所受者之外。而自有所增益。自有所創造。中國不然。中國大國也。而有數千年相傳固有之學。壁壘嚴整。故他界之思想入之不易。雖入矣而閱數十年百年。常不足以動其毫髮。譬猶潑墨於水。其水而為徑尺之盂方丈之池也。則墨痕倏忽而徧矣。其在滔滔之江泱泱之海。則寧易得而染之。雖然。吾中國不受外學則已。苟既受之。則必能盡吸其所長以自營養。而且變其質神其用。別造成一種我國之新文明。青出於藍。冰寒於水。於戲。深山大澤。實生蛟龍。龍伯大人之腳趾。遂終非僬僥國小丈夫之項背所能望也。謂余不信。請徵諸佛學。

佛法之入震旦也。據別史所言。或謂秦時與寶利防等交通。西漢時從匈奴得金人。實為我國知有佛之嚆矢。眞偽第弗深考。其見於正史信而有據者。則東漢明帝永平十年。西印度之攝摩竺法蘭兩師。應詔齎經典而至。於是佛之教義始東被。雖然。我民族宗教迷信之念甚薄。莫之受也。至桓帝始自信之。與平間民間亦漸有信者。三國時代。支纖支亮支謙。皆自印度來傳教。時號三支。魏嘉平二年。曇摩訶羅始以戒律來。象教漸備。雖然。當時道家言極盛。全國為所掩襲。莫能奪也。而亦有漸認佛教勢力之不可侮。起而與之為難者。（魏明帝時有費叔牙褚善信二道士。著道佛優劣論。有牟子作理惑論。而吳主孫皓亦有廢佛教之議。必其既興始有辦之有廢之者矣）及晉代魏。始漸成為一科學之面目。時則有佛圖澄者。來自西域。專事譯經。東晉以還。偉人輩出。若道安。若惠遠。若竺道潛。若法顯。其尤著也。道安與習鑿齒等游。專闡揚佛教於士大夫之間。惠遠開廬山。日夜說法。佛教講壇。實始於此。為淨土宗之濫觴焉。法顯橫雪山以入天竺。齎佛典多種以歸。著佛國記。我國人之至印度者。此為第一。法顯三藏者。不徒佛教界之功臣而已。抑亦我國之立溫斯敦也。

立溫斯敦英人之探險於非洲者而同時北方一大師起，爲佛教史中開一新紀元，曰鳩摩羅什。羅什，龜茲國人，既精法理，且嫻漢語，以姚秦弘始三年始入長安，日夜從事繙譯，一切經論成於其手者不知凡幾，門徒三千，達者七十，上足四人，道生、道融、僧肇、僧叡，其最顯者也。羅什之功德不一，而其最大者，爲傳大乘教，前此諸僧，用力雖劬，然所討論，僅在小乘耳。至羅什首傳三論宗宗義，譯法華經，又譯成實論，實爲成實宗入中國之始。自茲以往，佛馱跋陀羅譯華嚴，曇無讖譯涅槃，而甚深微妙之義，始逐漸輸入學界，壁壘一新矣。南北朝之際，海宇鼎沸，羣雄四起，而佛教之進路亦多歧。宋少帝時譯五分律，文帝時譯觀普賢經、觀無量壽經、瓔珞經等，又迎求那跋摩於罽賓，築戒壇以聽法，中國之有戒壇自茲始。歷陳涉隋，以逮初唐，諸宗並起，菩提流支始倡地論宗，達摩始倡禪宗，眞諦三藏始倡攝論宗及俱舍宗，智者大師始倡天台法華宗，南山律師始倡律宗，善導大師始倡淨土宗，慈恩三藏始倡法相宗，賢首國師始倡華嚴宗，善無畏三藏始倡眞言宗，萬馬齊奔，百流洶匯，至是遂爲佛學全盛時代。

## 第三節　諸宗略紀

今請將六朝隋唐間有力之諸宗派，列爲一表，示其統系。

| 宗名 | 開祖 | 印度遠祖 | 初起時 | 中盛時 | 後衰時 |
|---|---|---|---|---|---|
| 成實宗 | 鳩摩羅什 | 訶梨跋摩 | 晉安帝時 | 六朝間 | 中唐以後 |
| 三論宗 | 嘉祥大師 | 龍樹、提婆、 | 同上 | 同上 | 同上 |
| 涅槃宗 | 曇無讖 | 世親 | 同上 | 宋齊 | 陳以後歸入天台 |

| | | | | | |
|---|---|---|---|---|---|
| 律　宗 | 南山律師 | 曇無德 | 梁武帝時 | 唐太宗時 | 元以後 |
| 地論宗 | 光統律師 | 世親 | 同上 | 梁陳間 | 唐以後歸華嚴 |
| 淨土宗 | 善導大師 | 馬鳴、龍樹、世親、 | 同上 | 唐宋明時 | 明末以後 |
| 禪　宗 | 達摩大師 | 馬鳴、龍樹、提婆、世親、 | 同上 | 同上 | 同上 |
| 俱舍宗 | 眞諦三藏 | 世親 | 陳文帝時 | 中唐 | 晚唐以後 |
| 攝論宗 | 同上 | 無著、世親、 | 同上 | 陳隋間 | 唐以後歸法相 |
| 天台宗 | 智者大師 | ………… | 陳隋間 | 隋唐間 | 晚唐以後 |
| 華嚴宗 | 杜順大師 | 馬鳴、堅慧、龍樹、 | 陳 | 唐則天後 | 同上 |
| 法相宗 | 慈恩大師 | 無著、世親 | 唐太宗時 | 中唐 | 同上 |
| 眞言宗 | 不空三藏 | 龍樹、龍智 | 唐玄宗時 | 同上 | 同上 |

以上十三宗。除涅槃。地論。攝論。三家。歸併他宗外。自餘十宗。皆經過極光大之時代。互起角立。支配數百年間之思想界者也。今按其所屬教乘。再示一表。

- 教理
  - 小乘教
    - 俱舍宗
    - 成實宗
  - 權大乘教
    - 律　宗
    - 法相宗
    - 三論宗

大乘教
- 華嚴宗
- 天台宗
- 眞言宗
- 淨土宗
- 禪宗

諸宗之教旨．若縷述之．雖數十萬言．猶不能殫．且亦非余之淺學所能及也．是以不論．論其歷史．（本論原以中國爲主不能他及）但各宗起原多與印度有關係故不得不追論及之

（一）俱舍宗　佛滅後九百年．世親菩薩．依四阿含經．（增一阿含經五十一卷中阿含經六十卷長阿含經二十二卷雜阿含經五十卷皆小乘經也）造俱舍論．三十卷實爲本宗之嚆矢．時印度自佛家乃至外道．莫不競學．大顯勢力於西域．及陳文帝天嘉四年印度高僧波羅末那（卽眞諦三藏）攜梵本以詣震旦．以五年之功譯成之．名曰「阿毘達磨俱舍論」．卽所謂舊俱舍者是也．陳智愷唐淨慧皆爲作疏．及唐貞觀間玄奘法師親赴天竺．從僧伽耶舍論師學俱舍之奧義．歸國後重譯原本．釐爲三十卷．其弟子神秦普光法寶尊．競爲疏記．遂以流通．但此宗本爲法相之初步．故亦名法相宗之附屬宗云．

（二）成實宗　本宗之祖師．卽創成實論之訶梨跋摩其人也．生於佛滅後九百年．嘗從「有宗」本師受迦旃延之論．（時印度佛派有「有宗」「空宗」兩大派）覺有所未慊．乃通覽大小乘．自創此論．然其宗義不盛於印度．至姚秦弘始十三年．鳩摩羅什始譯之．以行於支那．其弟子曇影爲之筆述．僧叡爲之注釋．於是此義遂光．自晉末至唐初二百年間．浸淫一世．齊梁之間．江南尤盛云．但此論本與「三論」並譯．其傳法者率皆兩習．故亦名三論宗之附屬宗云．

(三)律宗　自佛入滅以後。迦葉尊者與五百羅漢結集大藏。分爲經律論之三藏。律之在教中。蔚爲大國矣。其入中國也。始於曹魏嘉平二年。曇摩訶羅始傳所謂「十八受」者。劉宋元嘉十一年。始行「尼受」（謂比丘尼所受戒律）迨姚秦弘始六年。鳩摩羅什始譯十誦律。其後僧祇律等相續出世。律教漸入震旦矣。其卓然完成一宗者。則自南山律師道宣始。南山生隋開皇間。受戒於智首律師之門。後隱於終南。研精戒律。及奘師西游歸國。開譯壇於長安。南山親爲其書記。譯律數百卷。證明戒律爲圓頓一乘之旨。非小乘所得專有。其有功於佛教。實非淺尠。其時與之並起者。復有兩派。一曰相部宗。法礪律師所創。二曰東塔宗。懷素律師所創。並南山宗統稱律家三宗云。然彼兩宗不光大。獨南山律至元代猶保持宗勢不衰。

(四)法相宗　法相、天台、華嚴、三宗。亦稱敎下三家。皆大乘妙諦。而當時佛學中之最光大者也。此宗一名唯識宗。以大意明唯識故。又名慈恩宗。以開祖爲慈恩故。本宗印度傳法最爲分明。佛說大乘經中。華嚴、深密、楞伽經等。闡揚萬法唯識之義。實爲斯學所本。佛滅後九百年。彌勒慈尊應無著菩薩之請。說五部大論。所謂「瑜伽師地論」「分別瑜伽論」「大莊嚴論」「辨中邊論」「金剛般若論」是也。無著承彌勒之旨。復造「顯揚論」「對法論」等。同時有世親菩薩（無著之弟）造「五蘊論」「百法明門論」「唯識三十頌」等。大弘斯旨。復次佛滅後十一世紀。有難陀護法尊十大論師。皆注世親「三十頌」。各有心得。而護法之弟子戒賢論師。所謂傳法大將。冠絕一時。深究瑜伽唯識聲明因明等之蘊奧。在五印度中號稱辯才第一。傳鉢奘師。以惠震旦。自茲以往。西域此學微矣。唐貞觀三年。玄奘三藏求法西行。（即坊間小說西游記演奘師事蹟也）孑身徧歷五印。得禮戒賢。盡受五大論。（即彌勒所造）十支論。（即無著以下所造）以博通因明聲明諸學。（印度當時有所謂五明者。佛徒外道並學之。其因明即名學。日本所謂論理學也）歸國以後。弘暢斯旨。實爲法相宗入中國之嚆矢。玄奘高足窺基號慈恩法師。悉受微言。妙達玄旨。於是述疏證義。確立宗規。本宗大成。實由於是。再傳爲淄州惠治著「唯識了義燈」。三傳爲樸揚智周著「唯識演祕」。經此數師宗義遂日以光大。

(五)三論宗　三論云者。(一)中論。(二)十二門論。(三)百論也。前二爲龍樹菩薩造。後一爲提婆菩薩造。故本宗祖龍樹提婆。或加大智度論亦名四論宗 鳩摩羅什實提婆三傳弟子也。傳法東來。專弘此宗。四論飜譯。皆出其手。什師門下。生道生 肇僧肇 融道融 叡僧叡 影曇影 觀慧觀 恆道恆 濟曇濟 之八傑。皆受大義。曇濟授道朗。道朗授道詮。道詮授法朗。法朗授嘉祥。至嘉祥大師名吉藏 而此宗全盛。其藏玄奘復從印度清辨智光兩大師更受微言。復有地婆伽羅者東來。口授宗義於慈恩。慈恩遠承什譯。近稟奘傳。旁參伽說。著「十二門宗致義記」。而此宗遂以大成。

(六)華嚴宗　我佛世尊從菩提樹下起。卽爲深位菩薩文殊普賢尊說華嚴三十八品十萬偈。實佛乘中甚深微妙一乘最極之法門也。當是時聲聞緣覺根器未熟者。聽之如聾如啞。佛滅五百年。馬鳴菩薩作「大乘起信論」。演眞如緣起法門。卽本此經。次七百年。龍樹菩薩出現。造「大不思議論」以解釋之。次九百年。天親菩薩造「華嚴十地論」。此三師者。稱本宗印度之列祖。其在支那。東晉義熙十四年。跋陀羅始譯華嚴六十卷。其後諸師講說流布。製疏撰章者雖不尠。然未能確然成一宗派。陳隋間杜順禪師始提義綱。標立宗名。著「華嚴法界觀門」「五教止觀」「十玄章」等。大暢妙旨。是爲開宗初祖。二祖智儼作「搜玄記」「孔目章」等。三祖法藏稱賢首國師。作「五教章」以明本宗之教相。作「探玄記」二十卷以解華嚴。其餘著述尚二十餘部。圓宗宗風至此大成。故賢首亦稱華嚴太祖。賢首歿後。有慧苑者私逞臆見。刊落師說。宗統將墜。四祖澄觀慨之。

作「華嚴大疏鈔」破斥異轍。恢復正宗。諸祖心傳。賴以不墜。所謂清涼國師是也。五祖宗密稱圭峯禪師。紹述清涼。盛弘華嚴。兼通諸宗。斯道益以光大。此五傑者。所謂華嚴五祖也。

(七)天台宗　亦名法華宗。蓋以依法華經立宗。故此宗不上承印度。創始之者。實由我支那。則智者大師其人也。師名智顗。陳隋間人。以居天台山。故此宗得名。時有南嶽慧思禪師。德高一世。自證三昧。智者往謁之。則曰昔日靈山同聽法華。宿緣所追。今復來矣。乃使修法華三昧。越十四日。智者大徹大悟。遂直接佛傳。創立此派。荆溪尊者(智者第六代法孫也)「止觀義例」云『一家教門所用義旨。以法華爲宗骨。以智論(按指大智度論也)爲指南。以大經(按指涅槃經也)爲扶疏。以大品(按指大品般若經也)爲觀法。引諸經以增信。引諸論以助成。觀心爲經。諸法爲緯。織成部帙。不與他同』云云。本宗創立之眞相。實括於是。次有章安大師。承天台後。廣傳宗風。天台惟散說。章安始結集。以成一宗典籍。以作一家綱目。次有智威、慧威、玄朗、妙藥。幷稱龍象。中唐以後。荆溪尊者湛然最顯焉。

(八)眞言宗　佛教有顯密二教之別。此宗卽所謂密教也。密教者何。不恃言語以立教者也。據佛家言。佛有三身。(一)釋迦佛。(二)大日如來佛。(三)彌陀佛。實一佛之德所流出之三體也。(按略如耶教三位一體之說)大日者釋迦之法身。釋迦者大日之化身也。故後世學者綜別諸宗。亦分爲釋迦教、大日教、彌陀教三類。今所舉十宗。惟眞言宗屬大日教。淨土宗屬彌陀教。(今婦孺通念南無阿彌陀佛卽宗彌陀教也)餘八宗皆屬釋迦教。相傳金剛薩埵親受法門於大日如來。如來滅後七百年。薩埵以授龍猛菩薩。龍猛授龍智。龍智授善無畏。善無畏始來唐。翻大日經以授金剛智。金剛智實支那傳法初祖也。其後不空和尚東來。承金剛智之後。復從事翻譯。爲玄宗肅宗代宗三代國師。眞言宗之確立。實自不空始。雖然。此宗不盛於我國。後經空海。(卽創造日本字母之人)傳諸日本。日本今特盛焉。西藏蒙古暹羅亦行之。

(九)淨土宗　此宗所依者。三經無量壽經觀無量壽經阿彌陀經一論。往生淨土論天親菩薩造以念佛藉他力而求解脫。卽所謂彌陀敎也。印度先師推天親菩薩。天親入滅後五百年菩提流支始傳淨土法門於震旦。先是後漢時安息國沙門安淸高始譯無量壽經二卷及晉慧遠法師結白蓮社於廬山。念佛修行。已爲此宗之嚆矢。然法門未備。菩提流支之入中國實北魏永平元年也。流支以授曇鸞。鸞著「往生淨土論註」大弘斯旨。其後隋大業間有道綽唐貞觀間有善導。皆錚錚大師也。禪宗天台法相華嚴等諸宗。雖極盛於當時。然其敎理甚深微妙。非鈍根淺學人所能領解。故信奉者僅在士大夫。獨淨土宗以他力敎義感化愚夫愚婦。凡難解之敎理。概置不論。故其勢力廣被。披靡全國。善導禪師在世之時。屠肆殆無過問者云。其力量可見一斑矣。今世俗所謂佛敎者。大率猶汲此宗之末流也。

(十)禪宗　法相天台華嚴。稱曰敎下三家。禪宗稱敎外別傳。此四宗者。皆大乘上法。各有獨到。而中國佛學界之人才。亦悉在於是矣。禪宗以不著語言不立文字直指本心見性成佛爲敎義。一變佛敎之窠臼。後此宋明間儒佛混合。皆自此始。此宗歷史相傳靈山會上釋尊拈花。迦葉微笑。正法眼藏。於茲授受。其後迦葉尊者以衣鉢授阿難。中間經歷馬鳴龍樹天親等二十七代。密密相傳。不著一字。直至達摩禪師。自迦葉迄達摩。是爲印度二十八祖。達摩承二十七祖之命東渡震旦。當梁武帝普通七年。始至廣東。後入嵩山。面壁十年。始得傳法之人。傳已遂入滅。故達摩亦稱震旦禪宗初祖。二祖慧可。三祖僧璨。四祖道信。皆依印度師祖之例。不說法。不著書。惟求得傳鉢之人。卽自圓寂。至五祖弘忍。號黃梅大師。始開山授徒。門下千五百人。玉泉神秀爲首座。竟不能傳法。而六祖大鑑慧能。以不識一字之賃舂人受衣鉢焉。後神秀復師六祖。悟大法。於是乎禪宗有南北二派。南慧能北神秀也自六祖以後鉢止不傳然而教外密傳遂極光大爾後遂衍爲雲門法眼曹洞潙仰臨濟之五宗宋明以來益滔滔披靡天下今列禪門五宗表如下

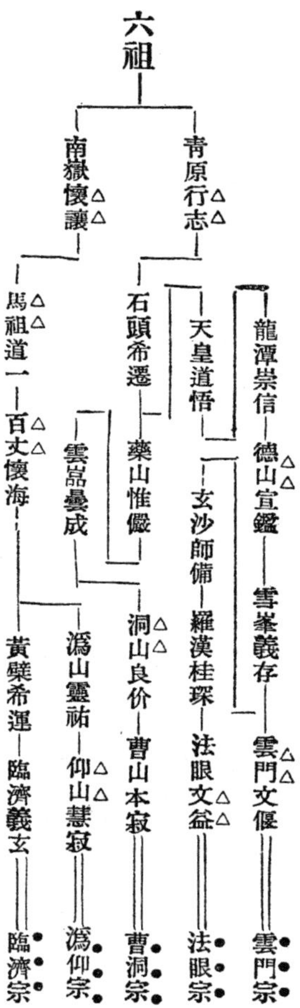


上諸宗傳授之大略也至各派之長短得失固非淺學所能言亦非本論所應及故從闕如若吾國佛學之特色及諸哲學說之尤精要者請於次節試論之以鄙人雖好學佛然實毫無心得凡諸論述皆貧子說金之類而已此節所記歷史據日本人所著「八宗綱要」「十二宗綱要」「佛教各宗綱領」等書獺祭而成非能自記憶自考證也但合彼十數萬言之書撮爲數葉亦頗劬耳此等乾燥無味之考據知爲新學界所不喜但此亦是我國學術思想一大公案學者所不可不知也撮而錄之亦足以省繙檢之勞云爾　著者識

## 第四節　中國佛學之特色及其偉人

美哉我中國不受外學則已苟受矣則必能發揮光大而自現一種特色吾於算學見之吾於佛學見之中國之

佛學。乃中國之佛學。非純然印度之佛學也。不觀日本乎。日本受佛學於我。而其學至今無一毫能出我範圍者。雖有眞宗日蓮宗。爲彼所自創。然眞宗不過淨土之支流。日蓮不過天台之餘裔。非能有甚深微妙得不傳之學於遺經者也。（眞宗許在家修行許食肉帶妻是其特色但此亦印度所謂優婆塞中國所謂居士之類耳若以此爲佛徒也何如禪宗直指本心並佛徒之名亦不必有之爲高乎）未嘗能自譯一經。未嘗能自造一論。未嘗能自創一派。以視中國。瞠乎後矣。此寧非我泱泱大國民可以自豪於世界者乎。吾每念及此。吾竊信數十年以後之中國。必有合泰西各國學術思想於一爐而冶之。以造成我國特別之新文明。以照耀天壤之一日。吾頂禮以祝。吾跂踵以俟。高山仰止。景行行止。吾請謳歌隋唐間諸古德之大業。爲我青年勸焉。

中國之佛學。其特色有四。

（第一） 自唐以後。印度無佛學。其傳皆在中國。 基督生於猶太。而猶太二千年來無景教。景教乃盛於歐西諸國。釋尊生於印度。而印度千餘年來無佛教。佛教乃盛於亞東諸國。豈不悲哉。豈不異哉。佛滅度後數百年間五印所傳。但有小乘。小乘之中。復生分裂。上座大衆各鳴異見。別爲二十部。至五世紀。（凡世紀皆以佛滅後計下倣此）外道繁興。大法不絕如縷。至六世紀末。而有馬鳴。七世紀而有龍樹提婆。九世紀而有無著世親。十一世紀而有淸辨護法。十二三世紀而有戒賢智光。其可稱眞佛教者。不過此五百年間耳。自玄奘西游。徧禮戒智諸論師受法而歸。於是千餘年之心傳。盡歸於中國。自此以往。印度教徒。徒事論戰。怠於布教。而婆羅門諸外道。復有有力者起。日相攻掊。佛徒不支。乃思調和。浸假採用婆羅門教規。念密咒。行加持。開教元氣。銷滅以盡。至十五世紀。而此母國。已無復一佛跡。此後再蹂躪於回教。三侵蝕於景教。而佛學遂長已矣。轉視中國。則自唐以來。數百年間。大師踵起。

新宗屢建。禪宗既行。舉國碩學。皆參圓理。其餘波復披靡以開日本。佛教之不滅。皆中國諸賢之功也。中間雖衰息者二三百年。而至今又駸駸有復興之勢。近世南海瀏陽皆提倡佛學吾意將來必有結果 他日合先秦希臘印度及近世歐美之四種文明而統一之光大之者。其必在我中國人矣。此其特色一也。

(第二) 諸國所傳佛學皆小乘。惟中國獨傳大乘。 佛教之行。西訖波斯。北盡鮮卑。即西伯利亞 南至暹羅。東極日本。凡亞洲中大小百數十國。無不徧被。吾深疑耶教爲剽竊印度婆羅門及佛教而成者其言天主即韋陀論所謂梵天大自在天其言永生即佛教所謂涅槃自餘天堂地獄之論禮拜祈禱之式無一不與小乘法相類古代希臘埃及猶太印度既有交通如希臘大哲德黎史家亦謂其嘗至印度然則印度宗教家言流入猶太亦非奇事但未得確據不敢斷言耳 雖然。彼其所傳皆小乘耳。日本佛學以中國爲母不在此論 蓋當馬鳴初興時。而印度本教中人固已紛紛集矢。謂大乘非佛說。大乘之行於印。實幾希耳。故其派衍於外國者。無不貪樂偏義。謗毀圓乘。即如今日西藏蒙古號稱佛法最盛之地。問其於華嚴法華之旨。有一領受者乎。無有也。獨我中國。雖魏晉以前。象法萌芽。未達精蘊。迨羅什以後。流風一播。全國慴從。三家齊與。別傳崛起。隋唐之交。小乘影跡。幾全絕矣。竊嘗論之。宗教者。亦循進化之公例以行者也。其在野蠻時代。人羣知識卑下。不得不歆之以福樂。慴之以禍災。故惟權法得行焉。及文明稍進。人漸識自立之本性。斷依賴之劣根。故由恐怖主義。而變爲解脫主義。由利己主義。而變爲愛他主義。此實法之所以能施也。中國人之獨受大乘。實中國國民文明程度日高於彼等數級之明證也。此其特色二也。

(第三) 中國之諸宗派多由中國自創。非襲印度之唾餘者。 試以第三節所列十宗論之。俱舍宗惟世親造一論。印度學者競習之耳。未嘗確然立一宗名也。其宗派之成實自中國。成實宗則自訶梨跋摩以後。竺國故書雅記。無一道及。其流獨盛於中國。三論宗在印。其傳雖稍廣。然亦不如中國。至於華嚴。其本經之在印度已沈沒於若明若昧之域。（據言佛滅後七百年龍樹菩薩始以神力攝取華嚴經於海龍宮是爲本經流通之始此等神祕之說雖不足深信然華嚴不顯於印度可想見矣）而宗門更何有焉。在彼惟有「大不思議」「十地」兩論推闡斯義。餘無所聞。故依華嚴以立教。實自杜順賢首清涼圭峯之徒始也。雖謂華嚴宗爲中國首創焉可也。又如禪宗。雖云西土有二十八祖。但密之又密。舍前祖與後祖相印接之一刹那頃。無能知其淵源。其眞僞固不易辨。卽云眞矣。而印度千餘年間。舍此二十八人外更無一禪宗。可斷然也。不寧惟是。後祖受鉢。前祖隨卽入滅。然則千餘年間。不許同時有兩人解禪宗正法者。又斷然也。若是則雖謂印度無禪宗焉可也。然則佛教有六祖而始有禪宗。其猶耶教有路德而始有布羅的士丹也。若夫天台三昧。止觀法門。特創於智者大師一人。前無所承。旁無所受。此又其彰明較著者矣。由此言之。十宗之中。惟律宗法相宗眞言宗淨土宗嘗盛於印度。而其餘則皆中國所產物也。試更爲一表示之。

| | | | |
|---|---|---|---|
| 一 | 俱舍宗 | 印度有而不盛 | 中國極盛 |
| 二 | 成實宗 | 印度創之而未行 | 中國極盛 |
| 三 | 律　宗 | 印度極盛 | 中國亦盛 |
| 四 | 法相宗 | 印度極盛 | 中國亦極盛 |
| 五 | 三論宗 | 印度有而不盛 | 中國極盛 |
| 六 | 華嚴宗 | 印度無 | 中國特創極盛 |
| 七 | 天台宗 | 印度無 | 中國特創極盛 |
| 八 | 眞言宗 | 印度極盛 | 中國甚微 |
| 九 | 淨土宗 | 印度極盛 | 中國亦盛 |
| 十 | 禪　宗 | 印度無 | 中國特創極盛 |

夫我國之最有功德有勢力於佛學界者。莫如教下三家之天台法相華嚴與教外別傳之禪宗。自餘則皆支孳

附庸而已。而此四派者，其一曾盛於天竺，其三皆創自支那。我支那人在佛教史上之位置，其視印度古德何如哉。竊嘗考之，印度惟小乘時代有派別。（佛滅後小乘派分爲二十部。初分爲大衆部、上座部，佛滅一世紀時所分也。次分爲一說部、說出世部、鷄胤部，二世紀初葉所分也。次爲多聞部，次爲說假部，皆二世紀中葉所分也。次爲制多山部、西山住部、北山住部，二世紀末葉所分也。此八派皆從大衆部分出。次爲說一切有部，三世紀初葉所分也。次爲犢子部，復由犢子部分爲法上部、賢胄部、正量部、密林山部。次爲化地部，分爲法藏部，皆三世紀中葉所分也。次爲飲光部，三世紀末葉所分也。又次爲經量部，四世紀初葉所分也。此十派皆由上座部分出也。四世紀以後，小乘衰息，大乘未興，佛教幾絕。）而大乘時代無派別。大乘之興，分爲三期：第一期則馬鳴也，（六世紀末）第二期則龍樹提婆也，（七世紀）第三期則無著世親也，（九世紀）皆本師相傳，毫無異論。略似漢初伏生、申公、后蒼等之經學。及其末流，護法清辨，諍空有於依他之上；戒賢智光，論相性於脣舌之間。壁壘稍新，門戶始立，而法輪已轉而東矣。蓋大乘教義，萌芽於印度，而大成於支那。故求大法者，當不於彼而於我。此非吾之夸言也，殆亦古德之所同許也。此其特色三也。

（第四）中國之佛學，以宗教而兼有哲學之長。中國人迷信宗教之心，素稱薄弱。論語曰：未能事人，焉能事鬼；未知生，焉知死。子墨子謂程子曰：儒以天爲不明，以鬼爲不神。（見墨子公孟篇）蓋孔學之大義，浸入人心久矣。佛耶兩宗，並以外教入中國，而佛氏大盛，耶氏不能大盛者，何也？耶教惟以迷信爲主，其哲理淺薄，不足以饜中國士君子之心也。佛說本有宗教與哲學之兩方面，而其證道之究竟也在覺悟，（覺悟者正迷信之反對也）其入道之法門也在智慧，（耶教以爲人之智力極有限，不能與全知全能之造化主比）其修道之得力也在自力。（耶教日事祈禱，所謂借他力也）佛教者，實不能與尋常宗教同視者也。中國人惟不蔽於迷信也，故所受者多在其哲學之方面，而不在其宗教之方面。而佛教之哲學，又最足與中國原有之哲學相輔佐也。中國之哲學，多屬於人事上、國家上，而於天地萬物原理之學，窮究之者蓋少焉。英儒斯賓塞嘗分哲學爲可思議、不可思議之二科，若中國先秦之哲學，則畛於其可思議者，而乏於其不可思議者也。自佛學入震旦，與之相備，然後中國哲學乃放一異彩。宋明後學問復興，實食隋唐間諸古德之賜也。此其特色四也。

# 近世之學術（起明亡以迄今日）

## 第一節　永歷康熙間

梁啓超曰：嗚呼，吾論次中國學術史，見夫明末之可以變爲清初，清初之可以變爲乾嘉，乾嘉之可以變爲今日，而歎時勢之影響於人心者正鉅且劇也，而又信乎人事與時勢迭相左右也。自明中葉姚江學派披靡天下，一代氣節蔚爲史光，理想繽紛，度越前古，顧其敝也，摭拾口頭禪，轉相獎借，談空說有，與實際應用益相遠，橫流恣肆，非直無益於國，而且蔑以自淑。逮晚明劉蕺山證人一派，已幾於王學革命矣。及明之既亡，而學風亦因以一變。

吾略以時代區分之，則自明永歷（即清順治）以訖康熙中葉，爲近世第一期。於其間承舊學派之終者，得六人，曰孫（夏峯）李（二曲）陸（桴亭）二張（蒿菴、楊園）呂（晚村）。爲新舊學派之過渡者，得五人，曰顧（亭林）黃（梨洲）王（船山）顏（習齋）劉（繼莊）。開新學派之始者，得五人，曰閻（百詩）二萬（充宗、季野）胡（東樵）王（寅旭）。自餘或傳薪，或別起，皆附庸也，不足以當大師。凡爲大師十有六人。其爲學界蟊賊者得四人，曰徐（崐山）湯（睢州）毛（西河）李（安溪）。今以次論之。

程朱陸王之爭，最陋者莫如清初（所爭者假程朱以詆陸王耳，黨於陸王訶程朱者，倘無其人，此當分別言之）。然其風特熾自後起之諸小人儒耳。若夫遺老大師，各尊所聞，未始或相非也。其時以王學顯者，莫如夏峯（孫奇逢）二曲（李中孚）梨洲（黃宗羲），以朱學顯者莫如

桴亭陸世儀 蒿庵張爾岐 楊園張履祥 皆彼此忻合。未嘗間然。其始標門戶以相排詆者。自陸隴其熊賜履輩始。

請言舊派中之王學。晚明學風之敝。流爲狂禪。滿街皆是聖人。酒色財氣不礙菩提路。猖幻至此。勢固不得不有所因革。夏峯少與東林諸君子遊。其傳授濡染。純出姚江。而晚年爲理學宗傳。特表周程張邵朱陸薛王及羅念菴顧涇陽爲十一子。二曲敎學者。當先觀象山慈湖陽明白沙之書。闡明心性。直指本初。然後取二程朱子及康齋敬軒涇野整菴之書玩索。以盡踐履之功。則兩君子者之融洽門戶。可概見也。次於孫李黃梨洲之學別詳下節者。曰刁蒙吉包 蒙吉最崇拜高忠憲。而亦尊洛閩。自餘則有劉伯繩。汋〇蕺山子 高彙旃世泰〇忠憲子 沈求如國模 沈華旬昀 其學派大率出於顧高堅苦刻厲。鞭辟近裏。有中明遺風。當時江浙間傳習甚盛。及康熙中葉。諸賢彫喪。而派亦中絕。

請言舊派中之朱學。桴亭楊園首以醇儒名。而其本師乃在蕺山。蒿菴學無所承。專以篤謹苦行標宗。要之三君子者。猶宋之有泰山徂徠。明之有康齋敬軒也。其困勉篤行相類。其規模稍隘亦相類。然皆不敢有所詆訶於前輩。同時汲其流者。則有若應潛齋撝謙 謝約齋文洊 李闇章光生 諸先輩。最爲知名。此派在永歷順治間。其盛不如王學。雍乾以後。亦殆泯滅。然究以時主所揭櫫。故得援適者生存之例。媕阿託名。此間者。猶代有其人。俗論之語清初大儒言王學者必舉湯潛庵言朱學者必舉陸稼書吾以爲此二人於二百年來學界無功而有罪者也故不以列於此而於本節末附論之

其時舊學派中別有一大師焉。曰呂留良留良字晚村浙人治朱學而能致用者也。自曾靜之獄以後。蒙大逆不道之號。戮尸赤族。此後學者。無復敢習其學稱其人。然據雍正諭旨稱其嘗以博學鴻詞薦。誓死不就。以山林隱逸薦。乃薙髮爲僧。其大節與夏峯二曲亭林梨洲相輝映也。又言呂留良一人倡導於前。全浙從風而靡。地方官吏怵其黨徒衆盛。皆加意優禮。督撫到任皆循例加禮李衞亦曾贈送祠堂匾額云 是其學派之昌明普及。雖容城盩厔有所不逮也。吾嘗

略鉤稽羣籍，竊疑清初講學之盛，殆未有及呂氏者。彼其茹種族之痛，處心積慮以志光復，而歸本於以學術合羣。其苦心達識，百世下猶將見之。後世論晚村者，卽不謂之大逆，亦不過以與八股家同類而並笑之，庸知夫隱於八股，而藉以爲號召者，正晚村智深勇沈之徵證也。其生平著述，或燬或禁，今無一存。余僅從舊籍中得見雍正間閣臣奉勅撰「駁呂留良四書義」一編，原文附見前簡，雖割裂剝落，不見其眞，然微言大義，猶有存焉。其獨到處，固非尋常曲學所能夢見也。（余將別採其說著之飲冰室讀書錄中，此避冗不具引也。）故吾論順康間大儒，必數呂子。

所謂舊學派諸賢者，語其在學界上之位置，不過襲宋明之遺，不墜其緒，未足爲新時代放一異彩也。其可稱近世學術史之特色者，必推顧黃王顏劉五先生。五先生之學，應用的而非理想的也。吾欲語其學，請先語其人。亭林自國變後，首倡義里中，贊魯王監國。魯王敗，欲赴海上，（通鄭氏）道梗未達，遂浪跡四方，徧遊秦晉齊豫燕代淮浙，凡六謁孝陵，六謁思陵，末乃卜居陝之華陰，以爲華陰綰轂山河之口，雖足不出戶，而能見天下之人，聞天下之事，有警可以入山守險，若志在四方，則一出關門，有若建瓴。每出遊，所至阨塞，卽呼老兵退卒，詢其曲折，史家謂先生既負用世略，不得一遂，所至每小試之，墾田度地，累致千金，而別貯之以備有事。嗚呼！此其志爲何如，其才爲何如哉！王不菴曰：『甯人身負沈痛，奔走流離，數十年靡訴之衷，曾不得快然一吐，而使後起少年推以多聞博學，其辱已甚，安得不掉首故鄉，甘於客死，噫可痛也。』（結埼亭集引）由此觀之，顧先生之爲人何如也。梨洲少年袖錐爲父復仇，氣節已轟一世。畫江之役，糾里中子弟數百人，號世忠營，從孫嘉績熊汝霖倡義江上。軍敗，復入四明山結寨自固。其後復副馮京第乞師日本，間關轉徙，垂二十年。由此觀之，黃先生之爲人何如也。船山少年自殘肢體以贖其父。國變後，從桂王遷徙於肇慶桂林南甯間者十有餘年，緬甸覆沒，乃齎志老牖下，終身不薙髮，竄伏窮山四十餘年。一歲數徙其處。故國之戚。生死不忘。由此觀之。王先生之爲人何如也。習齋行事不少概見。然相傳其折竹爲刀以勝劍客。磬控馳射中六的焉。其著述往往歎息於宋氏之亡。才士摧折不盡其用。由此觀之。顏先生（先生名元）之志猶顧黃王之志也。繼莊益詭異矣。亭林以南人而足跡多在北。繼莊以北人（順天大興人）而足跡多在南。其所浪遊亦中國之强半。全謝山傳之曰『繼莊出於改步之後。遭遇崑山弟兄。（按）謂徐乾學徐文元）而卒老死布衣。又其栖栖吳頭楚尾間。漠不爲枌榆之念。將無近於避人亡命者之所爲。是不可以無稽也。而竟莫之能稽。』（按）繼莊之客崑山家。專爲借讀藏書云）又曰。『其人蹤跡非尋常遊士所閱歷。故似有所諱而不令人知。』由此觀之。劉先生（先生名獻廷）之爲人。與顧先生何酷相肖也。綜而論之。五先生皆抱經世之志。懷不世之才。深不願以學著。而爲時勢所驅迫所限制。使不得不僅以學著。於近世學術史上敘述五先生。五先生之遺痛也。雖然。近世學術史上而有五先生。又學術史之光也。

五先生之學。若顧若王若顏若劉。皆前無所受。船山習齋更崛起山谷。與一時宿儒名士絕交通。可謂自得而深造者也。繼莊平生講學之友。所嚴事者曰顧晌滋。曰彭躬菴。曰船山。而當時北學甚盛。或有所得於夏峯二曲。其南遊數十年。梨洲亭林季野皆相往還。所得麗澤之益當不尠。若顧先生則更取精而用宏矣。五先生中其所承學統最明者莫若梨洲。梨洲親受業蕺山。以接姚江之傳。雖然。梨洲學自梨洲學。非陽明亦非蕺山也。要之五先生者。皆時勢所造之英雄。卓然成一家言。求諸前古。則以比周秦諸子。其殆庶幾。後此惟南宋永嘉一派。（陳止齋葉水心陳龍川一派）亦略肖焉。然以永嘉比五先生。則有其用而無其體者也。即所謂用者。亦有其部分而無其全者也。故吾欲推當時學派。爲秦漢以來二千年空前之組織。殆不爲過。

五先生之學，有普通者，有特別者。請言其普通者。曰以堅忍刻苦爲敎旨相同也。習齋專標忍嗜欲苦筋力之旨爲學道不二法門，近世餘杭章氏以比諸羅馬之斯多噶派，諒矣。亭林講學首倡行己有恥，其言曰：古之疑衆者行僞而堅，今之疑衆者行僞而脆。其宗旨所在可知也。王黃劉雖不標名號，迹其生平行誼，非浮靡柔脆者所能望其肩背也。船山以不忍薙髮之恥，顚頓竄伏於山谷者數十年如一日，尤空前絕俗之行也。蓋以身敎敎之大者也。此其一。曰以經世致用爲學統相同也。五先生之著述，可覆按也。彼其經世，非猶夫宋乾淳間永嘉派之言也（詳見下段）。此其二。曰以尚武任俠爲精神相同也。顧黃王三先生歷參魯唐桂三王軍事，其勇略章章在耳目也。船山讀通鑑論、宋論、黃書、噩夢諸作，痛歎於黃族文弱之病，其傷心如見也。繼莊，絕世之祕密運動家也，惜其志不遂而其謀不彰也。習齋則屢言勇爲達德，日與其徒肄於射圃，終身不衰也。以口碑所述，梨洲絕擅技擊（友人某爲余言：有劇盜欲學梨洲技擊，苦不得階進，乃僞爲受業於門，三年乃盡傳之云。述者忘其記載所自出，眞僞莫辨也。然觀其袖錐入京師謀復仇，則其擅技擊，諒不謬），亭林亦然（顧氏有三世僕曰陸恩，叛投里豪，欲許告亭林通海，亭林獨潛往手擒之，數其罪，湛諸水云。亭林膂力技擊可想見），習齋亦然（習齋削竹爲刀以勝劍客，其術殆有所受也）。凡此誠不足以爲諸先生重，雖然，此亦國粹之一種，言尚武者所不可廢也（吾昔常持論，謂中國將來若講體育，則如易筋術、拳術等，不可不改良而存之。日本之柔術、相撲術、劍術等，維新後而益昌，誠非無故也。此次日俄之役，日軍每於突擊獲奇勝，論者多歸功於此等舊術，而西人亦詑之不置云）。而諸先生皆躬嫺之。此其三。曰以科學實驗爲憑藉相同也。亭林、梨洲、船山之著作等身，若地理，若歷史，若音韻，若律曆，皆有其所創見，夫人而知矣。以全謝山所作繼莊傳證之，其學亦豈讓三子。習齋專主實行，而下手工夫取的於周官德行藝之三物，蓋亦以矯明末空談之弊焉。傳習齋學最親切者曰李剛主，觀剛主之著述，可以知習齋矣（諸先生之著述評詳下段）。此其四。

請言其特別者。亭林之日知錄，爲有淸一代學術所從出，尚矣。其天下郡國利病書及肇域志，雖未成之本，然後世言人文地理者祖焉。至今日其供學者參考之用者益廣也。亭林深知生計與政治爲切密之關係者也。故言之尤齗齗也。其生計學皆應用的也。彼小試之於墾闢而大效。惜不能盡其用也。不然。亭林一越之范蠡也。聲音訓詁爲百餘年間漢學之中堅。其星宿海則自音學五書也。金石學自乾嘉以來蔚爲大國。則亦金石文字記爲其先河也。故言清學之祖。必推亭林。諸先生之學統不數十稔而俱絕。惟亭林巋然獨存也。惜存者其瑣節而絕者其大綱。存者其形式而絕者其精神也。亭林曰『今日只當著書不必講學』又曰『經學卽理學』而後儒變本加厲。而因以詆理學而仇講學者。非亭林所及料也。然亭林不能不徵分其過也。開拓萬古推倒一時者梨洲哉。梨洲哉。明儒學案六十二卷。爲一代儒林藪。尙矣。非徒講學之圭臬。抑亦史界一新紀元也。學之有史自梨洲始也。明夷待訪錄之原君原臣諸篇。幾奪盧梭民約之席。原法以下諸篇。亦釐然有法治之精神。此近世學子所旣知。無俟吾喋陳也。律呂新義二卷。則後此言律學者祖焉。句股圖說開方命算測圜要義諸作。啓近世研究算學之端緒。其後梅定九（文鼎）本周髀言曆世稱絕學。而不知實梨洲發起之。（梨洲嘗言句股法乃周公商高之遺後人失之而西人竊其傳）梨洲誠魁儒哉。船山最崇拜橫渠。謂『其學如皎日麗天。無幽不燭。惜其門人未有殆庶者。又以布衣貞隱之故。當時鉅公如文富司馬無繇資其羽翼。故其道之行。不逮周邵』吾今於船山之學。亦云然矣。正蒙注思問錄兩書本隱之顯。原始要終。瀏陽譚氏謂五百年來學者。眞能通天人之故者。船山一人。非過言也。讀通鑑論宋論兩編史識卓絕千古。其價値至今日乃大顯。無俟重贊。抑黃書亦明夷待訪之亞也。其主張國民平等之勢力以裁抑專制。三致意焉。（吾昔抄錄讀通鑑論宋論黃書中發民權之理者凡三四十條文繁不備徵）黃王之軒輊。吾蓋難言之。（乾嘉後漢學家之說經往往有自矜創獲而實皆船山諸經稗疏所已言者故船山亦新學派之一導師也）習齋有存性存學存治存人四編。其精華之論。皆在於是。號之曰周孔之學。以自別於程朱。

其言曰。以講讀爲求道。其距千里也。以書爲道。其距萬里也。蓋其學頗有類於懷疑派。而事事而躬之。物物而肄之。以求其是。實宋明學之一大反動力。而亦清學最初一機捩也。雍乾以後。學者莫或稱習齋。然顧頗用習齋之術。但其術同。而所用之之目的地不同。以實事求是一語。而僅用之於習齋所謂其距萬里之書。習齋其恫矣。乃者餘杭章氏極推習齋。以爲荀卿以後一人。其言或太過。然要之爲一代大儒必矣。五先生中。其最不顯者莫如繼莊。使非有全謝山一傳。恐至今無復有道其名者。更靡論其學也。吾舉繼莊以廁於顧黃王之列。聞者其將咍之。雖然。繼莊決不讓諸君子。繼莊所著書。或未成。或散佚。今傳者惟一廣陽雜記。吳縣潘氏所刻功順堂叢書有之得緣此以闚其崖略。繼莊之學。最足以豪於我學界者有二端。一曰造新字。中國文字。衍形不衍聲。以致國語不統一。而國民團結力因以大殺。今之識者。悄然憂之久矣。十年以來。新字問題。孳乳發生。而至今未有所成。烏知夫二百八十年前之先輩。早有從事者。則繼莊之新韻譜也。全謝山云繼莊新韻譜以華嚴字母爲本而參之以天竺陀羅尼泰西蠟頂（按即拉丁文也）小西天梵書（按當即是西藏語）暨天方（按即阿刺伯）蒙古女眞等音其法先立鼻音二以鼻音爲韻本有開有合各轉陰陽上去入之五音陰陽即上下二平共十聲而不歷喉腭舌齒脣之七位故有橫轉無直送則等韻重疊之失去矣次定喉音四爲諸韻之宗而後知泰西蠟頂話女眞國書梵音尚有未精者以四者爲正喉音而從此得半音轉音伏音送音變喉音又以二鼻音分配之一爲東北韻宗一爲西南韻宗八韻立而四海之音可齊於是以喉音互相合凡得音十七喉音與鼻音互相合凡得音十又以有餘不盡者三合之凡得音五共三十二音爲韻父而韻歷二十二位爲韻母橫轉各有五子而萬有不齊之聲攝於此矣然後取新韻譜爲主而以四方土音塡之則逢人便可印正云按其書今不傳其所造字母不可得而稽其果適用與否無從斷言要之眞不朽之盛業也使繼莊在今日徧通諸國語言文字其成就可限量耶二曰倡地文學。地文學今列於普通科。髫齔之子。入新塾者。往往能道。若夫五十年前。則舉國學者。未或注意於是也。而繼莊實發明之。全謝山云繼莊論向來方輿之書大抵詳於人事而天地之故概未有聞當於疆域之前別添數則記其北極出地之度與其節氣之後先異同等（中略）（按今泰西地理書莫不有之矣）燕京吳下水皆東南流故必東南風而後雨衡湘水北流故必北風而後雨諸方山水之向背分合皆當按籍而列之而風土之剛柔暨陰陽燥溼之徵又可次第而求矣（按此皆極精之論今泰西地理家言所最注意者非有得於歸納論理學不能道也）諸方有土音又有俚音蓋五行氣運所宜之不同各譜之爲一則合諸土產則諸方人民性情風俗之微皆可推而見矣（按地學之精微至是而極近世學者謂地理與羣治有密切之關係誠有察於此也吾去年始見日本人木口長三郎所著人生地理學一書舉日本全土風俗政治種種發達之差異而悉納之於地理旁引泰西各國以爲證而皆有精確不磨之論據吾讀卒業歎爲得未曾有而不知吾二百年前之先民已有志於此業後起無人大業不竟誰之責也可歎可媿吾以爲以繼莊學顧黃王易以顧黃王學繼莊難高山景行吾嚮往焉

由此觀之近世學術史上所以爛然其明者惟恃五先生抑五先生不獨近世之光卽置諸周秦以後二千年之學界亦罕或能先也顧明之末清之初以何因緣而得有此吾嘗推原之以晚明政治之腐敗達於極點其結局至舉數千年之禹域魚爛以奉諸他族創鉅痛深自古所未嘗有也故瑰奇絕特有血性之君子咸惕然於天下興亡匹夫有責深覺夫講求實際應用的政論之不容已此其由時勢所造成者一也姚江學興旣舉前此破碎支離之學而一掃之晚明百年間學者咸有發揚蹈厲之氣異於前代儒之有俠風也孕而育之者姚江也（墨先生之學皆有近五子處吾將別論之）故謂五先生以王學爲原動力可也但王學末流狂恣滋甚徒以一二口頭禪相尚其對於自己也去實踐愈遠其對於社會也去實用愈遠物極必反然後諸君子不得不以嚴整之戒律繁博之考證起而矯之故謂五先生爲王學之反動力可也兩者兼然後此種特別之學派出焉此其由舊學所造成者二也（五先生中惟梨洲與王學有直接關係其餘若亭林船山於王學皆往往有所糾正不表同情也習齋則并宋明而悉棄矣故言五先生之學與王學有關係聞者或疑焉雖然間接之影響往往更大於直接此不可不察也）使五先生生於他代以其才與其學必將有所藉手著之實施則無暇以學鳴而其學之深造必不逮是顧以亡國遺民義不可以立人之本朝其所懷抱不得不盡假諸竹帛又其奔走國難各間關數十年於一切政俗利病皆得之於實驗調查以視不出戶而談天下事者與夫擁旄節以問民疾苦者相去遠矣此其由諸先生之地位所造成者三也綜此三因則此種學派不產於他代而惟產於永歷康熙之交有以夫有以夫雖然以諸先生之才之學

之志之節各皆獻身以盡瘁於國事而卒無救於亡明是則可痛也若語其原因蓋甚複雜焉以非本論範圍今略之

同時學派與五先生相近者尚數人於蜀有唐鑄萬（甄）著潛書二篇四卷（乾隆間嘗爲禁書今有重印者）近世學者多知梨洲船山能發民權公理而不知巴蜀山谷間有唐氏者與之作桴鼓應也（潛書上篇有辨君篇抑尊篇抑尊篇云君日益尊臣日益卑是以人君之賤視其臣民如犬馬蟲蟻之不類於我其去治道遠矣又曰天子之尊非天帝大神也皆人也又曰位在十人之上者必處十人之下位在百人之上者必處百人之下位在天下之上者必處天下之下潛書下室語篇云自秦以來凡爲帝王者皆賊也殺一人而取其匹布斗粟猶謂之賊殺天下之人而盡有其布粟之富乃反不謂之賊乎又止殺篇云覆天下之軍屠天下之城以取天下是食天下人之肉以爲一人養也凡此諸論自墨子孟子以後久矣夫不獲聞矣是眞可與梨洲之原君原臣相表裏者當二百年前能倡此何可及也吾故不憚臚舉之）於吳有陳確庵（瑚）其學多得於桴亭而尤好言經世編全史爲四大部以政事人文別之政部分曹事部分代人部分類文部分體手書巨帙各數十皆能背誦云其精力眞不可思議所著述關於農田水利兵法者尤夥而劍擊之技妙天下於鄂有胡石莊（承諾）著繹志六十一篇二十餘萬言自擬於徐幹中論顏之推家訓然論者謂其精粹奧衍過於二書此三君子者亦崛起卓然自成一家其最章章者也而顧景范（祖禹）之讀史方輿紀要亦曠古一絕作其所得於亭林繼莊季野者頗多云亦此一派之一支流也梨洲有弟曰晦木（名宗炎）俠氣過於乃兄其學之醇不及之而精到處與之頡頏於象緯律呂軌革壬遁之學皆有神悟而著書亦數十卷（晚年以石函錮所著述語其子曰急則埋之身後果有索者子如其言子卒遂莫知所在云）一小梨洲也萬季野爲梨洲高弟最能傳其學（下段別論之）其子百家亦殆庶幾此黃學傳授之大略也習齋高弟曰李剛主（塨）曰王崑繩（源）剛主屢被薦辟不赴晚年受聲樂之學於毛西河多所著述崑繩孳孳以傳顏學爲己任與方望溪多所辨難見於望溪集此顏學傳授之大略也船山崎嶇山谷其弟子無一有力者繼莊則兔起鶻落不可方物其名且隱其學更無論也亭林

以不好講學故直接有力之子弟無一人而二百年來漢學家率宗尚之雖然以是爲顧學顧先生不任受也然則五先生之學派或身歿而絕或一再傳而遂絕雍乾以後不復存於人間矣厥後惟乾隆間全謝山（祖望）私淑梨洲得其形似近世譚瀏陽私淑船山青出於藍強編學案則二君其選也夫以五先生之魄力能闢千古未闢之學統而顧不自傳諸其人以光大於後世則何以故吾將於次簡論之

同時學行與顧黃王劉相類而不以學名者尚有一傅青主（山）以任俠聞於鼎革之交國變後馮銓魏象樞嘗強薦之幾以身殉遂易服爲道士有問學者則告之曰老夫學莊列者也於此間諸仁義事實羞道之或強以宋諸儒爲問則曰必不得已吾取同甫云雖然史家謂其學自大河以北莫能及者蓋有所憤而自隱其志愈哀於黃顧矣當時黃冠浮屠中如青主者不乏人舉其學最高者爲代表云爾（流俗所以多知青主者以其女科醫方實則青主非知醫者其方不過得自家傳云）

言泰西近世文明進步之原動力者必推倍根以其創歸納論理學掃武斷之弊凡論一事闡一理必經積累試驗然後下斷案也（前此亞里士多德所傳之論理學謂之演繹法以心中所懸擬之理爲前提因以下斷案至倍根起謂尋常智慧易有所蔽所懸擬之前提未必正確也前提不正確則斷案亦隨而俱繆矣因用積累試驗之法既懸擬一理矣不遽命爲前提也參伍錯綜向種種方面以試驗之求其眞是乃始命爲前提是即所謂歸納法論理學也）審如是也則吾中國三百年來所謂考證之學其價値固自有不可誣者何也以其由演繹的而進於歸納的也泰西自十五世紀文學復興以後學者猶不免涉詭辯陷於空想自倍根興而始一矯之有明末葉正中國之詭辯空想時代也及明之亡顧黃顏劉諸子倡實踐實用之學得其大者閻胡二萬王梅諸君同時蔚起各明其一體其時代與倍根同（倍根生於明嘉靖四十年卒於天啓六年）其學統組織之變更亦頗相類顧泰西以有歸納派而思想日以勃興中國以有歸納派而思想日以銷沈非歸納派之罪而所以用之者誤其途徑也

本朝學者以實事求是爲學鵠。頗饒有科學的精神。而更輔以分業的組織。惜乎其用不廣。而僅寄諸瑣瑣之考據。所謂科學的精神何也。善懷疑。善尋問。不肯妄徇古人之成說。一己之臆見。而必力求眞是眞非之所存。一也。旣治一科。則原始要終。縱說橫說。務盡其條理。而備其左證。二也。其學之發達。如一有機體。善能增高繼長。前人之發明者。啓其端緒。雖或有未盡。而能使後人因其所啓者而竟其業。三也。善用比較法。臚舉多數之異說。而下正確之折衷。四也。凡此諸端。皆近世各種科學所以成立之由。而本朝之漢學家皆備之。故曰其精神近於科學。所謂分業的組織何也。生計家言。謂社會愈進於文明。則分業愈趨於細密。此不徒生計界爲然也。學界亦然。晚近實學益昌。而學者亦益以專門爲貴。分科之中又分科焉。碩儒大師。往往終身專執一科。以名其家。蓋昔之學者其所研究博而淺。今之學者其所研究狹而深。（如法律學一科學也而國法國際法民法刑法商法各爲分科分科中復有分科如國法中治憲法者治行政法者不相雜廁也國際法中治公法者治私法者不相雜廁也凡諸學科莫不皆然學愈進則剖析愈精而學者之分業愈行）本朝漢學家之治經。亦有類於是。（乾嘉以後學者皆各專一書以終身如段氏之說文陳氏之毛詩胡氏之儀禮孔氏陳氏之公羊乃至或專事校勘或專明金石或專釋地理或專研聲律或專考歷算其分業愈精其發明愈深百年前之經學其組織殆可稱完備）故曰其組織近於分業。夫本朝考據學之支離破碎。汨殁性靈。此吾儕十年來所排斥不遺餘力者也。雖然。平心論之。其研究之方法。實有不能不指爲學界進化之一徵兆者。至其方法。何以不用諸開而用諸閉。不用諸實而用諸虛。不用諸新而用諸陳。則別有種種原因焉。若民性之遺傳。若時主之操縱。皆其最鉅者也。蓋未可盡以爲諸儒病也。

本朝學派。以經學考據爲中堅。以爲欲求經義。必當假途於文字也。於是訓詁一派出。以文字與語言相聯屬也。於是音韻（古音）一派出。又以今所傳本之文字或未可信據也。於是校勘一派出。以古經與地理多有關係也。於是地理一派出。以古經與天算多有關係也。於是天算一派出。以古代之名物制度與今殊異也。於是名物制度一派出。是爲乾嘉時代最盛之支派。

言聲音訓詁學而以漢以後字書爲未足也。於是金石一派出。言地理而以域內爲有限也。於是西北地理一派出。以今傳之經籍爲未完備也。於是輯佚一派出。崇古尊漢之極點。而以東漢之學術。其導源更自西漢也。於是今文經說一派出。是爲乾嘉以後續興之學派。

推其考據經學者以及羣史。於是錢（辛楣）王（西莊）一派之史學出。推其考據經學者以及諸子。於是畢氏（秋帆）一派之子學出。彼非誠欲治子史也。以經學之席位已悉爲前輩所占。不得已而思其次也。故謂之爲經學之支流可也。若此者是爲清代學術之正派。

此正派之初祖誰氏乎。曰閻百詩（若璩）。曰胡東樵（渭）。閻氏著古文尚書疏證。定東晉晚出二十五篇之僞。批卻導窾。霍然以解。胡氏著禹貢錐指。謂漢唐二孔（僞孔安國注及孔穎達疏）宋蔡氏（蔡沈集傳）於地理多疏舛。乃博引羣書。以辨九州山川形勢及古今郡國分合異同。此二書出。乃爲經學界開一新紀元。夫二書者。各明一義。至爲區區。而經學新紀元之名。譽不得不歸之者何也。蓋三百年來學者。以晉唐以後之經說爲不足倚賴。而必求徵信於兩漢。此種觀念。實自彼二書啓之。而其引證之詳博。周密。斷案之確實。犀利。尤足使讀者舌撟心折。而喚起其尊漢蔑宋之感情。（閻書專據康成以折僞孔。胡書多引鄭注及說文以正孔疏蔡傳。清儒之崇拜許鄭。其感情實自此二書始。）蓋二書直接之發明。雖局於一節。而間接之影響。則徧於全體也。故清學正派之初祖。必推二氏。

同時經學別派有二大師。曰鄞縣萬充宗（斯大）季野（斯同）兄弟。充宗爲禮書三百卷。春秋說二百四十卷。（燬於火）季野爲讀禮通考百二十卷。（此書冒徐乾學名。實皆出季野手。）二萬之學。不標漢宋門戶。其感化所及於清代學界者。不如閻胡之鉅。然言三禮者必祖之。尋秦蕙田有五禮通考之作二萬皆梨洲高弟。其學之大體受自梨洲。而顓門覃精。更有所進。季野之史學。尤吸納萬流。推倒一世。雖然萬氏派之史學不盛於清代。

經學與萬氏派略相近者有馬宛斯驌著左傳事緯及繹史。顧甯人亟贊之。乾嘉後學者病其家法不嚴。與五禮通考同譏焉。實則二書皆三百年來傑構也。雍乾間有顧震滄棟高著春秋大事表。其學統亦略近萬氏。

中國於應用科學無一足稱者。其最發達莫如算。聖祖嗜此綦篤。復有西儒南懷仁輩備顧問內廷。高髻廣額。流風寖被於後。於三百年來茲學之進步。頗有力焉。而開其先者曰王寅旭錫闡曰梅定九文鼎王氏當前明徐文定光啓修曆之時。已潛心茲業。著曉庵新法六卷。梅氏致心折焉。顧亭林品評時彥。獨首先生。曰學究天人。確乎不拔。吾不如王寅旭。其所造可知也。梅氏則三百年言算者所宗矣。所著算書凡二十五種六十卷。實二十九種其孫瑴成編校時刪併為今數即所傳梅氏叢書是也此後官書如律呂正義曆象考成等多本之。若算學於本朝學界上有價值者。則開宗之名譽。舍兩先生無屬也。

故吾以閻胡二萬王梅為新學派之開祖。就中閻胡影響最鉅。諸人次焉。

孫李陸呂二張顧黃二王顏劉二萬皆明遺民。於新朝不肯受一絲一粟之豢養。非直其學之高。抑其節行又足以砥所學也。閻氏雖一應徵。然未嘗立於本朝。胡氏耄歲力拒徵辟。晚節聖祖南巡。獻頌賜對。士論稍惜之。梅氏亦於南巡時强起召見。雖然。三先生者皆以處士終也。萬充宗就明史館席然不肯受官自言欲握國史權以報故國云其志可敬也故吾輩語諸先生。皆當號曰明儒。不當曰清儒。若夫語於學統。則固劃然為一新時代。以明學目之焉。又不得也。

自有所謂以名臣兼名儒者。而清學始不競矣。其最初有聞於時者。曰魏環極象樞魏石生裔介陸稼書隴其張孝先伯行二魏以鯁介聞新朝創法立制多出其手而於學界關係蓋鮮稼書朏篤明察循吏之才伯行敬慎廉介硜硜自守其行節無可議然學太隘陋稼書之言曰『今之論學者無他亦宗朱子而已宗朱子爲正學不宗朱子卽非正學董子云諸不在六藝之科孔子之術者皆絕其道勿使並進然後統紀可一法度可明今有不宗朱子者亦當絕其道勿使並進孝先纂性理正宗排斥陸王不遺餘力王學之絕陸張最有力焉其人旣見稱於時主其學益見重於流俗思想自由乃銷蝕於無形之間二氏箇人之私德不足贖其對於社會之公罪也其純然爲學界蟊賊煽三百年來惡風而流毒及於今日者莫如徐乾學湯斌李光地毛奇齡』

近儒或以歐陽修蘇軾爲宋學界之蠹其論稍過若淸之有徐乾學其又下於歐蘇數等者也淸興首開鴻博以網羅知名士不足則更徵山林隱逸以禮相招不足則復大開明史館使夫懷故國之思者或將集焉上下四方皆入其網矣除吾所陳諸先生外其倖免者寡也而當時汲引最盛者曰崑山徐彼以南人處文學最盛之區一時魁儒大師皆所素往還旣緣佞幸驟獲寵貴則以利祿相歆以威勢相脅而屢主文衡久尸史職務欲盡羅名宿致諸門下彼固不知學而藉門下食客以爲之緣飾旣博禮士之名復徼績學之譽侈然以稽古之榮爲餌而使一世廉恥浸潤以銷滅士之弁髦氣節以奔競諂諛爲尚其受徐氏之影響者最多焉不然有明三百年之所養何一旦掃地以盡若是速也湯斌李光地皆以大儒聞於淸初而斌以計斬明舊將李玉庭光地賣其友陳夢雷而主謀滅耿鄭皆坐是致貴顯然斌之欺君聖祖察之光地之忘親貪位彭鵬（閩人給事中與光地同鄉）劾之卽微論大節其私德已不足表率流俗矣而皆竊附程朱陸王以一代儒宗相扇耀天下莫或非之質而言之彼二氏者學術之醇不及許衡而隳棄名節與之相類階進之正不及公孫弘而作僞日拙與之相類程朱陸王之學統不幸而

見纂於豎子。自茲以往。宋明理學之末日至矣。毛奇齡。乘時得位。雖不及崑山睢州安谿。而挾其雕蟲炙輠之才。行以狂悖恣肆之態。其戕賊學界。亦頗有力。全謝山著毛檢討別傳。於其生平行誼。魑魅魍魎。無遁形矣。（毛自謂畫江之役曾預義師實則以鼓琴階進於保定伯毛有論事敗遂亡匿毛嘗亡命爲僧自謂以選詩獲罪實則殺人罪也嘗聞緒論於閻百詩及施愚山竊其唾餘以自炫及夤緣預詞科得檢討乃仇閻施其著古文尚書寃辭專以強辯排百詩也昔曾恩彼者皆怨報之既貴棄其糟糠婦婦嘗對其門生張希良盡發奇齡平生醜行至不堪入耳云云此皆全氏鮚琦亭集外編所記也論者或謂奇齡爲兩橛人猶未知其眞相耳）彼其辯才既便給。記載既雜博。乃徧仇前哲。以文其小人無忌憚之行。肆口嫚罵。漢以後人無一得免。而其所最切齒爲宋人。宋人之中所最切齒者爲朱子。跡其所抨擊。純然市井無賴叫囂者之所爲。稍有學養者。未必爲動。但承其時學風尊漢蔑宋之機已動。而遵毛氏之教。可以悉舉名節閑檢而蕩棄之。而不失爲大儒。其便學者之私圖孰有過是。上既有湯李輩以僞君子相率。下復有奇齡等以眞小人自豪。而皆負一世重名。以左右學界。清學之每下愈況也。復何怪焉。復何怪焉。後此袁枚俞樾輩。皆直接汲毛氏之流。而間接受影響者。尚不可指數也。

自此以往。宋明學全絕。惟餘經學考據。獨專學界。爛然光華。遂入於近世第二期。

## 第二節　乾嘉間

吾論近世學派。謂其由演繹的進於歸納的。饒有科學之精神。且行分業之組織。而惜其僅用諸瑣瑣之考據。然則此學派之所以不盡其用者。原因何在乎。曰是不一端。而時主之操縱其最也。自康雍間屢興文字獄。乾隆承之。周納瘢酷。論井田封建稍近經世先王之志者。往往獲意外譴。乃至述懷感事。偶著之聲歌。遂罹文網者。趾相屬。又嚴結社講學之禁。晚明流風餘韻。銷匿不敢復出現。學者舉手投足。動遇荊棘。懷抱其才力智慧。無所復可用。乃駢轃於說經。昔傳內廷演劇。觸處忌諱。乃不得已專演封神西游牛鬼蛇神種種詭狀。以求無過。本朝之治經術者亦然。銷其腦力及其日力於故紙之叢。苟以逭死而已。進化學家言諸動物之毛羽爲特別彩色者。皆緣夫有所避而假以自衛。淘汰久之。而彩異遂獨發達。輓近漢學之昌明。禀茲例也。流風既播。則非是不見重於社會。幽眇相競。忘其故矣。嗚呼。斯學之敝中國久矣。顧以二百餘年瑰材軼能之士之腦識所集注。固一代思想之淵海也。可以無記乎。吾嘗以桴亭楊園比諸宋之泰山徂徠。此言其學之相近耳。若以一代學界上位置論之。則閻胡二子。丁比孫石。定宇東原。其濂洛也。高郵父子。其晦菴也。閻胡爲漢學祖。崑山亭林可謂祖之所自出。（閻胡之學實非傳自崐山但言漢學者多誦法崐山故吾强名之）其儼然組織箸學統者。實始乾隆朝。一曰吳派。一曰皖派。吳派開祖曰惠定宇。（棟）定宇之先有何義門（焯）陳少章（景雲）沈歸愚（德潛）皆尚通洽。雜治經史文辭。定宇承其祖元龍（周惕）父天牧（士奇）家學。益覃精經術。世稱吳中三惠。定宇著九經古義、周易述、明堂大道錄、古文尚書考、左傳補注。皆精博有心得。其弟子最著者。曰江艮庭、（聲）余古農、（蕭客）王西莊、（鳴盛）錢竹汀、（大昕）王蘭泉。（昶）艮庭爲尚書集注音疏。古農爲古經解鉤沈。雖卑下已見。而搜討之勤。有足稱者。王錢益推其術以治史學。西莊有十七史商榷。竹汀有廿二史考異。皆其支流也。蘭泉著金石萃編。金石釋經者宗焉。敎於揚州。則有汪容甫（中）劉端臨（台拱）稍稍上證諸子。（汪所著述學有荀卿通論劉著荀子補注）古農弟子曰江鄭堂。（藩）撰國朝漢學師承記。淸儒家法流派。可得而稽焉。亦一學史也。皖派開祖曰戴東原。（震）東原生休寧。章炳麟氏謂休寧於江南爲高原。其民勤苦善治生。故求學深邃。言直覈而無蘊藉。蓋地理感化使然也。淸代漢學。閻胡作之。惠氏衍之。戴氏成之。東原少受學婺源江愼修。（永）治小學禮經算術輿地。皆深通。復從定宇游。傳其學。著東原集。孟子字義疏證。方言疏證。考工記圖。聲韻考。聲類表。爾雅文字表等。而關於曆算水地之著述猶多。

其論學曰。『經之至者道也。所以明道者辭也。所以成辭者字也。必由字以通其辭。由辭以通其道。乃可得之。』乾嘉間學者。以識字爲求學第一義。自戴氏始也。其鄉里同學。有金輔之（榜）程易疇。（瑤田）後有淩次仲（廷堪）及三胡。（匡衷承珙培翬）咸善治禮。而易疇尤明水地聲律工藝穀食之學。而皆取師資於東原。東原弟子著者曰任幼植。（大椿）盧抱經。（文弨）孔巽軒。（廣森）幼植爲小學鉤沈。抱經專事校勘。大戴記逸周書荀子方言釋名春秋繁露白虎通。皆所讎定。（此外尚數種）古書自是可讀焉。巽軒始治公羊。爲言公羊學者之祖。然今文家弗善也。其尤著者曰金壇段若膺。（玉裁）高郵王懷祖（念孫）若膺著說文解字注。六書音韻表。許學之淵藪也。懷祖著廣雅疏證。經傳釋詞。以經傳諸子轉相證明。凡諸古書文義詰籟者。悉迎刃而解。以授其子伯申。（引之）作經義述聞。訓詁之學。至是圓滿矣。近世俞蔭甫（樾）爲古書疑義舉例。稟高郵學。而分別部居之。而最近則馬眉叔（建忠）著文通。亦憑藉高郵。（眉叔著書時余在上海居相鄰往往有所商榷知其取材於經傳釋詞古書疑義舉例者獨多也）創前古未有之業。中國之有文典。自馬氏始。推其所自出。則亦食戴學之賜也。當是時。天子方開四庫館。以藻飾太平。而東原實總館事。（四庫書目提要其大部分出東原手紀文達尸其名耳）彼之學。既足以睥睨一世。而復祭酒於首善之區。以是戴氏學掩襲天下。清之漢學家。大率專事考據。不復與宋明儒者爭席。惟東原著孟子字義疏證及原善。以其心得者。以與新安姚江爭。則亦持之有故。言之成理。其言曰。『君子之治天下也。使人各得其情。各遂其欲。君子之自治也。情與欲使一於道義。』而極言無欲爲異氏之學。謂遏欲之害。甚於防川焉。此其言頗有近於泰西近世所謂樂利主義者。不可謂非哲學派中一支流。雖然。人生而有欲。其天性矣。節之猶懼不蔇。而豈復勞戴氏之教猱升木爲也。二百年來學者。記誦日博。而廉恥日喪。戴氏其與有罪矣。（以上敍傳授派別頗採章氏訄書而增補之且自下斷案著者附識）

吳皖派別之說。出自江氏漢學師承記。而章氏辨之尤嚴。章氏謂吳學好博而尊聞。皖學綜形名任裁斷。此其所以爲異諒也。雖然東原固嘗受學於惠氏。則吳皖可云同源。戴之視惠。猶惠之視閻胡也。故淸之休甯可比明之姚江。姚江出而舉天下皆姚江學。卽有他派附庸而已。休甯亦然。乾嘉間休甯以外之學術。皆附庸也。雖然其學實僅盛於江左。江左以外各省學子。雖往往傳習。然不能成家。其稍有系統之可言者。則孔巽軒以其學衍於山東。繼起者有郝恂九懿行桂未谷馥皆卓然成一家言。侯君模康以其學衍於嶺南。阮芸臺元督學。創學海堂輯刻皇淸經解。於是其學風大播於吾粵。道咸以降。江浙衰而粵轉盛。雖然名家者無一焉。最著爲陳蘭甫澧謬溝合漢宋以博創獲之譽。其細已甚。而去戴學抑愈遠矣。

其時以大人先生而鼓吹左右茲學最有力者。曰紀曉嵐昀阮芸臺元畢秋帆沅。然皆不能自名其家。其著述或多假於食客之手。於學界殆不足道。而紀氏以佞幸處向歆之地位。苟媚時主。微詞尖語。顚倒黑白。於人心風俗所影響固不細也。

惠戴之學。固無益於人國。然爲羣經忠僕。使後此治國學者。省無量精力。其功固不可誣也。二百年來諸大師往往注畢生之力於一經。其疏注之宏博精確。誠有足與國學俱不朽者。於易則有惠氏棟之周易述。江氏藩之周易述補。張氏惠言之周易虞氏義。於書則有江氏聲之集注音疏。王氏鳴盛之後案。孫氏星衍之今古文注疏。於詩則有馬氏瑞辰之傳箋通釋。胡氏承珙之後箋。陳氏奐之傳疏。於禮則有張氏惠言之圖。胡氏培翬之正義。於周禮則有孫氏詒讓今人之正義。於春秋左氏傳則有劉氏文淇之正義。公羊傳則有陳氏立之義疏。穀梁傳則有鍾氏文烝之補注。於論語則有劉氏寶楠之正義。於孝經則有皮氏錫瑞今人之鄭注疏。於爾雅則有邵氏晉涵之正義。郝氏懿行之義疏。於孟子則有焦氏循之正義。類皆曠古絕作。蓋取精多用物宏。時代使然也。西諺曰。羅馬非一日之羅馬。吾於陳碩甫之毛詩胡竹村之儀禮陳卓人之公羊孫仲容之周禮見之矣。其在十三經以外者。則如孔氏廣森之大戴禮記補注。龔氏麗正之國語疏陳氏立之白虎通疏證朱氏右曾之逸周書校釋。其功皆足多焉。若段氏之說文王氏之廣雅。尤爲茲學之中堅。前簡論之。今不具也。

以上爲乾嘉間學統之正派。

其時與惠戴學樹敵者曰桐城派。方東樹著漢學商兌。抨擊不遺餘力。其文辭斐然。論鋒敏銳。所攻者間亦中癥結。雖然。漢學固可議。顧桐城一派。非能議漢學之人。其學亦非惠戴敵。故往而輒敗也。桐城派鉅子。曰方望溪苞姚姬傳鼐。方姚固文人。而自謂尸程朱之傳。其實所自得者至淺薄。姬傳與東原論學數牴牾。故經學家與文學家始交惡。云自宋歐陽廬陵有因文見道之說。厥後文士往往自託於道學。平心論之。惠戴之學與方姚之文等無用也。而百年以往國學史上之位置。方姚視惠戴何如哉。

自康雍以還。號稱以朱學名家者。若熊賜履、陳宏謀、陳鵬年、楊名時、朱軾、李紱、孫嘉淦。大率皆以高位負時望。承風者固大儒之號以奉之。實則於學界不有影響。蓋宋學之徽久矣。方姚以後。益更不競。其間惟王白田懋竑著朱子年譜考異。眞治朱學者一人而已。唐鑑著國朝學案小識專持門戶而派別紊亂文體拙劣等諸自鄶也

復有浙東學派者。與吳派皖派不相非。其精闢不逮。而致用過之。其源出於梨洲季野。而尊史。其鉅子曰邵二雲晉涵全謝山祖望章實齋學誠。二雲預修國史。以記誦之博聞天下。在國史館中先朝史冊以數千計總裁問以某事答曰在某冊第幾葉百不失一云江藩謂二雲卒而江南之文獻云亡。謝山於明末遺事。記載最詳。故國之感。往往盈紙。南雷學統。此其一綫也。實齋爲文史

通義。批卻導窾。雖劉子元蔑以過也。其校讎通義。啟研究周秦學之端矣。吾於諸派中甯尊浙東。趙甌北（翼）之廿二史劄記。其考據之部分。與西莊辛楣相類。顧其採集論斷屬辭比事。有足多者。其派甯近於浙東。或曰。其攘章實齋遺稿者過半云。無左證。不敢妄以私德衊前輩也。其餘治史者多率皆汲王錢之流。不足道。乾嘉間王學之絕已久。中間惟羅臺山（有高）汪愛廬（縉）彭尺木（紹升）獨從王學入。而皆歸宿於佛門。臺山尺木尤勇猛精進。大澈大悟。彼時代之一異色也。其學不光大。影響蓋微。

## 第三節　最近世

其最近數十年來。崛起之學術。與惠戴爭席。而駸駸相勝者。曰西漢今文之學。首倡之者。為武進莊方耕（存與）著春秋正辭。方耕與東原同時。相友善。然其學不相師也。戴學治經訓。而博徧羣經。莊學治經義。而約取春秋公羊傳。東原弟子孔巽軒（廣森）雖嘗為公羊通義。然不達今文家法。膚淺無條理。不足道也。方耕弟子劉申受（逢祿）始顓主董仲舒李育為公羊釋例。實為治今文學者不祧之祖。逮道光間。其學寖盛。最著者曰仁和龔定庵（自珍）曰邵陽魏默深（源）定庵有文集三卷。續集四卷。定庵段茂堂外孫也。其小學多得自段氏。而經義則挹自莊劉。又好治史。憙章實齋之學。言六經皆史。又學佛。欲排禪宗。衍教下三家。其思想蓋甚複雜。然其於春秋蓋有心得。能以恢詭淵眇之理想。證衍古誼。其於專制政體。疾之滋甚。集中屢歎恨焉。（集中如古史鈎沈論乙丙之際箸議京師樂籍說尊任尊隱撰四等十儀壬癸之際胎觀等篇皆頗明民權之義其餘東鱗西爪全集往往見）又頗明社會主義。能知治本。（龔集平均篇云至極不祥之氣鬱於天地之間鬱之久乃必發為兵燹為疫癘（中略）其始不過貧富不相齊之為之爾小不相齊漸至大不相齊大不相齊則至喪天下此近世泰西社會學家言根本之觀念也）當嘉道間。舉國醉夢於承平。而定庵憂之。儳然若不可終日。其察微之識。舉世莫能及也。生綱密之世。風議隱約。不能盡言。其文又瑰瑋連犿。淺學或往往不得其指之所在。雖然。語近世思想自由之嚮導。必數定庵。吾見並世諸賢。其能爲現今思想界放光明者。彼最初率崇拜定庵。當其始讀定庵集。其腦識未有不受其激刺者也。夫以十年以來。歐美學澎湃輸入。雖乳臭之子。其眇思譚說。皆能軼定庵。顧定庵生百年前而乃有此。未可以少年喜謗前輩也。然定庵憔悴牢落。不得志。其道力不足以自勝。故細行多不檢。其惡習影響於新學界者亦有焉。

前此治今文者則春秋而已。至魏默深乃推及它經。著詩古微書古微。詩主齊魯韓。書主歐陽大小夏侯。而排斥毛鄭。不遺餘力。由今日視之。其無謂亦甚矣。然一家之言。不可誣也。（餘杭章氏謂齊魯韓歐陽大小夏侯各有師法故不一致而齊魯大小夏侯尤相攻如仇魏氏不知師法略例一切混合殊無條理云云是誠中魏氏之失但今文經說中雖互有歧異然其歧異與今古文之歧異相比較則異中仍從同也譬之則如景教之新舊教新教中派別數十亦各相非然以之與羅馬舊教相比較則新舊之異點甚大而新派中之支派其異點甚小也不得以此遽抹煞魏氏學）魏氏又好言經世之術。爲海國圖志。奬厲國民對外之觀念。其書在今日不過東閣覆瓿之價值。然日本之平象山吉田松陰西鄉隆盛輩。皆爲此書所激刺。間接以演尊攘維新之活劇。不龜手之藥一也。或以霸。或不免於洴澼絖。豈不然哉。

數新思想之萌蘖。其因緣固不得不遠溯龔魏。而二子皆治今文學。然則今文學與新思想之關係。果如是密切乎。曰是又不然。二子固非能純治今文者。卽今文學亦安得有爾許魔力。欲明其理。請徵泰西。夫泰西古學復興。遂開近世之治。謂希臘古學果與近世科學哲學有不可離之關係乎。殆未必然。然銅山崩而洛鐘應者。其機固若是也。凡社會思想。束縛於一途者既久。驟有人焉衝其藩籬而陷之。其所發明者不必其遂有當於眞理也。但使持之有故。言之成理。則自能震聾一般之耳目。而導以一線光明。此懷疑派所以與學界革命常相緣也。今文家言。一種之懷疑派也。二百年間支配全學界最有力之一舊說。舉凡學子所孳孳焉以不得列宗門爲恥者。而忽別樹一幟以與之抗。此幾一動。前之人所莫敢疑者。後之人乃競起而疑之。疑之不已。而假詭之論多。優勝劣敗。眞理斯出。故懷疑派之後。恆繼以詭辯派。詭辯派之後。而學界革命遂成立。此徵諸古今中外而皆然者也。今文之學。對於有清一代學術之中堅而懷疑者也。龔魏及祖述龔魏之徒。則近於詭辯者也。而我思想界亦自茲一變矣。今勿具論。其與龔魏相先後而學統有因緣者。則有若陽湖李申耆(兆洛)。長洲宋于庭(翔鳳)。仁和邵位西(懿辰)。宋氏傅會太過。支離太甚。不足以當鉅子。李氏明算。長於地理。其治經則排斥周官特甚。邵氏則卓然一經師也。蓋申耆始治今文春秋。默深始治今文詩。今文書。而位西則言今文禮。著禮經通論。以逸禮三十九篇爲劉歆矯造。自是羣經今文說皆出。而湘潭王壬秋(闓運)。壬秋弟子井研廖季平(平)。集其大成。王氏徧注羣經。不斷斷於攻古文。而不得不推爲今學大師。蓋王氏以公羊說六經。公羊實今學中堅也。廖氏受師說而附益之。著書乃及百種。可謂不憚煩。(其門人某著有廖氏經學叢書百種解題。又廖所著書其目皆見於光緒井研志。)而其說亦屢變。初言古文爲周公。今文爲孔子。次言今文爲孔之眞。古文爲劉之僞。最後乃言今文爲小統。古文爲大統。其最後說。則戊戌以後。懼禍而支離之也。蚤歲實有所心得。儼然有開拓千古推倒一時之概。晚節則幾於自賣其學。進退失據矣。至乃牽合附會。摭拾六經字面上碎文隻義。以比附泰西之譯語。至不足道。雖然。固集數十年來今學之大成者。好學深思之譽。不能沒也。蓋自今古之訟旣興。於是朱右曾有尙書歐陽夏侯遺說考。陳喬樅有今文尙書經說考。三家詩遺說考。齊詩翼氏學疏證。陳立有公羊義疏。專憑西漢博士說以釋經義者。間出。逮廖氏而波瀾壯闊極矣。吾師南海康先生少從學於同縣朱子襄先生(次琦)。朱先生講陸王學於舉世不講之日。而尤好言歷史法制得失。其治經則綜糅漢宋今古不言家法。康先生之治公羊治今文也。其淵源頗出自井研。不可誣也。然所治同。而所以治之者不同。疇昔治公羊者皆言例。南海則言義。惟牽於例。故還珠而買櫝。惟究於義。故藏往而知來。以改制言春秋。以三世言春秋者。自南海始也。改制之義立。則以爲春秋者。絀君威而申人權。夷貴族而尙平等。去內競而歸統一。革習慣而尊法治。此南海之言也。疇昔吾國學子。對於法制之觀念。有補苴。無更革。其對於政府之觀念。有服從。有勸諫。無反抗。雖由霸者之積威。抑亦誤學孔子。謂敎義固如是也。南海則對於此種觀念。施根本的療治也。三世之義立。則以進化之理。釋經世之志。徧讀羣書。而無所於閡。而導人以向後之希望。現在之義務。夫三世之義。自何邵公以來。久闇曶焉。南海之倡此。在達爾文主義未輸入中國以前。不可謂非一大發明也。南海以其所懷抱。思以易天下。而知國人之思想束縛既久。不可以猝易。則以其所尊信之人爲鵠。就其所能解者而導之。此南海說經之微意也。而其影響則既若此。近十年來。我思想界之發達。雖由時勢所造成。歐美科學所鼓動。然謂南海學說無絲毫之功。雖極惡南海者。猶不能違心而爲斯言也。南海之功安在。則亦解二千年來人心之縛。使之敢於懷疑。而導之以入思想自由之塗徑而已。自茲以還。瀏陽譚壯飛（嗣同）著仁學。乃舉其冥想所得實驗所得聽受所得者。盡發之而無餘。而思想界遂起一大革命。

晚近學界。對於孔子而試挑戰者。頗不乏人。若孔子之爲敎主與非敎主也。孔子在三千年來學界之功罪也。孔子與六家九流之優劣比較也。孔子與泰西今古尊哲之優劣比較也。莽然並起。爲學界一大問題。顧無論或推尊之。或謗議之。要之其對於孔子之觀念。以視十年前。劃若鴻溝矣。何也。自董仲舒定一尊以來。以至康南海。孔子改制考出世之日。學者之對於孔子。未有敢下評論者也。恰如人民對於神聖不可侵犯之君權。視爲與我異位。無所容其思議。而及今乃始有研究君權之性質。擬議其長短得失者。夫至於取其性質而研究之。則不惟反對焉者之識想一變。即贊成焉者之識想亦一變矣。所謂脫羈軛而得自由者。其幾即在此而已。綜舉有淸一代之學術。大抵述而無作。學而不思。故可謂之爲思想最衰時代。雖然。剝與復相倚。其更化之機。章章然次第進行。通二百六十年間觀察之。有不可思議之一理趣出焉。非人力所能爲也。順治康熙間。承前明之遺。夏峯梨洲二曲諸賢。尙以王學教後輩。門生弟子徧天下。則明學實占學界第一之位置。然晚明僞王學猖狂之習。已爲社會所厭勸。雖極力提倡。終不可以久存。故康熙中葉遂絕跡。時則考據家言雖始萌芽。顧未能盛。而時主所好尙。學子所崇拜者。皆言程朱學者流也。宋學占學界上第一之位置。顧亭林日勸學者讀注疏。爲漢學之先河。其時學者漸厭宋學之空疏武斷。而未能悉折衷於遠古。於是借陸德明孔沖遠爲嚮導。故六朝三唐學實占學界上第一之位置。惠戴學行。謂漢儒去古最近。適於爲聖言通騠象。一時靡其風。家稱賈馬。人說許鄭。則東漢學占學界上第一之位置。莊劉別與。魏邵繼踵。謂晚出學說非眞。而必溯源於西京博士之所傳。於是標今文以自別於古。與乾嘉極盛之學派挑戰。抑不徒今文家然也。陳碩甫作詩疏。亦申毛黜鄭。同爲古學。而必右遠古。鄭學日見掊擊。而治文字者。亦往往據鼎彝遺文以糺叔重。則西漢學占學界第一之位置。乾嘉以還。學者多饑正先秦古籍。漸可得讀。二十年來。南海言孔子改制創新教。且言周秦諸子皆改制創新教。(見南海所著孔子改制考卷二卷三)於是於孔教宗門以內。有游夏孟荀異同優劣之比較。(南海尊禮運大同義。謂傳自子游。其衍爲子思孟子。荀子非十二子篇。其非思孟之言曰。以爲仲尼子游爲茲厚於後世。是其證也。子夏傳經。其與荀卿之淵源。見於漢書藝文志。故南海謂子游受微言以傳諸孟子。子夏受大義以傳諸荀子。微言爲太平世大同教。大義爲升平世小康教。因此導入政治問題。美孟而劇荀。發明當由專制進爲立憲共和之理。其言有倫脊。先排古文以追孔子之大義。次排荀學以追孔子之微言。此南海所以與井研異也。井研爲無意識之排古。南海則有所爲而排之。以求達一高尙之目的也。謗者或以爲是康劉非孔教。顧禮運孟子公羊傳之言不可得削也就令非孔子而爲康所託其託之也則亦於社會上有絕大關係明矣夫在今日雖以小學校之學僮固莫不口英美之政體手盧孟之著書矣二十年前昌言之者誰耶知之者或多矣昌之者惟一或又曰南海欲言則自言之耳何必託於孔子夫南海之於孔子固心悅誠服者謂彼爲託彼不任受也抑亦思今日國中聞立憲共和之論而卻走者尚占大多數二十年前不引徵先聖最有力之學說以爲奧援安能樹一壁壘與二千年之勍敵抗耶孟子曰知人論世烏可以今而例昔也鄙人非阿其所好顧以爲今後之學界對於南海總當表謝意此公言也今之青年能譯讀南海所未讀之新書能受習南海所未受之學說固也顧其所發明所心得吾猶未知視南海何如以吾所見南海所著之大同學其淵眇繁蹟之理想恐尚非今之青年所能幾也（南海在印度始寫定之吾今春在香港始見之其通於世間出世間而斟酌不二法門實有不可思議者存吾未能多讀西書就所已見者則南海之書猶爲創說也以太駭俗且當今日政界學界無秩序之時發布之必更滋流弊故只得祕之其手寫本今在順德麥孟華所）藉曰過之也亦地位所宜然二十年後後輩之觀我等亦猶我等視二十年之前輩也不然今日日本之學生任舉一人其所稗販之學說豈不多於福澤諭吉耶非吾敬南海而欲强國人以敬南海即吾於南海之說其不肯苟同者固往往有焉矣顧其惠我以思想界之感化者則烏可忘也吾以爲吾輩對於前輩之學說其有粗略者則補助之其有不同意者則駁正之皆應盡之義務也若囂囂然挾其一得相率以輕薄之言橫相諷刺甚乃毛舉細故爲人身之攻擊適見其敖而澆耳孔子曰民德歸厚矣以不厚爲學風夫豈學界之吉祥善事耶又近世新學者流動輒以排孔爲能夫以支配二千年人心之一巨體一旦開其思想自由之路則其對之也有矯枉過直之評論是誠所難免卽鄙人於數年前保教之迷信固亦棄擲之矣雖然日日掊擊孔子試問於學界前途果有益乎夫今後國人之思想其必不能復以二千年之古籍束縛之也洞若觀火矣然則孔子學說無論如何斷不能爲今後進步之障而攻之者豈復有所不得已者存也彼狂妄少年肆口嫚罵者無傷於日月不足道也而一二魁儒之必與孔子爲難者則於舊倫理有所不滿意謂孔教以家族爲單位使我國久困於宗法社會不能入國民社會者孔子也謂孔子假君主以威權使二千年民賊得利用之以爲護符者孔子也斯固然也曾亦思天下爲公選賢與能不獨親其親不獨子其子非孔子之言耶在排孔者曷嘗忘諸顧隱而不言而惟舉其可難者以相難則或有所爲而亢世子法於伯禽或子侈其辯以爲名高耳夫二千年來之倫理固一出於孔子小康教範圍之內而孔子著述言論其屬於小康範圍者十而八九此無容諱者也然謂此爲孔子獨一無二之教指甯可謂乎春秋必立三世則何以故也禮運豈不明言丘未之逮而有志也試思孔子當日之社會羣雄角立同族相競非希望得一强大之中央政府何以爲治而社會結合力薄弱之時家族制度又安可闕也孔子不欲導民以進化則已耳苟其欲之則安能躐小康之一階級故大同之義只能微言之虛懸以俟後聖是得爲孔子罪矣乎我輩今日若以爲小康之統既潰久而敝不適於今也則發其微言可耳計不出此而以國人最信仰之人物資敵使民賊得盾焉以號召中立黨而弱我吾未見其利而先覩其害耳且一民族之心理必有所繫然後能結合而爲有秩序之進步今當青黃不接之交學者方倀倀無適從而先取一最有價值之人物而踣之立言者之意曷嘗不欲補偏救弊棄短取長其奈和之者必變本加厲一蠦而百唫一趨而百奔乃將曰彼號爲聖人百世師者其學識乃尚不及我其訓言安足信其所謂道德之責任安足守聖人百世師且然他更何論矣嗚呼是豈不舉天下而洪水猛獸之也今者其機已大動矣仁

人君子可無罹耶。美總統盧斯福演說嘗有言。謂業報館者作煽動之文字最受一般之歡迎而於國家無益。作忠實之文字最受一般之冷視而國家終收良結果焉（盧氏業報館二十年自道其經驗）吾以爲排孔論與夫與排孔論同性質者皆煽動之也。鄙人昔者固嘗好爲之矣。今則甯受多數之冷視。不願受無益之歡迎。亦欲與中國有言責者共商榷之。僞有所觸。言之曼衍。與標題之旨幾爲風馬牛。讀者諒其爲忠實之言。不苛責焉。固所望也。

於孔教宗門以外有孔老墨及其他九流異同優劣之比較。凡所謂辨。悉從其朔。故先秦學占學界第一之位置。今更表列其變遷之狀。

| 第一期 | 第二期 | 第三期 | 第四期 |
|---|---|---|---|
| 順康間 | 雍乾嘉間 | 道咸同間 | 光緒間 |
| 程朱陸王問題 | 漢宋問題 | 今古文問題 | 孟荀問題孔老墨問題 |

上表不過勉分時代其實各期銜接攙雜有相互之關係非能劃若鴻溝讀者勿刻舟求之

由此觀之。本朝二百年之學術。實取前此二千年之學術倒影而繅演之。如剝春筍。愈剝而愈近裏。如啖甘蔗。愈啖而愈有味。不可謂非一奇異之現象也。此現象誰造之。曰社會周遭種種因緣造之。凡一社會之秀異者。其聰明才力必有所用。用之於一方既久。則精華既竭。後起者無復自樹立之餘地。故思別闢新殖民地以騁其腦識。宋學極盛數百年。故受以漢學。漢學極盛數百年。故受以先秦。循玆例也。此通諸時代而皆同者也。其在前兩期。則霸者之所以監民也至嚴。學者用其聰明才力於他途。或將以自焚。故不得不自錮於無用之用。此惠戴所以代朱王也。其在第三期。天下漸多事。監者稍稍弛。而國中方以治經爲最高之名譽。學者猶以不附名經師爲恥。故別出一途以自重。吾欲名惠戴一派爲純正經學。名龔魏一派爲應用經學。雖似戲言。實確論也。其在第四期。

則世變日亟而與域外之交通大開世變亟則將窮思其所以致此之由而對於現今社會根本的組織起懷疑焉交通開則有他社會之思想輸入以爲比較而激刺之淬厲之康譚一派所由起也要而論之此二百餘年間總可命爲古學復興時代特其興也漸而非頓耳然固儼然若一有機體之發達至今日而葱葱鬱鬱有方春之氣焉吾於我思想界之前途抱無窮希望也

道咸同間今文學雖興而古文學尚不衰往往有名其家者說詳前節治經之外則金石一學幾以附庸蔚爲大國郡國往往於山川得鼎彝雖眞贋閒雜然搜討之勤亦足多也西人治史者皆以此爲一重要之補助學科前輩致力於此爲將來撰國史者儲材致可感謝矣如最近發見龜甲文字可爲我族民與巴比倫同祖之一證孰謂其玩物喪志也耶咸同間好之者徧天下而福山王蓮生（祖榮）吳縣潘伯寅（祖蔭）滿洲盛伯熙（昱）最名其家又古佚書亦史學補助學科所必需輓近以來輯佚學大盛亦爲後史造資料最博備者則烏程嚴景文（可均）之全上古三代漢魏文歷城馬竹吾（國翰）之玉函山房輯佚書自龔定庵好言佛而近今學界代表之數君子大率與定庵有淵源故亦皆治佛學如南海壯飛及錢塘夏穗卿（曾佑）其人也雖由其根器深厚或其所證過於定庵要之定庵爲其導師吾能知之定庵與學界之關係誠複雜哉

天算之學自王寅旭梅定九大啓其緒爾後經師殆莫不明算故諸實用科學中此爲獨盛阮氏（元）疇人傳羅氏（士琳）疇人傳補備載之咸同間則海甯李壬叔（善蘭）金匱華若汀（衡芳）最名家壬叔續譯成幾何原本若汀譯奈端數理未卒業（若汀先生於丁酉冬以其所譯奈端數理屬鄙人使校印之未印而戊戌難作行篋書物悉散佚茲編與焉七年來耿耿負疚不能去懷徵聞此編未遭浩劫爲競賣者所得未知今歸誰氏海內君子有藏之者幸付梓人公之於世既以惠我學界亦使鄙人對於譯者得贖重咎也）

海禁既開。譯事萌蘗。游學歐美者。亦以百數。然無分毫影響於學界。惟侯官嚴幾道。復譯赫胥黎天演論。斯密亞丹原富等書。大蘇潤思想界。十年來思想之丕變。嚴氏大有力焉。顧日本慶應至明治初元。僅數年間。而泰西新學。披靡全國。我國閱四五十年。而僅得獨一無二之嚴氏。雖曰政府不良。有以窒之。而士之學於海外者。毋亦太負祖國耶。戊戌庚子以還。日本江戶爲遷新思想之一孔道。踰海負笈。月以百計。學生闐礬塾。譯本如鯽。魚言論驚老宿。聲勢懾政府。自今以往。思想界之革命。沛乎莫之能禦矣。今始萌芽。雖厖雜不可方物。莫能成一家言。顧吾儕今日只能對於後輩。而盡播種之義務。耘之穫之。自有人焉。但使國不亡。則新政府建立後二十年。必將有放大光明。持大名譽於全世界學界者。吾謌諸我先民。吾能信之。雖然。吾更欲有一言。近頃悲觀者流。見新學小生之吐棄國學。懼國學之從此而消滅。吾不此之懼也。但使外學之輸入者果昌。則其間接之影響。必使吾國學別添活氣。吾敢斷言也。但今日欲使外學之眞精神。普及於祖國。則當轉輸之任者。必邃於國學。然後能收其效。以嚴氏與其他留學歐美之學僮相比較。其明效大驗矣。此吾所以汲汲欲以國學爲我青年勸也。

# 新民議

## 敍論

天下必先有理論。然後有實事。理論者。實事之母也。凡理論皆所以造實事。雖高尙如宗教家之理論。淵遠如哲學家之理論。其目的之結果。要在改良人格。增上人道。無一非爲實事計者。而自餘政治家言。法律家言。羣學家言。生計家言。更無論矣。故理論而無益於實事者。不得謂之眞理論。

雖然理論亦有二種曰理論之理論曰實事之理論理論之理論者又實事之理論之母也二者之範圍不能劃然比較而論之則宗教哲學等可謂之理論之理論政治學法律學羣學生計學等可謂之實事之理論雖然其中又有等差焉卽以生計學一部論之有所謂生計學原理者有所謂應用生計學者有所謂生計政策者以第一類與第二類比較則前者爲理論之理論後者爲實事之理論以第一第二類與第三類比較則前二皆理論之理論後一爲實事之理論推之他學莫不皆然

理論之理論與實事之理論兩者亦有先後乎曰兩者互爲先後民智程度尚低之時其人無歸納綜合之識想惟取目前最近之各問題研究其利害得失故實事之理論先而理論之理論後雖然此等理論其謬誤者恆十而八九及民智稍進乃事事而求其公例學學而探其原理公例原理之旣得乃推而按之於羣治種種之現象以破其弊而求其是故理論之理論先而實事之理論反在後此各國學界所同經之階級也吾中國自今以前皆爲最狹隘最混雜最謬誤的種種『實事理論』之時代至於今日而所謂理論之理論者始萌芽焉若正確的實事之理論猶瞠乎遠也

兩者亦有優劣乎曰無也理論之理論其範圍廣遠其目的高尚然非有實事之理論則無以施諸用實事之理論其範圍繁密其目的切實然非有理論之理論則無以衡其眞二者相依以成缺一不可欲以理論易天下者不可不於此兩者焉並進之

余爲新民說欲以探求我國民腐敗墮落之根原而以他國所以發達進步者比較之使國民知受病所在以自警厲自策進實理論之理論中最粗淺最空衍者也抑以我國民今日未足以語於實事界也雖然爲理論者終

不可不求其果於實事而無實事之理論則實事終不可得見今徒痛恨於我國之腐敗墮落而所以救而治之者其道何由徒豔羨他國之發達進步而所以躡而齊之者其道何由此正吾國民今日最切要之問題也以鄙人之末學寡識於中外各大哲高尚閎博之理論未窺萬一加以中國地大物博國民性質之複雜歷史遺傳之繁遠外界感受之日日變異而國中復無統計無比例今乃欲取一羣中種種問題而研究之論定之談何容易談何容易雖然國民之責任不可以不自勉報館之天職不可以不自認不揣檮昧欲更爲實事之理論以與愛羣愛國之志士相商榷相策厲此新民議所由作也

吾思之吾重思之今日中國羣治之現象殆無一不當從根柢處摧陷廓清除舊而布新者也天演物競之理民族之不適應於時勢者則不能自存我國數千年來以鎖國主義立於大地其相與競者惟在本羣優劣之數大略相等雖其中甲勝乙敗乙勝甲敗而受其敝者不過本羣中一部分而其他之部分亦常有所偏進而足以相償故合一羣而統計之覺其仍循進化之公例日征月邁而有以稍善於疇昔國人因相以安焉謂此種羣治之組織不足爲病也一旦與他民族之優者相遇形見勢絀著著失敗在在困衡國人乃眙駭相視知其然而不知其所以然其稍有識者謂是皆由政府之腐敗官吏之桎梏使然也夫政府官吏之無狀爲一國退化之重要根原亦何待言而謂舍此一端以外餘者皆盡美盡善可以無事改革而能存立於五大洲競爭之場吾見其太早計矣我國以開化最古聞於天下當三千年前歐西狉狉獉獉之頃而我之聲明文物已足與彼中之中世史相埒由於自滿自惰墨守舊習至今閱三千餘年而所謂家族之組織國家之組織村落之組織社會之組織乃至風俗禮節學術思想道德法律宗教一切現象仍歸然與三千年前無以異夫此等舊組織舊現象在前此進化

初級時代，何嘗不爲羣治之大効，而烏知夫順應於昔日者，不能順應於今時，順應於本羣者，不能順應於世界，馴至今日千瘡百孔，爲天行大圈所淘汰，無所往而不敗矣。其所以致衰弱者，原因複雜而非一途，故所以爲救治者亦方藥繁重而非一術。嗚呼，此豈可以專責諸一二人，專求諸一二事云爾哉。吾故今就種種方面，普事觀察，將其病根所在，爬羅剔抉，而參取今日文明國通行之事實，按諸我國歷史之遺傳，與現今之情狀，求其可行，蘄其漸進，作新民議。

## 禁早婚議

言羣者必託始於家族，言家族者必託始於婚姻，婚姻實羣治之第一位也。中國婚姻之俗，宜改良者不一端，而最重要者厥爲早婚。

凡愈野蠻之人，其婚姻愈早，愈文明之人，其婚嫁愈遲。徵諸統計家言，歷歷不可誣矣。婚嫁之遲早，與身體成熟及衰老之遲早，有密切關係，互相爲因，互相爲果。（惟其早熟早老，故不得不早婚，則乙爲因而甲爲果；以早婚之故，所遺傳之種愈益早熟早老，則甲爲因而乙爲果。）社會學公理，凡生物應於進化之度，而成熟之期，久暫各異。進化者之達於成熟，其所歷歲月必多。以人與鳥獸較，其遲速彰然矣。雖同爲人類，亦莫不然。劣者速熟，優者晚成，而優劣之數，常與婚媾之遲早成比例。印度人結婚最早，十五而生子者以爲常，而其衰落亦特速焉。歐洲人結婚最遲，（就中條頓民族尤甚）三十未娶者以爲常，而其民族强健，老而益壯。中國日本人之結婚，遲於印度而早於歐洲，故其成熟衰老之期限，亦在兩者之間。故欲觀民族文野之程度，亦於其婚媾而已。卽同一民族中，其居於山谷鄙野者，婚嫁之年必視都邑之民較早，而其文明程度，亦

恆下於都邑一等蓋因果相應之理絲毫不容假借者也吾今請極言早婚之害

(一)害於養生也　少年男女身體皆未成熟而使之居室妄斲喪其元氣害莫大焉不特此也年既長者情欲稍殺自治之力稍强常能有所節制而不至伐性若年少者其智力既稚其經驗復淺往往溺一時肉慾之樂而忘終身痼疾之苦以此而自戕比比然矣吾聞倫理學家言『凡人各對於己而有當盡之義務』蓋以人之生也今日之利害往往與明日之利害相背馳縱一時之情慾即爲後日墮落苦海之厲階故夫人生中壽六十年析而分之凡得二萬一千九百十五日日日之利害既各相異則是一日可當一人觀也然則六十年中恰如有各異利害之二萬人者互相繼續前後而列居其現象與二萬餘人同時並居於一社會者同不過彼橫數而此竪計云爾此二萬餘人中若有一人焉縱欲過度爲軀幹傷則列其後者必身受其縱欲所生之禍其甚焉者則中道夭折焉其次焉者亦半生萎廢焉中道夭折則是今日之我殺來日之我也半生萎廢則是今日之我侵來日之我之自由也夫以一人殺一人以一人侵一人之自由就法律上猶必按其害羣之罪而痛懲之況於以今日之一我而殺來日之萬數千我而侵來日之萬數千我之自由其罪之重大豈復巧曆所能算也一羣之人互相殺焉互相侵自由焉則其羣必不能成立此盡人所同解也由此言之苟一羣中人人皆自殺焉人人皆自侵其自由焉則其羣效之結果更當何似也夫孰知早婚一事正自殺之利刃而自侵自由之專制政體也夫我中國民族無活潑之氣象無勇敢之精神無沈雄强毅之魄力其原因雖非一端而早婚亦實尸其咎矣一人如是則爲廢人積人成國則爲廢國中國之弱於天下皆此之由

(二)害於傳種也　中國人以善傳種聞於天下綜世界之民數而吾國居三之一焉蓋亦足以自豪矣雖然顧

可恃乎。據生物學家言。天地間日日所產出之物。其數實恆河沙無量數不可思議。使生焉者而即長成焉。則夫一雄一雌之所產。（無論爲植物爲動物爲人類）不及千年。而其子孫即充滿於全球。而無復餘錐之地。然則今日之苗焉泳焉飛焉走焉蠕焉步焉制作焉於此世界者。不過其所卵所胎所產之同類億萬京垓中之一而已。孵者億而育者一。育者億而活者一。活者億而長成者一。其淘汰之酷禍若茲其難避也。故夫人之所以貴於物。文明人之所以貴於野蠻者。不在其善孵善育也。而在善有以活之。善有以長成之。傳種之精義。如是而已。活之長成之之道不一端。而體魄之健壯。養敎之得宜。其尤要也。故欲對於一國而盡傳種之義務者。（第一）必須其年齡有可以爲人父母之資格。（第二）必須其能力可以荷爲人父母之責任。如是者則能爲一國得佳種。不然者。徒耗其傳種力於無用之地。不寧惟是。且舉一國之種子而腐敗之。國未有不悴者也。吾中國以家族爲本位者也。（西人以一人爲本位。中國以一家族爲本位。此其理頗長。容別著論論之）昔賢之言曰。不孝有三。無後爲大。舉國人皆於此兢兢焉。有子女者。甫離襁褓。其長親輒孳孳然以代謀結婚爲一大事。甚至有年三十而抱孫者。則戚族視爲家慶。社會以爲人瑞。彼其意豈不曰是將以昌吾後也。而烏知夫此秀而不實之種。其有之反不如其無之之爲愈也。接統計學家言。凡各國中人民之廢者疾者夭者弱者鈍者犯罪者。大率早婚之父母所產子女居其多數。（美國瑪樂斯密日本吳文聰所著統計各書列表甚詳。今避繁不具引）蓋其父母之身體與神經。兩未發達。其資格不足以育佳兒也。（論者或駁此論而舉古今名人中亦有屬於早婚者之子以爲證。不知此特例外偶見之事耳。凡論事總不能舉例外。必當以多數爲憑。如彼主張女權者舉婦女中一二優秀之人以爲婦女腦力不劣於男子之證。又如中國迴護科舉者謂科舉中亦往往有人才。而以爲科舉無弊。皆非篤論也。加藤弘之天則百話曾著論答客難。今不具引）故彼早婚者之子女。當其初婚時代之所產。既已以資格不足。無以得佳種。及其婚後十年或二十年。男女既已成熟。宜若所產者良矣。而無如此十年二十年中。已犯第一條害於養生之公例。斲喪殆盡。父母俱就傴弱。而又因以傳其傴弱之種於晚產之子。是始終皆傴弱也。夫我既以早婚而產弱子。則子既弱於我躬。子復以早婚而產弱孫。則孫又將弱於我子。如是遞傳遞弱。每下愈況，雖我祖宗有雄健活潑虎視一世之概。其何堪數傳之澌滅也。抑傴弱之種。豈惟無益於父母之前途。而見累又甚焉。一家之子弟傴弱。則其家必落。一國之子弟傴弱。則其國必亡。昔斯巴達人有產子者。必經政府驗視。苟認其體魄為不合於斯巴達市民之資格。則隘巷寒冰棄之不稍顧惜。豈酷忍哉。以為非如是則其種族不足以競優勝於世界也。而中國人惟以多產子為人生第一大幸福。而不復問其所產者為如何。執是宗旨。則早婚寧非得策歟。中國民數所以獨冠於世界者。曰惟早婚之賜。中國民力所以獨弱於世界者。曰惟早婚之報。夫民族所以能立於天地者。惟其多乎。惟其強耳。諺曰。鷙鳥累百。不如一鶚。以數萬之英人。（現英國駐印度之常備兵僅八萬人）馭三萬萬之印度人。而戢戢然矣。我國民旅居外國者不下數百萬。而為人牛馬。外國人旅居我國者不過一萬。而握我主權。種之繁固足恃耶。疇昔立於無外競之地。優劣勝敗。一在本族。何嘗不可以自存其奈膨脹。而來者之日日肉薄於吾旁也。故自今以往。非淘汰弱種。獨傳強種。則無以復延我祖宗將絕之祀。昔賢所謂不孝有三無後為大。正此之謂也。一族一家無後。猶將為罪。一國無後。更若之何。欲國之有後。其必自禁早婚始。

（三）害於養蒙也。　國民教育之道多端。而家庭之教與居一焉。兒童當在抱時。當繞膝時。最富於模倣之性。為父母者示之以可法之人格。因其智識之萌芽而利導之。則他日學校之教。社會之教。事半功倍。此義也。稍治教育學者。皆能言之矣。凡人必學業既成。經驗既多。然後其言論舉動。可以為後輩之模範。故必二十五歲或三十歲以上。乃有可以為人父母之能力。彼早婚者。藐躬固猶有童心也。而已突如弁兮。靦然代一國荷教育子弟之責任。夫豈無一二早慧之流。不辜其責者。然以不嫻義方而誤其嬰兒者。固十而八九矣。自誤其兒何足惜。而不知吾兒者非吾所能獨私也。彼實國民一分子。而為一國將來之主人翁也。一國將來之主人翁。而悉被戕於今日憒憒者之手。國其尚有豸乎。故不禁早婚則國民教育將無所施也。

(四)害於修學也　早婚非徒為將來教育之害也。而又為現在教育之害。各國教育通例。大率小學七八年。中學五六年。大學三四年。故欲受完全教育者。其所歷必在十五六年以上。常人大抵七八歲始就傅。則其一專門學業之成就。不可不俟諸二十二三歲以外。其前乎此者。皆所謂修學年齡也。此修學年齡中。一生之升沈榮枯。皆於是定焉。苟有所曠有所廢。則其智德力三者。必有以劣於他人而不足競勝於天擇之界。一人而曠焉廢焉。則其人在本羣中為劣者。一羣之人而皆曠焉廢焉。則其羣在世界中為劣者。早婚者舉其修學年齡中最重要之部分。忽投諸春花秋月纏綿歌泣綣戀牀笫之域。銷磨其風雲進取之氣。耗損其寸陰尺璧之時。雖有慧質。亦無暇從事於高等事業。乃不得不改而就下等勞力以自贍。此輩之子孫日多。即一羣中下等民族所以日增也。國民資格漸趨卑下。皆此之由。

(五)害於國計也　生計學公理。必生利者衆。分利者寡。而後國乃不蹶。故必使一國之人。皆獨立自營。不倚賴於人。不見累於人。夫是以民各盡其力。而享其所盡之力之報。一國中常綽綽若有餘裕。此國力之所由舒也。準此公例。故人必當自量其一歲所入。於自贍之外。猶足俯畜妻子。然後可以結婚。夫人當二十以前。其治生之力。未能充實。勢使然矣。故必俟修學年齡既畢。確執一自營自活之職業。不至累人。不至自累。夫乃可以語於婚姻之事。今早婚者。其本身方且仰食於父母。一旦受室。不及數年。兒女成行。於此而不養之乎。則為對於將來之羣而不盡責任於此而養之乎。我躬治產之力尚且不贍。勢不得不仍仰給於我之父母。夫我之一身。而直接仰給於我之父母其累先輩既已甚矣。乃至並我之妻子。而復間接以仰給於我之父母。我父母生產力雖極大。其安能以一人而荷十數口之責任也。夫我中國民俗。大率皆以一人而荷十數口之責任者也。故所生之利。不足以償所分。而一國之總殖日微。然其咎不在累於人者而在累人者。無力養妻子而妄結婚。是以累人爲業也。一羣之蠹。無恥之尤也。不寧惟是。諺有之『貧者恆多子。』貧者之多子也。非生理學上公例然也。彼以其早婚之故。男女居室之日太永。他無所事。而惟以製造小兒爲業。故子愈多。子愈多則愈益貧。貧也者非多子之因。而多子之果也。貧而多子。勢必雖欲安貧而不可得。悍者將爲盜賊。黠者將爲棍騙。弱者將爲乞丐。其子女亦然。產於此等之家。其必無力以受敎育。豈待問哉。既已生而受弱質矣。又復無敎育以啓其智而養其德。更迫於飢寒而不得所以自活之道。於是男爲流氓。女爲娼妓。然則其影響豈惟在生計上而已。一羣之道德法律。且將掃地以盡。夫孰知早婚之禍之如是其劇而烈也。

据統計家所調查報告。凡愈文明之國。其民之結婚也愈遲。愈野蠻之國。其民之結婚也愈早。故現代諸國中。其結婚平均年齡最早者爲俄羅斯。次爲日本。吾中國無統計無從考据大約必更早於日本也最遲者爲挪威。次爲普魯士。次爲英吉利。据瑪樂斯密所報則普魯士平均男之年二十九歲有奇女之年二十六有奇英國平均男之年二十八有奇女之年二十六有奇挪威平均男之年三十有奇女之年二十七有奇而各國遞遲之率。日甚一日。今恆有異於昔。英國其尤著者也。英國當一八八〇年初婚之男平均年二十五零八月初婚之女平均年二十四零四月及一八九〇年男平均年二十六零四月女平均年二十四零八月近十年來其遲率益增又英國人二十一歲以下而結婚者其數日減一日當一八七四年計百人中男子之未成年（二十一歲爲成年）結婚者僅八人女子僅廿二人一八九〇年男子僅五人有奇女子僅十九人而普魯士則早婚之風。殆將盡絕。一八九一年普國統計男子未成年而結婚者不過百人中之一一人零二分六釐女子不過百人中之十六人零五分由此言之。斯事之關於國家盛衰豈淺鮮耶。不寧惟是。一國之中。凡執業愈高尙之人。則其結婚也愈遲。執業愈卑賤之人。則其結婚也愈早。大抵礦夫印刷職工製造職工等爲最早。文學家技術家政治家教士軍人等爲最遲。據英國一八八四年統計則礦夫職工等之結婚男子平均二十四歲有奇女子平均二十二三歲其自由業獨立者男子平均三十一歲有奇女子平均二十六歲有奇各國比例皆如此然則結婚早遲之率。自一人論。可以判其人格之高下。自一國論。則可以覘其國運之榮枯。嗚呼。可不念耶。可不悚耶。

社會學家言早婚之弊固多。而晚婚之弊亦不少。（其一）則夫婦之間。年齡相遠。故其結婚不基於愛情而基於肉慾。將有傷倫害俗之事也。（其二）則男女居室之歲月益短縮。所產子女愈少。甚且行避妊之法。使人口繁殖之道將絕。近代之法國是其例也。（其三）則單身獨居。非常人之情所能久堪。其間能自節制者少。男女皆釀種種惡德。因以傷害健康敗壞風俗也。三弊之中。其前二端。非吾中國今日所宜慮。及其第三端。則亦視乎教育之道何如耳。若德育不興。則雖如今日之早婚。斯弊亦安得免。故吾以爲今日之中國。欲改良羣治。其必自禁早婚始。

禮經曰。男子三十而娶。女子二十而嫁。於戲。先聖制作之精意。倜乎遠哉。

此等問題在今日憂國士夫。或以爲不急之務。雖然。一國之盛衰。其原因必非徒在一二人一二事也。必使一國國民皆各能立於此競爭世界。而有優勝之資格。故其爲道也。必以改良羣俗爲之原。日本政治上之形式。以視歐美。幾於具體而微。而文明程度猶瞠乎其後者。羣俗之未可以驟易也。我國卽使政治革新之目的既達。而此後所以謀進步者。固不可不殫精竭慮於此等問題。況夫羣俗不進。則並政治上之目的。亦未見其能達也。故吾國民不必有所待。以爲吾先從事於彼。而此暫置爲緩圖也。見其爲善。則遷之若不及。見其爲弊。則克之務必勝。天下應盡之義務多矣。吾輩豈有所擇焉。況乎此等問題。不必藉政府之力。人人自認之而自行之。久之亦足以動政府。數年前禁纏足之論。其明效矣。故今爲新民議於此等事往往三致意焉。憂時之士。其或鑒之。不然。寧不見夫今日之日本。始盛倡風俗改良社會改良。而末流之滔滔。猶未能變也。斯事之難如此。吾儕可以謀其豫矣。　著者附識。

# 飲冰室文集之八

## 中國改革財政私案

目錄

## 附 八旗生計問題

### 第一 改正田賦之法

改正田賦。其事最繁難。且辦理稍有失宜。動招人民之怨謗。此誠今日所未易輕言者也。雖然。田賦爲國家收入一大宗。而現在制度遺利實什而六七。且負擔太不公平。其病農亦甚。故爲國家財政起見。爲國民生計起見。無論遲早。總須經一次之大改革。與其因循舊弊。年復一年。上下交病。何如乘預備立憲之始。爲一勞永逸之計乎。考現在全國田賦。其額徵銀不過三千一百餘萬兩。而實收銀又不過二千八百餘萬兩。此雖由我朝賦斂極薄。然苟能綜覈而釐析之。則不必增加賦率。而所入可數倍於今日。此事理之至易見者也。昔總稅務司赫德曾上說帖。謂中國田賦若加整理。歲入可得四萬萬兩。其說雖不無過當。然按諸中國之土地。除東三省新疆蒙古不計外。十八行省縱橫各四千里。面積合計一千六百萬方里。每一方里爲五百四十畝。今將其畸零除去。以每方里五百畝起算。全國應有田八十萬萬畝。除山林河沼原隰及磽确未墾之地不稅外。其可稅者以三分之一起算。應得二十七萬萬畝內外。實則中國可稅之田斷不止三分之一此特就其極少之數言耳 又將其畸零之數除去。以二十五萬萬畝起算。但使每畝收稅銀一錢。則全國田賦可以得銀二萬萬五千萬兩。此數之顯然易見者也。據戶部則例十八省田數僅七萬萬餘畝而奉天一省乃有一萬萬八千餘萬畝夫奉天地力之盡遠遜內地而合十八省僅兩倍於奉天有是理耶 夫每畝平均收稅銀一錢。比諸現今稅率。實爲有減而無增。考賦役全書。各省之田。每畝有稅二三厘者。有稅二錢以上者。然大率一錢內外居多。稅銀之外。復稅米。自數合至數斗不等。今雖未能得其平均之確數。然以七萬萬餘畝之田收三千餘萬兩之稅。而耗羨折色規費等項。約視正供一倍有餘。大約全國人民所出田賦總在七千萬兩以外。則平均每畝一錢。實爲有多無少。（如四川等省近年凡百攤入畝捐所收視正供多至十餘倍又不必論矣）以此數起算。其必非厲民明矣。

前此赫德之說帖。其辦法之最荒謬者。則在不問地之肥瘠。一律每畝額收銅錢二百文。夫土地價值之高下。其等級不知凡幾。赫氏之說。正孟子所謂巨屨小屨同價也。故張中堂之洞覆奏。曾力闢之。斯固然矣。然因此而謂改正田賦爲無益之業。則又因噎廢食也。考財政學所論租稅之原理。謂當比例人民之收益而取其餘。故各國之徵田賦。皆用所謂土地臺帳法者。其法先調查全國之土地。推算各地一畝所收獲之米麥等能得若干。復合以數年來米麥平均之價所得銀若干。然後在此數內除去牛種肥料及人工之費若干。以其餘爲土地所出之利益。而徵其百分之若干。（譬有一地於此每畝以五年內通算平均可產米四石而五年內米價平均每石二兩四錢則每畝應得九兩六錢是爲總收獲之數內除牛種肥料農具等費須二兩二錢人工費須一兩四錢其餘六兩是爲總利益之數乃就此利益而稅之若稅百分之二則爲一錢二分若稅百分之三則爲一錢八分也今各國大率稅百分之五六我國則稅百分之二三而已足矣）其立法最詳密周備者。莫如普魯士國。我國若欲實行。可譯取以爲模範。今且勿詳述。若夫調查伊始。勞費甚多。且官吏動多舞弊。人民易生驚疑。凡此皆意中事。然考日本之在臺灣舉辦此事。能使人民一無騷擾。其章程可以供我取資者甚多。所最難者在辦理得人。此則視在上者綜覈名實之效何如耳。啓超對於此事。胸中所計畫尚多。自謂可以見諸實行。若承下問。更當草詳細章程。以備采擇。

查日本初得臺灣時。其田賦不過八十六萬餘圓。後經一次調查。製成臺帳。其各地稅率。視前此我國所收有增有減。然什九皆仍其舊。而所收之稅。已增至二百九十餘萬元。蓋緣前此匿稅之地實過半也。今以我國之大。而納稅地僅七萬萬餘畝。其匿稅者必兩三倍於此數無疑。改正之後。無所容其隱匿。此其利一也。推算土地之總收益而稅其百分之二。決不爲厲民。而所入已可數倍於今日。此其利二也。將來頒行新貨幣。凡租稅皆以新幣徵收。即略依現在之稅率而稍高其價以換算之。（如現在應納一兩者。若將來行七錢二分之貨幣。則改爲收一圓五角。）國家積少成多。所得既已不貲。而人民不惟不以爲病。反覺其便。蓋秤餘火耗等需索之苦。可從此而免也。此其利三也。若人民生計漸進以後。國家有不時之需。則依臺帳而稍改其率。如前此稅百分之二者。改爲稅百分之三。人民所出甚微。而國家歲入之增。動以千萬計。伸縮自如。此其利四也。凡此皆利於國家者也。若其利於人民者猶多端。以不在財政範圍中。故暫略之。

各國之地租。皆分爲耕地宅地兩種。各異其稅率。而我國惟田野之耕地有稅。而城市之宅地無稅。即或有之。亦不過前此耕地今變爲宅地者。仍以課耕地之法課之。輕重失均。莫此爲甚。夫世界愈文明。則都市愈發達。現今通商口岸。其地價每畝動至數萬。將來鐵路大開。市鎮地價之飛漲。更不知所屆。有此等地一二畝者。其歲入視擁數頃之田過之遠甚。而曾無分毫貢獻於國家。而終歲勤動之農民。反荷至重之負擔。豈可謂平。故必經調查之後。倣各國之例。將此二者劃而分之。耕地較輕。而宅稅地較重。非惟增國庫之收入。抑亦爲國民經濟酌盈劑虛之計應如是也。

調查土地之必當舉辦。殆無疑義。然前此亦屢有清丈田畝之議。一經施行。則弊竇百出。人民怨讟紛起。卒無成功。是以一提此議。則談虎色變。莫敢主張。非以爲迂闊之談。則以爲擾民之政。雖然以啓超管見度之。則前此所以不能舉辦者。有一最大之病原焉。將此病原除去。則小小窒礙。不足爲患矣。其病原爲何。蓋現在匿稅之田實多於納稅之田。而一經清丈之後。前此匿稅之田在理應悉以充公。則全國之田應充公者且大半。疇昔匿稅之田主。其蠭起而反抗。亦固其所。而官吏因得以賄賂請託。上下其手。或曲庇奸慝。或誣陷善良。此騷擾之所以滋甚也。今當調查伊始。宜明定規條。其向來匿稅之地。除兩家爭訟不決者斟酌情形充公。及孳生沙田未經承稅者悉以入官外。其餘人民向來耕種之田以多報少者。前事悉不追究。仍歸舊業主掌管。惟將前此匿稅之部分。令其從新印契。而比例其地價之高下。徵較重之印稅。就國家一面論之。則後此每年既增稅額。而現時復將此項印契稅。所益已爲非少。就人民一面論之。則納少數之印契稅。而權利得確實之保證。亦何樂而不爲。夫如是則官吏之勒索朦混無所施。而騷擾斷不至過甚矣。夫以各國通行法理論之。凡占有權經過時效。即可變爲所有權。彼人民匿稅之田。所謂占有權也。匿稅既久而無人過問。卽所謂經過時效也。則因而薄徵印稅。而認爲彼之所有權。亦不爲過。若國家必欲强奪還之。則治絲而棼矣。前此清丈之所以迄無成功。皆以此也。

今依此法以改正田賦。苟辦理得宜。則其財政上之成效略可推算者如下。

一改正後國庫之常年收入

一田賦總額約二萬萬五千萬兩以上。（稅率大略從舊不加增）

一新貨幣換算約較總額增十分之一

一城市鎭鄉宅地之升稅。（其數不能預測大約初年總在五百萬兩以上後此則年年增加）

一改正時國庫之臨時收入

一匿稅地之印契稅約二萬萬兩

此數之鉅雖若可驚然依前此所算中國可稅之地最少亦應有二十五萬萬畝而現在有稅者僅七萬萬餘畝則匿稅者實應有十七萬萬餘畝就中除出數萬萬畝以充公其應新印契者以十萬萬畝起算每畝平均收印稅銀二錢絕不爲多而其數已二萬萬兩矣

一充公之田由官發賣所收回之地價

其數實不能預測但使有一萬萬畝而每畝地價五兩則已得五萬萬兩矣然恐斷不止此數或十餘萬萬兩亦意中事

以上所推算僅就內地十八行省論之其東三省新疆尙不計若益以此兩處則全國田賦每年收入總當在三萬萬兩以上以新貨幣換算之當在五萬萬圓以上此皆據我國面積及現行稅率折算至極少之數以我國之地大物博得此鉅額殊不足奇日本之地不過較大於四川一省耳而其田賦所入八千六百餘萬圓則我之有五萬萬圓何足奇哉竊願留意垂察勿以言大而夸置之也

日本之調查臺灣土地凡費五百餘萬圓十八省之面積二十餘倍於臺灣則創辦此舉最少應費一萬萬兩內外以今日之財政竭蹶而忽議提支此巨款聞者當必失色雖然亦曾思此事辦成以後卽印契稅一項所入已足償此數而有餘乎況充公地之賣價且數倍於此也而此後年年國庫之增加又無論矣惜一時之小費而棄永遠之大利啓超竊惑之若謂後此之抵償雖可豫期而目前之指撥無從籌畫則啓超別有策在請於他章別陳之

若夫既決辦之後其能有成效與否則全視乎董率之人何如夫不得其人則萬事皆無可言豈獨此哉日本能行之於臺灣且當三十年前能行之於其本國日本以明治六年調查土地而謂我國萬不能行則是我國終爲人役也而豈其然哉

## 第二 整頓鹽課之法

鹽稅之在今日，固已爲國家歲入一大宗。然苟得其道而整理之，則能使民間鹽價視今日不加騰，而國帑所入視今日且數倍。雖然，欲奏此效，必須將現在制度改絃而更張之，是則視當局者果斷之力與綜覈之才何如耳。考現在各國鹽稅所入，德國二千七百餘萬元，法國一千三百餘萬元，意國三千一百餘萬元，日本二千三百餘萬元，內中惟意國收稅太重，當別論，其餘各國所稅，尚不爲厲民，而所得乃若是之鉅。彼諸國者，其人數大率不及我國十之一，以比例推之，我國所入當十倍於彼，亦不爲過。乃今者各省鹽稅鹽釐之解於度支部者，不過一千三百餘萬兩，各省外銷之數，雖不知其詳，然統計之，當不出二千萬兩以外，則其視各國之比例，實霄壤矣。

今欲知我國鹽稅之額可以增至幾何，則當先察全國所食之鹽應需幾何。此事若甚難知，然以各國比較之，可得其大概，雖不中不遠矣。據各國統計表，荷蘭每人每年平均食鹽十七斤，法國十四斤，德國十三斤，意大利十一斤，日本十六斤，內中惟意大利因稅太昂，故食者特少，其餘各國則不甚相遠。日本在臺灣初行鹽專賣時，豫算每人十五斤，後經累年比較，則每人每年實食十三斤十兩有奇（日本每斤約當我十五兩六錢），故以各國之比例算之，我國每人每年平均食鹽以十四斤起算，其數當不甚相遠。（醬油醬料及其他製造用者一切在內）我國人口據西人所調查，謂有四萬二千六百萬餘，今雖未得確數，然即以四萬萬計之，每人每年平均食鹽十四斤，則全國每年食鹽總額應爲五千六百萬擔。（若以四萬二千六百餘萬人起算，則應五千八百餘萬擔，實則以鄙見度之，我國食鹽總額總在六千萬擔以上，蓋我國人數斷不止四萬萬也。）而現在官鹽票引合計不過二千八百十二萬五千擔，僅得其半數，則其餘皆爲私鹽所蝕，不問可知矣。

既推得食鹽總額之大概，則當斟酌其稅額之重輕。考諸各國，則意大利每百斤稅十七元有奇，法國稅三元有奇，日本稅一元半，荷蘭稅一元有奇，德國最輕，每千斤稅僅四元。其餘各國多有不收鹽稅者我國若折其中，每百斤約稅一兩五錢最爲適當。若依此推算，則每年鹽稅可至八千四百餘萬兩。銷鹽之額增加，則稅亦隨而增加，此其大概也。

今我國鹽稅之額，曾不及此數七分之一，此其故皆由爲私鹽所蝕盡，人知之，而私鹽何以如此其盛，則其原因可得言焉。

一曰由稅率太高，苛捐太多，以致官鹽之成本太重也。我國鹽稅之率，雖各省不同，然試就長蘆一區論之，每引三百斤，所徵正課銀、領告費銀、帑利銀三項合計共三兩四分五釐，又地費規費每引一兩八錢，此皆解部之款，而每百斤已稅一兩六錢矣。然惟在出鹽地販賣之鹽僅如是耳。若運至他岸，則遇卡抽釐，行地愈遠，抽釐愈重矣。況課與釐皆解部者也，其督撫外銷、官吏層層中飽者，尚不在此數。嘗讀光緒三十年鐵尚書良查明兩淮鹽務一摺，言兩淮所銷鹽共八十餘萬引，而所收課釐等項合計凡千二百餘萬兩。查淮鹽以六百斤爲一引，八十餘萬引之鹽，舉大數約爲五萬萬斤。以五萬萬斤而得稅千二百餘萬兩，則每百斤所稅已將及二兩五錢矣。況官吏中飽之數，雖以鐵尚書之精明，恐亦未能盡悉，則鹽官所收千二百萬者，鹽商所出又豈止千二百萬耶。兩淮如此，他區可推。夫民之趨利，愍不畏死，今官鹽之課如此其重，私鹽之利如彼其厚，雖日殺一人以警之，猶不能止也。而人民之買私鹽者亦若是矣。今各省當仰屋之時，動以加價加釐爲救急之捷法，中央政府亦不得已而許之，每加一次，何嘗不多得百數十萬，而豈知私鹽之增長，其漏卮有不止此數者乎。不然，鹽爲人生日用所必需其銷數當與人口之孳生成比例。曷爲人口歲增於前。而官引反滯銷於昔也。故啓超管見以爲宜盡除釐捐規費各種名目。減輕稅率。惟平均每百斤稅一兩五錢內外。則稅項雖若驟減。然辦理得宜。不一二年而必增數倍。可斷言也。

二曰由行鹽地各分疆界。助私鹽流行之勢也。今國中之鹽分爲長蘆山東河東兩淮兩浙兩廣福建甘肅四川雲南之十區。區各有其引地。不許相侵軼。侵軼者以私鹽論。此實我國最奇之制度。驟以語外國人而苦難索解者也。現今各國行專賣法。他國之鹽不准入境則有之矣。未聞有一國之內各割據一方以行專賣而相視若敵國者也。不特此也。各商又自有其引地。所領之引限銷於某府某縣。越境即以私論。故現在所謂私鹽者。其種類雖不一。然鄰私實爲大宗。故以淮鹽而論。則有所謂川私蘆私浙私等名目。其他鹽區之互相指爲私也亦然。同爲中國之產物。同納國家之正課。然在國內甲地則爲公。在乙地則爲私。可笑孰甚於是。況引地之區畫尤極無理。有近淮而必銷蘆鹽者。有近川而必銷淮鹽者。大率由前任督撫互相爭奪。圖本省餉源一時之豐裕。而民之便否非所計也。夫運路遠則價昂。運路近則價賤。此事之至易見者。民孰肯取昂而舍賤。此鄰私所以盛行者一也。各省課稅規費等互有輕重。官鹽之價因而互殊。則稅輕者易銷。稅重者多滯。此鄰私所以盛行者二也。各區鹽質不同。其製造之成本亦異。如川鹽之成本視淮廣等殆十餘倍。人民貧富不齊。有願食佳品而不嫌價高者。有願得賤價而不嫌品劣者。宜各從其所好。今乃强干涉之。此鄰私所以盛行者三也。昔唐之劉晏以善理財聞於後世。其治鹽之法。一稅之後。任其所之。史家稱爲名言。今欲遏私鹽。莫急於先掃鄰私。而盡除引地之制限。則鄰私之名目自無從而生。謀鹽政之統一。其基礎首在是矣。或疑不分引地。恐商人避難就易。則不產鹽之省。其民將有淡食之虞。此前人所屢以爲憂者。然此實無

足慮下文更詳辨之

三曰由鹽商壟斷權利。販鹽之業不能普及。而奸儈得因緣爲奸也。鹽專賣法各國盛行。中國鹽政亦專賣之一種也。然其與各國異者各國惟官專賣而已。中國則於官專賣之下。復加以商專賣。此所謂兩重專賣也。夫所貴乎專賣者。其一固以增國庫之收入。其一又以此業利益太大。不許少數人壟斷而朘多數人之脂膏以自肥也。中國鹽商當嘉道以前。其豪富殆過王侯。今卽稍遜。然猶爲商界之雄。莫能與競。其所以致此者。半由獨占其業任取高價。（試略舉鹽商所取過當之利譬有鹽一包自蘆臺運至天津復自天津運至京城其成本約幾何計鹽場買價約八錢蓆繩等及搬至天津之脚價約共五錢天津至北京脚價約六錢此外則正課銀六錢八分六厘帑利銀四錢二分一釐領告費銀一兩九錢三分八釐鹽坨費及雜捐共一兩五錢五分五釐合共費銀七兩二錢之譜而在京城發行每包價十三兩其淨利實五兩八錢也此皆小民之脂膏爲鹽商所蝕者也）半由摻運私貨。隱匿國稅。夫取高價則情猶可恕。而立法以防之亦較易。若其帶銷私鹽。而故擱官引。則爲患益深。然以世於其業之故。作弊之技。愈久愈精。社鼠城狐。去之無術。凡今所謂私鹽者。由奸商假官以行私者實什之八九。其莠民冒險盜賣者不過十之一二。此稍明鹽政利弊者所能知也。故今日欲整頓鹽政。非削除鹽商之專賣權。則萬事殆無從著手也。而論者疑爲難行。則亦有說。蓋以國家握有此鹽。不便於零賣也。故必賴有批發者。而其價旣鉅。易於虧欠。非擇殷商以專責成不可。此鹽商之所由有特權。而一旦革之極多窒礙也。以啓超愚見。則謂在前此誠不得已而出於此舉。今日則有良法可以代之。請於下文別縷陳焉。

以上所陳。不啻將現行鹽政制度翻根柢而破壞之。非好爲是更張。誠以積弊太劇。不如是不足以圖廓淸也。舊制旣已破壞。新制當謀建設。試參酌各國專賣法。擬其綱領如下。

一　凡全國之鹽。皆歸政府專賣。

二　設提鹽使司。提鹽使十人。分管現在之十鹽區。每區按鹽場之多寡大小。分設一二三等鹽務官若干人。其不產鹽而距鹽地太遠之省。或酌設督運官。

三　凡製鹽人皆須按照政府所定請願書格。呈請提鹽使批準。給以憑照。方得開業。

四　凡製鹽人製出之鹽。祇准交付鹽務官及鹽務官所指定之人。違者除退繳憑照永不許製外。仍課罰金。

五　鹽務官點收製鹽人所交付之鹽。隨卽發與買價。其買價則鑑定鹽質之高下。除製造費外。每斤約予製鹽人以銅錢一文之餘利。

六　鹽務官所買受之鹽。除買價外。每百斤再加以銀一兩五錢之鹽稅。作爲定價。批發於販鹽人。如買價爲每百斤二錢者。則以一兩七錢之定價批發。買價爲每百斤一兩者。則以二兩五錢爲定價批發。

七　凡向鹽務官販鹽者。每次必五百斤以上。始行交付。

八　凡販鹽者必須先繳鹽價。但以公債劵作保者。准其於三個月或六個月內隨時完納。

以上所述。不過略舉大綱。其防弊便民之法尚多。若承下問。當別草詳細章程呈核。

若行此法。則私鹽之弊可以漸絕。蓋凡製鹽者皆須領照。全國中有製鹽人若干。所製出之鹽若干。政府皆能知之。除此之外。無所得鹽。則私何從出。難者曰。凡鹽一經政府之手。則每百斤價漲一兩五錢。則不領照而私造鹽、或雖領照而私賣鹽者。其利甚厚。作奸犯科。豈能盡免。況如西北鹽池。四川鹽井等。稽查尚易。至如沿海一帶。隨地可製。何從設防。是私鹽終不能免也。答之曰。此似甚有理。然未解私鹽之性質也。凡私鹽必所銷者多而始有利。若以區區萬數千斤之所贏而觸法網。愚者不爲也。今使私製者而爲少數之大鹽場乎。苟鹽務官稍盡職。斷無不能發覺之理。若爲多數之小鹽場乎。積銖累寸。所得能幾。而惴惴然日在刑罰之中。誰肯爲之。夫私製之人。必非能直接私賣之人也。而恆恃私販者居間以爲之轉運。私販者冒大險以營此業。非有大利則不肯爲。故其所分與於私製者之利不能甚多。每斤銅錢三四文極矣。製鹽者苟領照之後。而售所製於政府。固可以得銅錢一文之餘利。今售與私販者利雖二三倍。然使售一萬斤。亦不過多得二三十兩耳。而其業日在危險之中。誰肯爲之。是則不領照而私製之弊可以無慮也。若夫已領照而額外多製以私賣者。更不必慮。各國之例。其所以稽管此業之人者法甚周密。必須依官定格式。製爲帳簿。官吏隨時可以調查其作弊甚不易。且此輩大率皆安分良民。既領得此照。所製出品。不患不能銷售。年年可得若干之餘利。實爲最穩固之營業。今若多製私賣。其所製者若太多則易於發覺。若甚少則無利可圖。稍有心計者。必不肯貪目前之小利而棄終身之正業明矣。且夫私鹽之來歷。果何自乎。耳食者流。以爲皆由私製之人售與私販之人也。而豈知皆由鹽官鹽吏鹽商相狼狽聚而嚼國家之財。故鄰私商私船私竈私等十居八九。（甚者如數年前江蘇巡撫某與鹽梟頭目相結託而中分其利私鹽安得不盛）而竈私實不及十之一二。今若行此法。則各種之私無從發生矣。所餘者竈私一項而已。即使不能盡絕。而爲數固已有限。況如上所陳。並此而不足慮耶。

舊制之所以畫分引地。固所以保護各省及各鹽商之專利。亦慮僻遠不產鹽之地。民苦淡食。故勒令某商之引。必行銷於某地。亦立法不得已之苦衷也。今既倣劉晏之法。一稅之後。任其所之。得毋慮販商畏難就易。轉運不周。而陬谷之民。常以乏鹽爲患乎。啓超以爲此蓋不甚足慮。然補救之法。亦不可不講也。夫民之趨利。若水就下。

市場上苟有一物焉求過於供則此物將不遠千里森集而補其闕凡百皆然即鹽亦何以異是況鹽爲人生必需之品一有缺乏其價立昂價昂則販者獲利孰不趨之前此徒以有專賣商之故別人不得侵入引地故舍此無供給之途耳一旦破除此界則鹽自與普通貨物等恆應於供求相劑之率以行於各市場而何偏枯之爲患乎故曰不必深慮也但時或有意外之變運路梗塞或販賣者少易於居奇則先事調劑之方亦不可忽故宜於運路較遠之地設督運局由官運往以供該地人就近之採買此亦便民之要着也

舊制鹽價皆官爲沕定不使鹽商得爲無藝之取今若行新制尚需此乎曰可以無需矣何也前此惟少數鹽商得有賣鹽之權非其人而販賣即以私論故鹽商得壟斷以射高利民莫如何非官爲定價以保護之不可也今既人人可販苟有欲高其價以圖過當之利則買者求諸他家而彼之門乃莫或過問矣故此法行則市面鹽價常比例於官價與運費之和而稍昂其稍昂之率即販者之利也如是安有罔利病民之患哉惟太僻遠之地小販力不能達其業常爲一二大資本家所專(如貴州廣西等省)聯行擡價之弊不可不防此則官設督運局之所以不容已也

舊制皆由少數鹽商將全國之鹽躉購雖弊竇叢生然國家甚省事可以不勞而得稅也今行此制則零賣者較夥鹽務官自不能如前此之逸雖然仍必有法以便躉購巨額之商人然後其業可以日趨於盛大然則其道何由凡商業之性質其資本回復愈速周轉愈多則其獲利愈厚假使販鹽者能以一萬金之資本而隨時向官局賒得二萬金之鹽則爲利豐矣然賒之爲道甚危險非官局所能許也故有一法焉使之以公債券作擔保將價值一萬金之公債券爲質者則官局隨時可賒與一萬金之鹽使以三月或半年爲期期至繳價則其於販賣者

蓋甚便蓋必先繳全價則有萬金之資本者僅能營萬金之業且所得爲一重利息其數甚微以公債作保則有萬金之資本者可以營數萬金之業且所得爲兩重利息其數甚博故也夫如是則集股以從事者必多矣此非徒助鹽業之發達而又以增公債之需要實財政家不傳之秘也淺見者動以爲中國不能舉辦內債然以啓超所計畫苟能設種種法門以廣債券利用之途則將朝發券而夕售罄矣無術以操縱之宜其難也此理當於次篇別論之

既行此法則國內鹽政大略整理矣然其效猶不止此比年以來外國鹽入口日盛俄鹽日鹽其最也彼其鹽煉製得法顏色潔白品質已優於我而內地官鹽合正課釐金規費等項每百斤殆稅二兩以外而蘆鹽淮鹽等之原價每百斤不過值三四錢是不啻值百稅百五六十也而入口之外鹽其逃稅者勿論矣即納稅者亦不過與尋常貨物同率值百稅十二五耳大勢所趨將滔滔然盡爲外私所攙奪官引閣滯無人過問言念及此能無寒心（今者幸而國中私鹽之數遠過於官鹽而私鹽之價又視外鹽爲尤賤故外鹽之入有所限制耳否則我鹽業久爲外人奪盡矣）今若欲禁外鹽進口或增高稅率則須待改定條約之時多費唇舌猶恐未得若將此項進口之鹽盡行由官承受不許與人民私相交易如此磋商或較易從（前此條約似有禁鹽入口之條惟近日與各國所訂新約均無明文啓超僻處海外條約書不備未能確查此條所論或不中肯）政府則將所買得之外鹽仍照加每百斤一兩五錢之稅則利源自不至外溢矣

不特此也現在蒙古一帶大率行用俄鹽西藏一帶大率行用印度鹽若政府專賣之後辦理得宜可設法運往奪回其利又朝鮮現爲日本鹽一大市場南洋羣島現爲印度鹽臺灣鹽所分據我國鹽質本極佳良徒以製造不得法顏色黝黑故爲外人所不喜若加改良之後以我國工價之廉成本之輕必能與日鹽臺鹽印鹽競而壓

倒之。則鹽業日旺。而國家財源亦日增矣。凡此皆非改行新制後不能爲功者也。

又新法若行。則處置現在已經納稅而未銷完之官引。亦頗費商量。啓超已頗思得兩全之法。今避煩文。不及具陳。

## 第三　應增之新稅目

國家愈進步。則所需經費愈巨。而國家財源以租稅爲大宗。故理財者。必求租稅歲入之增加。此一定之理也。雖然。租稅之原理。以不妨人民經濟之發達。而負擔均平者爲貴。故選擇稅目最當加慎。田賦鹽稅兩項。前已有專篇論之。海關稅爲條約所限制。不能任意更改。除此三項外。試將各國通行稅目之應采者。與我國現行之稅目應删者。略論之。

第一　所得稅。財政學家。皆以此爲最良之稅。則各國皆行之。將來我國亦當采行。惟現在情形。尚辦不到。故不論。

第二　家屋稅。鄙見謂當以爲各城鎮鄉之地方稅。故於地方財政篇别論之。

第三　營業稅。鄙見謂當以爲各府縣之地方稅。故於地方財政篇别論之。

第四　酒稅。酒爲奢侈品。非人生必需。雖重稅不爲厲民。各國無不行之。其稅額大率皆數千萬。我國酗酒之風。不及外國。每人每年平均所飲之額。當遜於彼。然人數既多。則所銷之總額亦鉅。自無待言。此誠國家一大財源。不可失也。查袁尚書世凱。在直隸總督任上時曾行之。聞初辦每年已得稅六十萬。（據日本人調查報告）近日不知有無加增。又不知其爲遍行於全省。抑僅行於天津。要之苟辦理得宜則全國得五千萬兩內外實意中事。惟稅酒之法。財政家以爲最繁難。故各國法例互殊。而各有短長。今避繁難不復縷述。若承下問更當詳舉所知以對。前此亦有數省曾辦酒捐者聞所入皆極微然此由辦理不得法耳安有以四萬萬人之國而酒稅不能得數千萬者又各國麥酒葡萄酒之抽稅法與常酒不同其收入亦極大現在我國此業逐漸發達將來必更盛行此兩種酒抽稅甚易亦今日急宜舉辦者也

第五　煙稅　煙之性質略與酒同。而其有害無利且過之。故各國莫不課重稅。爲國家收入一絕大財源。奧大利意大利每歲皆八九千萬圓。日本亦三千餘萬圓。美國至一萬萬餘圓。法國至一萬九千餘萬圓。誠可驚也。我國爲增加歲入起見。此絕好之稅源。不能棄而不取。其理甚明。惟取之之法亦有種種。前此各國多用課稅。近今率皆改用專賣。蓋課稅者無論所課爲原料稅爲製品稅。其偷漏皆甚易。而政府稽察之勞費甚多。故此物必當歸諸專賣。殆無疑義。但以中國現在情形。此法萬難遽行。非徒以技術之不精。監督之無法也。且外國人所嗜者大半爲捲煙及紙煙。故製造之有一定程式。而所獲易豐。我國所銷者絲煙居其什九。政府製造極爲不適故也。無已則先行烟葉專賣之制。其法凡國內所產之烟葉及外國入口之烟葉。悉由政府收買之。然後加若干之價。以售諸製煙之人。所加之價。卽稅也。其辦法與鹽之專賣略同。我國雖土地廣漠。然宜於菸之地。並非徧於全國。政府可以察核土宜。指定種菸之區域。其區域以外。皆不許種。而種菸者。亦如製鹽者須領牌照。則雖有偷漏。亦不甚多矣。日本自明治三十一年至三十四年。曾行此法。而所收入已一千萬元。近年並製造販賣而專之則爲三千餘萬元我國人數十倍於彼。若稅率與彼相等。烟稅雖重不爲過比例可得一萬萬元。卽初辦未甚得宜。而二三千萬兩之數。當可得也。

近來紙煙之製造日盛。若未行煙葉專賣以前。此項亦必當抽稅。此則用印紙稅法可也。

第六　糖稅　糖之爲物。雖非如煙酒之有害。然其日用必需之程度。尚遜於鹽。鹽既可稅。則糖無不可稅之理。故各國皆以之爲一稅源。日本人每人每年平均食糖十斤。（各國大率八九斤）我國人嗜糖遜於日本。不能以爲比例。要之四萬萬人每年食糖總額三千萬擔。爲數當不能再少。日本糖稅分四種。其稅率每百斤自二圓至六圓餘。實屬太重。今所擬辦法。赤糖約每擔稅銀二錢。白糖約三錢。冰糖約四錢。平均每擔約稅銀三錢。似此則食糖者之負擔。殊不爲重。（每年食糖十斤者僅納稅銀三分耳）而國家所入可以得九百萬兩內外矣。至於課稅之方法。則日本之砂糖消費稅法。甚爲周密。施諸我國。亦無甚窒礙之處。似可采而損益之。

第七　登錄稅　登錄稅者。國家爲證明人民之權利。加以保障。而因收其稅也。我國向來稅目中之印契稅牙帖稅等。即屬於此項。而外國則更有船舶登錄稅。公司登錄稅。民法上之法人登錄稅。商標登錄稅。著作權登錄稅等。種類頗多。其所稅不重。而人民蒙保護之益。故民咸便之。法國此項稅。所入凡一萬四千餘萬元。奧國三千九百餘萬元。即日本亦六百三十餘萬元。我國苟辦理得宜。則每年五百萬兩之數。當有多無少。何也。即田地房屋之買賣典當一項。其數已可及此也。若於調查田賦之時。命人民將所有田契悉換新契。（爲整齊畫一起見實應如此）而薄收其稅。即此一項。已可得數千萬。據戶部則例。現在全國有稅之田。凡七萬萬餘畝。每畝平均收換契稅銀五分。殊不爲多。然即此已三千五百餘萬兩矣。

第八　印花稅　此稅爲我國近年言理財者所樂道。不日且將實行。其性質及其利益。無庸詳述。雖然。以鄙見度之。此種稅必商業大發達。且銀行公司等設立日多之後。收入乃能旺盛。今日行之。恐歲入最多不能過二百萬兩也。然此稅爲良稅目中之一種。其當行之無可疑者。將來國民富力日進。則此稅逐年增加之率。亦未可量也。

但各國之印花稅。種類亦多端。其最重要者。則爲人民互訂契約證明債權所貼用者。及證明債務之清結而貼用者。亦有指定某項貨物必須帖印花乃准發賣者。不知中國現在欲行之印花稅。爲專屬於前項乎。抑兼及後項乎。頗聞議者欲以此項稅抵償釐金。今釐金所入凡千餘萬兩。若欲以印花抵之。非多方强迫需索不可。恐有倡行百貨之落地印花者。此則啓超大以爲不可。蓋除鹽酒烟糖四項外。一切貨物宜悉免其稅。始足以助全國產業之發達。而增國民之納稅力。此不可不察也。

第九　遺產稅。　遺產稅者。人民死亡而以遺產授人。國家爲之證明之。因收其稅也。在授遺產之人。其財非由本身勞力所換得。其得之實爲意外之幸福。故課其稅殊不爲虐。而各國通例。其遺產額少者則免稅。（英國百磅以下免稅德國百五十馬克以下免稅日本一千圓以下免稅）其遺產額愈多者則稅愈重。用所謂累進法者。（與所得稅法同）最合於平均負擔之原則。深爲可取。我國若驟行此稅。似屬擾民。然按諸實際。則人民因爭產興訟之案最多。苟納稅後而得法律上確實之保護。則民非徒不以爲病。反以爲便。不觀沿海通商各口岸。其民有紛紛入籍外國者乎。凡以求保產業之安全而已。況照日本之例。千元或千兩以下不稅。則小康之家。惟蒙其利而不感其苦。若素封之家。則又不惜此區區矣。故此項稅。似在今日已可實行。非所得稅之比也。日本現在此項稅所入。每年四百餘萬圓。我國人數雖十倍於日本。而日本人民平均富力亦數倍於我。今若行此稅。初年或可得一二百萬內外耶。此則非試辦後不能知矣。

第十　通行稅。通行稅者。於輪船鐵路電車賣票時。隨票稅之。視其所行道路之遠近。及其票之等級。而稅率有高下者也。以租稅學理論之。此項稅實爲惡稅。以其性質恰如諺所謂買路錢也。雖然。所取甚微。民不以爲苦。（日本之例一等票最近者稅銅元五文最遠者稅半元三等票最近者稅銅元一文最遠者稅四文）又其徵收。託諸輪船鐵路各公司。極簡便而省費。不得不謂爲一好稅源也。加以人口衆多之國。若行此稅。則收入極豐。不必增加別項稅率。而國帑可以大充。如我國是也。日本此項稅所收入每年三百餘萬圓。中國今日若立卽施行。以長江及沿海各輪船合以已開通之各鐵路。最少每年當可得二百萬兩內外。若將來交通日便。則其歲增之率。殆有不可思議者。

以上所舉十種稅目內。除二種擬作爲地方稅。一種留待異日。暫且緩辦。其餘七種立可施行。合以田賦鹽稅海關稅。共爲十種國稅之項目。卽此足矣。

## 第四　應裁之舊稅目

國家欲得不竭之財源。莫如增長國民之納稅力。如何而始能增長。則經濟發達是已。孔子曰。百姓足。君孰與不足。百姓不足。君孰與足。誠至言也。若國家專務聚斂。而不計及其病民與否。此猶藝果蓏者不務穫實。而伐其樹以作薪也。我國現行稅目。頗有類是者。今試論之。

第一　釐金。釐金之性質。頗類外國所謂通過稅。然他國之通過稅。惟甲國貨物假道乙國。而入丙國者。乙國乃從而稅之耳。從未聞有在一國內。而行之於甲地與乙地之間者。今之釐金。正無異諺所謂買路錢。而孟子所謂殺越人於貨也。夫本國貨物通行於本國中。在理並一次抽之。猶且不可。況節節設卡。一貨物而或抽至數次數十次乎。僅抽其稅。猶阻經濟之發達。而況需索留難之弊其病民更甚於抽稅乎。今洋貨以納子口半稅之故得免釐之權利。而土貨反不能得之。是不啻故意保護洋貨。而使土貨不能與之競。今各國皆以關稅而行保護政策。其所以獎厲本國貨物而抵制外國貨物者無所不至。而中國乃適反其道而行之。豈不怪哉。今各國新約。皆有要求廢撤釐金之一條。即朝廷亦非不洞悉其弊。然終因循不能決者。徒以此爲國家歲入一巨款。無他途以抵之耳。釐金歲入一千二百餘萬兩。居現在總歲入十分之一。以現制論之。其數不得云不鉅。雖然以啓超所擬前三篇之諸策。則何處不得此一千餘萬者。而顧以此區區之故。斲喪全國商務發達之機乎。

近來有一二省。將釐金改爲統捐。其較勝於釐金者有二。一曰無一貨而抽至數次數十次之弊。二曰需索留難可以較少。雖然兩者比較。亦不過以五十步笑百步耳。統捐之性質頗類外國之落地稅及入市稅。然此項之稅。萬不能舉凡百之貨物而悉抽之。抽之徒阻國產之發達耳。故啓超所計畫專設完密之法。以抽烟酒糖之三種。而其餘貨物悉豁免之。釐金故在必廢之列。即統捐亦不能勿革也。

第二　常關稅。　常關稅自國初已有之。其性質在海關稅與釐金之間。蓋其所抽者。一部分爲外國貨物之進口稅。一部分爲國內貨物之通過稅也。自新關（即海關）設立以後。其抽進口稅之職分全然消滅。所餘者則抽通過稅而已。故今之常關。實與釐卡無異。所異者其稅率有輕重耳。據會典所定。此項關稅。歲入四百五十萬兩。然今日所收之額。大遜於舊。所實能收到者。聞不過百萬兩內外耳。國家雖貧。豈爭此百萬。而使人民受無窮之苦累乎。

第三　茶稅。現在之茶除與普通貨物同抽釐金外。無所謂稅也。獨有所謂茶引者。必須由戶部領得此引乃許採辦。而近日所與之茶釐茶捐等。亦隨引徵收。故茶稅實以引為之媒。考茶引定章每道課銀一錢。其各種規費復五分餘全國之引。不滿七十萬道。國家所得纔七萬兩耳。其各省茶釐茶捐等。總數不能確知。然據鐵尙書良前查皖南茶釐局收入最多之年。不過三十二萬兩。皖為茶業最盛之省。其數僅如此。則全國收入有限。可以推見。然以此區區之數。其阻礙茶業之發達者何如。蓋非憑引不能販茶。於是茶商遂成一種專賣之性質。照章本無論何人皆得領茶引然實際則為少數茶幫所壟斷無能侵入其權利範圍者非惟尋常商人不能任意採辦。而已即種茶之人。亦非經彼輩之手。無由運其茶出於市場。彼輩惟知與外商狼狽。魚肉茶農。以圖不當之利益。茶商日肥。茶農日瘠。茶農欲改良茶業。非徒無此智識也。亦無此資本。茶商有此資本。莫肯從事。坐使中國茶之品質日低。聲價日落。漸為外人所厭。加之印度茶近年刻意改良。專與我為敵。遂令彼日占優勝。而我乃一敗塗地矣。計光緒十八年我國茶出口尚一百八十七萬五百餘擔。自後年年減少。至光緒二十八年。僅得一百一十五萬九百餘擔。近年之統計未詳想必更短絀而印茶歲進。如日升天。最近又有日本之臺灣茶出而相競。而我國之茶幾不能立足於世界市場。夫茶為向來出口一大宗。我國所恃以挽瀉卮於萬一者。惟此是賴。今衰落若此。而洋貨之滔滔輸入。若水歸壑。幾何不舉全國而為餓殍也。推原茶業所以不振之故。其原因雖甚多。而專賣茶商之作梗。實為最大之病原。啓超謂為今之計。不惟須盡廢茶稅而已。且須立獎厲茶業法。凡能遵政府所定之方針。以改良茶業者。則給之以補助金。各國欲獎厲本國某種貨物以與外競恆用此法如前此法國之獎厲蘿蔔糖近日臺灣之獎厲茶業糖業皆是也其例不可枚舉啓超對於整頓茶業之法肊見頗多以非本論範圍不具述但使能恢復前此之名譽。且日進而無疆焉。則即出口稅一項。其裨補帑藏者已不少。況國民日富。其納稅力日增。所得又豈止此耶。今以七萬餘兩之引費。百數十萬兩之茶釐。而塞此莫大之利源。眞可爲痛哭也。

第四　賭博税。　現在公然收賭博税者。爲廣東。其數蓋五六百萬兩。此外各省之彩票。亦其類也。政府若欲毫不費力而得莫大之財源。莫妙於此矣。而豈知必國民富。然後有納税力。必母財豐。然後國民可富。賭博者。純然銷蝕一國之母財者也。而税賭博者則無異飲鴆以止渴也。今各國皆名吾國曰賭國。國家之恥。孰有過此。政府亦明知其不可。而仍含垢忍辱以行之者。徒以無他款以代之耳。夫以中國之大。豈其患貧。但欲如賭税之可以安坐而得。則天下無是理耳。

第五　其他諸雜税。　此外如牙税。當鋪税。猪捐。漁捐。船捐。車捐。蘆課。油税。等種種。或舊有者。或新加者。各省不同。其數不可枚舉。每項所得少者或僅數千兩。多者不過十數萬兩。其於國家財政。不過九牛一毛。徒以供官吏中飽劣紳包攬之資。而小民不勝其擾。竊謂宜盡行蠲免。國家除前章所列舉十種税外。一概不税。其或因地制宜。有應作爲各省各府縣各城鎮鄉税者。由該省諮議局。該府縣城鎮鄉董事會決議後施行。國家不爲干涉。如此則庶民和而頌聲作矣。

夫誠能毅然廢止各種惡税。則此外良税。雖所徵較重。而民猶安之。況乎前所列各税。又皆間接取之於民。而使之不覺苦痛者耶。

## 第五　租税以外國家之收入

租税以外。國家之收入。大約可分三種。一曰國有財產。二曰官辦實業。三曰政費酬金是也。中國若能辦理得宜。

其可助國庫之歲入亦不少請分論之。
國有財產可分爲二。
第一　國有土地。　現在各省有所謂官佃田者。有所謂屯地者。皆國有土地也。然其數尚不多。若他日調查田賦。清丈田畝之後。其無稅之地。不知凡幾。內中約有三分之二。當承認人民之占有權。約有三分之一可以撥歸國有。又東南各省。此後歲歲新漲之沙田。皆應歸諸國有。又如東三省新疆等處。地廣人稀。未墾之土地甚多。皆宜歸諸國有。又八旗莊田。現在既不敷分授。然又不能爲各旗民所私有。旣妥辦八旗生計問題後。亦宜歸國有。如是則國有土地極多。苟能善處之。實國家一大財源也。
以上各種之國有土地。其處置之法。約可分爲二種。其已開墾之地。則發賣與人民。所入之多。當不可思議。其未開墾之地。則募民往耕。待其已墾之後。則賣與人民。日本之開拓北海道。其前事之師也。而普魯士之國內殖民法。其妙術更多。我國若能采行之。則移東南已滿之人。以開西北未墾之地。不徒大補於國家財政。抑可以驟增國民生計也。此事啓超別有草案。今不縷述。要之中國苟辦理得宜。則此二十年內。年年國有土地之賣價。平均可得一萬萬兩內外。非夸言也。
第二　國有森林。　我國數千年來。山林川澤。皆爲官地。一經調查之後。其面積當不下數萬萬畝。考各國森林之利益。多者數千萬圓。少者亦數百萬圓。以我國之地大物博。苟辦理得宜。則將來歲得一二千萬。殊非難事。卽最初亦必可得數百萬也。至其辦法。則各國林政學書言之綦詳。今不具引。
官辦事業。各國之範圍不同。今論中國所已有而當改良者。

第一　郵政電報。郵便電報非徒便民。亦實爲國家歲入一大宗。查各國所入英國五千八百餘萬元。法國二千七百餘萬元。德國一千九百餘萬元。日本四百餘萬元。卽蕞爾之比利時亦五百四十餘萬元。我國風氣未開。雖不能援爲比例。然以我人數之多。十倍或十餘倍於諸國。苟稍加整頓。以籌數百萬元。決非難矣。我國郵政電報之大弊。皆在不普及。蓋此等機關。愈普及則利用之者愈多也。而電報之弊。尤在取價太昂。與其價昂而用之者少。何如價廉而用之者多也。啓超於整頓郵政電報策。別有草案。今不贅述。

第二　官辦鐵路。鐵路之應歸民辦。應歸官辦。此爲學理上一大問題。今不詳述。但中國現在純然官辦之京張萍潭等路。及借款承辦之京奉京漢正太道清汴洛滬寧等路。其事業之成敗盛衰。皆政府之責任。而辦理苟能得宜。則國家緣此可得莫大之財源。可斷言也。卽以京奉一線論之。光緒三十一年。得純利一千餘萬元。三十二年得五百九十餘萬元。三十三年得四百七十餘萬元。則利益之厚。可以推見。（但觀此三年比較則三十三年比諸三十一年殆減其半此何以故蓋三十一年正日俄戰爭之時我獨占其利及三十三年而與俄之東清鐵路南滿鐵路競爭則相形見絀也今後不整頓則利將盡爲人奪矣又三十三年所支之薪俸較諸三十一年殆增三分之一此所以雖有利而利皆歸於官吏不歸於國家也然則非大行綜覈名實之政此等利益又安足恃乎）而善始善終之道。亦不可以不講矣。啓超關於鐵路政策稍有肊見。今不具詳。

政費酬金者。日本所謂手數料也。分爲司法酬金。行政酬金兩種。司法酬金。訴訟之堂費等類。行政酬金則種類極繁。不必具引。我國有當采用者。有不必采用者。此當俟臨時斟酌定之。此項收入爲數不多。且大半應歸地方財政。或歸官吏自得。今不必細論。

## 第六　將來歲入豫算之大概

合前數章所擬，則將來歲入預算之大概可得言焉。試與現在歲入列一表而比較之。（表中所列皆以兩數爲單位）

| 項目 | 現在收入額 | 改革後收入額 |
|---|---|---|
| 田賦（漕米在內） | 三千五百餘萬 | 三萬萬 |
| 鹽稅 | 一千三百餘萬 | 一萬萬 |
| 海關稅 | 四千萬 | 四千萬 |
| 釐金 | 一千二百萬 | 無 |
| 常關稅 | 一百萬 | 無 |
| 酒稅 | 無 | 三千萬 |
| 煙稅 | 無 | 三千萬 |
| 糖稅 | 無 | 八百萬 |
| 茶稅 | 未詳 | 無 |
| 登錄稅 | 未詳 | 五百萬 |
| 印花稅 | 無 | 二百萬 |
| 遺產稅 | 無 | 一百萬 |
| 通行稅 | 無 | 二百萬 |
| 賭博稅 | 約七百萬 | 無 |

| | | |
|---|---|---|
| 土藥稅釐 | 二百萬 | 無 |
| 鴉片專賣 | 無 | 五千萬 |
| 雜稅 | 七百萬 | 無 |
| 國有土地賣價 | 無 | 一萬萬 |
| 國有森林 | 無 | 二百萬 |
| 郵政電報 | 未詳 | 二百萬 |
| 官辦鐵路 | 一千萬 | 二千萬 |
| 合計 | 約一萬三千萬 | 約七萬萬 |

右表所列。現在收入額約一萬三千餘萬兩。其實督撫外銷不報部之數。官吏胥役奸商層層婪索中飽之數。當三四倍於此。大約人民所負擔總在四萬萬兩以外也。

至改革後收入額約算爲七萬萬兩。驟聞之似覺夸張失實。然按諸實際。則殊不然。蓋前所論田賦一項。僅以每畝平均收稅一錢起算。卽按諸賦役全書亦須此數。而現在各省徵收糧漕丁銀。大率每銀一兩者收制錢二千二百文至二千七八百文不等。而種種陋規尙不計。則定制收一錢者。今已收至二錢有餘。改革以後。雖不必加徵。然亦何必再減。然則二十五萬萬畝之地。實應收六萬萬餘兩。今云三萬萬兩。不過舉其半耳。若必云不滿此數。則必謂中國可稅之地不及二十五萬萬畝。然後可。然以土地面積計之。實在一百萬萬畝以外。今不過以其四分之一起算耳。豈能再少。況奉天一省。一萬八千餘萬畝。明見於則例。（實則尙不止此數）各省面積不小於奉天。其地力之盡。且過於奉天，則每省平均二萬萬畝，實意中事。以此計之，又何止二十五萬萬畝乎。要之田賦三萬萬兩，實係舉最少之數。調查以後，其所得必不止此。可斷言也。

鹽稅一萬萬兩，乃係以全國所食鹽共六千五百萬擔起算，實亦斷不止此數。若辦理得宜，能有鹽出口，則其數更增。而以現在計之，亦斷不至少於一萬萬兩也。

海關稅據光緒三十一年之報告，凡三千五百餘萬兩。現在進口稅改至值百抽十，當增數百萬，故略推定爲四千萬兩。但此項內含有洋藥稅釐五百餘萬兩，若行鴉片專賣，則此數當除去。

煙酒糖登錄印花遺產通行之七種稅及鴉片專賣稅，未經試辦，頗難預測。然以人口比例之，右表所列者，實其最少之數也。

國有森林及郵政電報，每項僅算二百萬，亦爲最少之數。

國有土地若一年有二千萬畝發賣，每畝平均賣價五兩，則可得一萬萬矣。調查完竣後之一二年，必不止此數。而現在吉林、黑龍江、新疆之三省，皆未嘗納一文錢之田賦，其地可收爲國有者，十居八九。此項財源，雖數十年後猶未竭也。

官辦鐵路以現在京奉、京漢、正太、道清、西陵、萍潭諸路合計，實以得一千萬以上。將來京張、汴洛、滬寧等路告竣，必可得二千萬。然現在辦理實爲極不合法，能加整頓，則一倍之收入，可以豫期。今所舉者，亦其最少之數耳。

由此言之，則所謂七萬萬兩者，全係從最少之數立案。若實行之後，祇有增多，斷無減少。

又此表所列，皆以兩爲單位。若新貨幣制定後，則每一兩可以一元五角換算之。故七萬萬兩應換算爲十萬萬零五千萬圓。

又右表所列內惟田賦一項遞年無甚加增。（其有加增者則國有土地賣與人民之後收賦之畝數加增耳否則非提高稅率不能有加也）國有土地賣價及鴉片專賣兩項遞年應有減少。其餘各項則鹽酒煙糖等隨人口之增殖而遞年加增海關稅因通商之盛。而遞年加增。登錄稅印花稅遺產稅等。因產業之發達而遞年加增通行稅郵政電報官辦鐵路等。因交通機關之整理完備而遞年加增。國有森林因林政之改良而遞年加增。尙有最良之所得稅一種。數年之後可以施行其率亦隨國民富力之充裕而遞年加增。故國家旣選定此十數種財源之後眞可以永遠不加賦。而二十年二十萬萬圓之歲出歲入。在意計中矣。

其最初之一二年所得或不能遽如所期。雖然。須知調查土地完竣之時。令全國換印田房契一次則於尋常登錄稅之外。可多得三千餘萬。又舊日匿稅之地。國家承認其占有權而使之印契稍重其稅可得二萬萬。而初年國有土地之賣價必較多其數亦可望二萬萬內外。然則雖他項稍有不足。此固足補之而有餘矣。

國家有此十萬萬五千萬元之歲入。則以一千萬圓爲皇室費。（日本三百萬元）以三千七百萬圓爲舊有外債本利攤還費。（現在每年二千四百餘萬兩以圓換算約得此數）以一千二百萬圓爲新公債利息費。（欲興舉一切新政必恃公債此數以二萬萬元公債年息六釐起算）以二萬萬圓爲海陸軍費其餘七萬萬餘圓以之整理行政。獎厲殖產。十年以後。中國之富強可甲於天下也。

## 第七　舉辦公債之法

以上所述。改革以後。國家每年能得莫大之收入。固無疑矣。然最困難者乃在未改革以前。以現在歲出入計之。

卽一事不辦。而司農已仰屋患貧。況自煙禁實行。而洋土藥之稅釐。所失且數百萬。若將釐金賭捐兩項停止。又將去二千萬。何以克支。且今欲改正田賦。所費總須一萬萬。整頓鹽政。約亦先須二三百萬。田賦一項。卽分五年籌辦。每年亦須二千萬。苟無術以先籌得此款。則無若何之良法美意。亦適成爲書生之見而已。欲籌此款。則舍公債外無他途也。

公債爲財政伸縮一大妙用。無論何國。必須有之。非徒以補國庫臨時之缺乏而已。然中國前此屢次舉辦。無不失敗。前之昭信股票。後之直隸公債。覆轍相尋。至今視爲畏途。莫敢齒及。然則我國果永無募集公債之望乎。是決不然。凡物必有用。然後欲得之者衆。欲得之者衆。則雖多而不至於廢滯。公債之所以流通者。首在政府之能見行於其民。固已。然使別無用途。則政府雖信。而民且莫應。何也。公債之利息。恆較市場之利息爲低。彼有錢貸人取息者。甯貸與私人。不必貸與國家也。然而各國之民。皆爭買公債者。何也。公債之性質。最穩當而用之爲抵押最便。凡商業之繁盛。必恃銀行借貸以爲之挹注。銀行借貸例須抵押。而用房地契券等類抵押。非徒銀行嫌其變賣不易。不願承受而已。卽抵押者亦不能別生利息。兩皆不便。故必須有所謂有價證券者以供此項之用。然後經濟界乃能活動。所謂有價證券者。卽公債券及大公司之股份票與其社債券。而公債券則尤爲穩便者也。以是之故。外國市場之視公債券。殆如布帛菽粟之不可一日離。需用者既衆。則人人爭買。而債券遂成爲市面上一種之貨物。價格時高時下。而善於居積者。人棄我取。人取我與。或緣此而博奇利。此債券之需要所以日增也。彼人民之持此券者。其志因非待國家之償還本錢也。其在平時。可以穩得六釐之息。若有急用。可持往抵押以易金錢。更急則沽之。不患無善價。此民所以趨之若鶩也。明乎此理。則知欲舉辦公債。非先有術焉以開公債利用之途不可。

公債之爲用雖如此其廣。然中國人未知之。無從家喻而戶曉也。是則在政府之有以導之矣。竊考日本明治初年發行秩祿公債券一萬萬七千萬圓。（日本當明治以前爲封建其藩侯各有封地其藩士各有常祿維新以後非廢此制國家不能統一然擧藩侯藩士數百年固有之權利一旦而奪之於理既未愜而國家年年出此常祿以養無數之冗員勢又不可故發此公債以爲償實不得已也）當時其政府之基礎未固。信用甚薄。其人民不知公債之用途。亦一如我國。彼政府乃設一法焉。令人民設立銀行者。得以此項債券抵押於政府。而政府許以發行鈔幣之權。其所出鈔幣之數。一如其所抵押債券之數。於是人民紛紛爭購此券。不久遂成爲市場通行之貨物。而銀行亦因此盛開。全國經濟日以發達。此日本初行公債所用之政策也。然此策非日本人能創之也。實取法於美國。美國當南北戰爭時。所需兵費甚多。不得不求諸公債。而國內分裂。政府信用極薄。乃創爲以公債抵押許開銀行出紙幣之一法。民爭趨之。現在美國千餘家之國民銀行。皆起於彼時。而美國所以能有今日之富。亦未始不由此也。今者創辦公債。設立銀行。皆爲中國最急之務。惟用此策則足以兼之矣。今適有八旗生計一問題亟須解決。而此問題之性質。恰與日本前此之藩士略同。試倣其意。先辦八旗生計公債五千萬圓。同時頒布銀行條例。凡以公債抵押於政府者。許出鈔幣。一面運動旗人之受此債券者。組織一有限公司以開銀行。以此券抵押出鈔幣。政府立許可之。一面又運動旗人以外之人組織一公司。向旗人購買此債券。抵之於政府。以求開銀行出鈔幣。而政府又立許可之。此兩銀行者必獲大利。於是人人嚮風。爭欲效之。而購買債券者必日多矣。又銀行既開以後。商業家必利用此機關以謀資本之挹注。而銀行必有抵押乃能借款。抵押莫妙於債券。緣是而購買債券又日多矣。於斯時也。苟政府別無他種公債券以調劑之。則此項八旗生計債券。其價必逐日飛漲。可斷言也。或疑以此策獎厲銀行爲不可者。請於銀行政策篇別辨之。又此項債券爲解決八旗生計問題絕妙法門。亦於八旗生計問題篇詳論之。

然所以開公債利用之途者。猶不止此。若行啓超所擬整頓鹽課之法。凡鹽皆歸政府專賣。欲販鹽者例須先繳價。惟以公債券作抵者。准賒以三個月或半年之期。彼販鹽者若交現銀。則資本不得週轉。若以債券作抵。則彼收兩重之利。何去何從。不待計而決矣。故舊日之鹽商。必相率而買債券。尤必有富民良賈組織大販鹽公司。以謀此利。而亦爭買債券。此途之利用。殆更廣於銀行矣。

此外尚有一途焉。可以推廣債券之利用者。考各國官制。凡司度支出納之官吏。例須納若干之保證金於國庫。其數不多。大率五百元以上三千圓以下耳。將來我國度亦不能不采此法。而此種保證金。例得以公債券代之。此法若行。則公債券之需用。又不知幾何也。

夫此諸法者。不過當初時人民不知公債之大用。故須暗中設法爲之勸導耳。若其既知以後。則此物爲人民彼此互相借貸抵押之用。其所需視抵押於政府且數倍。習慣既成。遂如布帛菽粟之一日不可缺矣。假使歐美日本諸國。其政府一旦忽將所有國債掃數淸還。則其人民必且羣起而譁。無所措手足。何也。以此物久爲市場必需之品。一旦缺之。而凡百皆大不便也。

凡大公司之製造物品也。必先量市場所需此物約幾何。其現有者幾何。其尚缺者幾何。而因按所缺之數以製造之。則其物不患無人買。而可以獲利矣。今國家欲創辦公債。亦宜師此意。試以鄙見臆度之。假如有八旗生計債券五千萬。發出之後。其利用之途當何如。大抵旗人創辦銀行用爲抵押者約一千萬。其不願賣與人者約一千萬。尚餘三千萬。可以流通於市場。此供給之額也。其需要之額則何如。最初一二年間。漢人設立銀行欲用以作抵者約二千萬。販鹽商欲用以作抵者約六七千萬。官吏欲以代保證金者約一千萬。人民互相借貸用以作抵者約一千萬。合計約九千萬乃至一萬萬內外。以一萬萬內外之需要。而僅有三千萬之供給。則其價必騾昂。而旗人之貪小利者必爭賣之。而其券展轉盡入於漢人之手。旗人驟得此金。徒供浪費。後此遂失其衣食之途。亦非政府軫恤之本意也。而居奇奸商或借此券以投機射利。亦非經濟界之福也。故半年之後。宜再發勸業公債五六千萬元。以供社會之求。市面所需者一萬萬內外。而流通之額只有八九千萬內外。則求恆過於供。而其買賣之價。必高於原價矣。若將來銀行盛開。債券之需要日增加。則再發行兩三次。約以二萬萬圓爲限。（連八旗生計債券在內）有二萬萬元之債券在市場。則無從缺乏之慮矣。

除八旗生計債券以外。此後之債券。宜用低價廉息發行法。何謂低價廉息發行法。譬如市場普通之利息須六釐者。政府則給以五釐。惟一百圓之債券。則以八十三圓之低價賣之。此法就償還時計之。則前此實收八十三圓者。後此須還以百元。政府似甚吃虧。然就每年給息計之。則實收一千萬之六釐債券。每年需息六十萬。而號稱一千萬實收八百三十萬之五釐債券。每年需息五十萬。其比例恰相等。而此等債券。例於發行之時。先令人民出價報買。限某日止截。止截之時。若所報之額逾於所募之額。則價高者得。改定價八十三圓之券。恆賣至八十四五圓以上。夫國家實收到八百四五十萬圓。而每年僅出五十萬元之息。則其息不及六釐矣。是國家有利也。至於償還時。則有借換及吸收之法。國家仍可以不吃虧。而人民自覺以八十餘元之價格。而將來得一百元之償還。則咸樂購之。而購之者亦實未嘗有所損失。故各國之募公債。大率皆用此法。雖似朝三暮四以愚其民。然實有至理存乎其間。未可厚非也。

我國若發行八旗生計債券以後再經半年覺債券之需要日增卽用此法再發三千萬元則民之爭之當必如兒童之得果矣

外債之性質極爲危險可以不借則不借爲妙然當一國資本未豐時稍藉外資以潤澤之有時亦收奇效所視者其用之之途何如耳若用之於不生產之業則其害滋重用之於生產之業其利亦至溥今政府若厲精圖治借之以爲整理行政發達經濟之用有何不可如啓超前所擬各案一經實行之後國民富力日進政府財力日豐豈患不能償還然則開辦伊始或借數千萬元是亦一道也（現在海關稅所入約四千萬兩其已供抵押者二千五百萬兩若再借五千萬元利息七釐則每年須三百五十萬元關稅之抵押力尙有餘裕也）但內債若得手則無須乎此此當俟臨時斟酌情形不必刻舟求劍也

又政府鈔幣其性質亦爲一種公債流弊雖甚多然苟能謹愼行之亦財政之一妙用當於貨幣政策篇別論之

## 第八　貨幣政策

新貨幣所以倡之數年而至今未告成功者則一圓一兩之問題最爲之梗也夫圓乃貨幣單位之名稱兩乃金塊銀塊重量之名稱二者絕不相蒙既定以一圓爲單位則一圓之重量或以一兩或以七錢二分皆無所不可此雖謂之不成問題可也而二者當何擇則其一須審每一單位貨幣之重量以若干爲便其二當審其與國中現有之種種貨幣其比例換算以何者爲便其三當審國民之習慣以何者爲便其四當審與外國貿易以何者爲便就此四者一一核之則用七錢二分之便十而八九用一兩之便不過一二耳第一款則一兩之幣不便携帶此各國之貨幣書多言之其理甚淺不必多辯第二款則實解決此問題之最要點也夫今之所以欲鑄新幣

者。其目的豈非在統一全國幣制乎哉。而現在沿江沿海通行之墨西哥銀及各外國銀行之鈔幣皆用七錢二分。豈能一旦盡舉而掃盪之。然此猶曰外國之幣國家可以不承認也。若夫近數年來各省官局所鑄之銀圓及所發之鈔幣。又皆用七錢二分其通行於市面已極廣。又可得取而盡改鑄之乎。既已不能。則添此種一兩之新幣與舊幣同時並行。益以增幣制之紊亂而已。而何統一之足言。然此猶就本位貨幣言之也。更觀補助貨幣則小銀元十枚換大銀元一枚。銅元百枚換大銀元一枚。皆以七錢二分之圓爲標準。今若以兩爲一枚。則現在充物國中之小銀元銅元何以處之。況尤有最要者一物則爲往昔之制錢。我國前此未嘗用銀幣也。惟用銀塊耳。國中獨一無二之貨幣實爲銅幣。卽制錢是也。故各省計算貨幣之數大率皆言制錢幾千文幾十千文幾百千文。此項習慣實言幣制者所最不可忽也。今以制錢一千文爲七錢二分重銀幣一枚之補助幣。則其事甚順。若以一兩重爲一枚。則制錢一千文將使之易此種銀幣一枚乎。抑必一千三四百文然後易一枚乎。若一千三四百文然後易一枚。則本位幣與補助幣絕不聯絡。幣制之系統全亂。而此本位幣實仍返銀塊之性質。其必非改革幣制之本意明矣。若强令一枚易制錢一千文乎。以國家法令行之何嘗不可。然此一枚實重一兩也。則制錢一文强使之值銀塊一釐矣。在富裕之民誠不以此爲苦。若鄉僻山谷之窮民。前此購一最小之物（例如醬油胡椒末等）以銀塊七毛二之價值而可得之者。今必以一釐之價值而始得之。則其人每月有一兩之收入者。今乃僅得七錢之用也。厲民甚矣。夫貨幣之重量。莫要於斟酌國民生活之程度。今以制錢一文爲最低之補助幣。而以此種補助幣一千枚當七錢二分重之本位幣一枚。實最合於我國民生活程度。鐵案如山。無所容辨難之餘地。彼持一兩之議者。實全忘卻制錢之一項。毫未嘗爲之謀位置也。第三款論習慣如何。前所舉制錢換算卽千年來相沿最有力之習慣。故不言習慣則已。既言之則此其最不可忽者也。而持一兩之議者。則必謂現在通行用銀之習慣皆以兩計。卽鑄七錢二分之幣。而人民用之者仍必換算爲兩。則何如逕鑄一兩者之爲愈乎。此其言若甚有理。然實則於貨幣之原理毫無所知者也。夫既謂之貨幣。則但計枚數而已。除與他國貨幣換算外。則其重量絕不必問。若問重量。則是仍用銀塊耳。非用銀幣也。今如彼說鑄一兩重之幣。假使其幣經數十年磨擦缺損重量減爲九錢。尚許其與一兩重之幣有同一之價值乎。若不許。則人民之用貨幣者必逐枚而秤之。如此何不仍用銀塊。需此幣何爲。若其許之。則明明以僅得九錢之重量而認爲一兩。此何理也。故以貨幣之性質論之。無所謂一兩。無所謂九錢。知有一枚而已。然則必謂須以一兩爲一枚。不能以七錢二分爲一枚。此又何理也。夫以中國人民向來慣用銀塊。不解用銀幣。則雖新幣頒行之後。人民必仍計其重量而不數其枚數。誠所難免。然設法矯正此習。使人民漸解利用貨幣之途。正政府之責也。今試頒定法令。一面順制錢之習慣。凡前此以制錢爲標準者。今皆以新幣一圓而當一千文。一面矯銀塊之習慣。凡前此以銀之重量爲標準者。無論庫平京平松江平漕平關平以及其他種種平。一概以新幣一圓五角而當一兩。在初時民或驚疑不解其所以然。仍斷斷然以種種方法計其重量。及一二年後必有啞然失笑。覺前此之無謂者。而幣制於以大定矣。若如持一兩說者之思想。恐更歷數十年而我國猶不能脫用銀塊之習也。其第四款則我國附近各國。如日本如美國如南洋羣島。其所用幣制之重量。皆略近於七錢二分。故采此量則換算較順。此則末節無關宏旨者也。要之貨幣之爲物。惟以法定若干重量之一枚爲單位。其重量若干。毫不必問。一兩可也。七錢二可也。卽七錢亦可也。六錢五錢亦可也。甚至幾錢幾分幾釐零亦無不可也。而有取於七錢二分之說者。徒以其與現行種種貨幣相合。無別生枝節之虞。而所惡乎一兩之說者。以其益增長用銀塊之陋習。而抹卻貨幣之效耳。夫論事者徒泥學理而不考事實。固爲不可。若全不解學理而妄言新政。則其不爲人笑者幾何。彼持一兩說者。挾村嫗之見爲無謂之辨。小題大做。坐使幣制至今不能決定。而阻國家幾許之進步。夫天下事豈無更大於七錢二之與一兩者乎。他不之務。而惟此嘵嘵何爲也。古人曰。惟斷乃成。是在力排羣議。斷以行之而已。

現在各省銀幣。皆鑄有庫平七錢二分字樣。其一角二角之補助幣亦然。此雖小節。然使人民淆亂貨幣之觀念。感觸用銀塊之習慣。此亦不可不改也。夫此銀幣者。曷爲以一枚而能當制錢一千文。曷爲以一枚有半而能當銀塊一兩。非爲其有重量七錢二分也。爲其以國家法律之力而賦之以此價值也。若曰因其有七錢二分之重量故。然則經磨擦之後。減其重量。而價值亦當隨減乎。必不然矣。是故不可以不改也。

次則補助貨幣有當論及者。補助幣之使用。當有限制。此理至明。現在鑄造銅元之權已收歸中央。當無前此濫鑄之幣。無勞啓超鰓鰓過慮。惟今有一問題當決定者。則最低級之補助幣對於本位幣之率是已。各國之最低級補助幣。大率皆對於其本位幣爲百分之一。（如日本最低級補助幣爲一錢。對於其本位金一圓爲百分之一也）今我中國以銀一圓爲本位。現行銅元對於本位爲百分之一。然其下必須更有一種補助幣以十枚而當銅元一枚者。然後適於用。而不然者。鄉曲貧民任購半勺之醬油。一分之胡椒末。而必須用一銅元。則窘不可言矣。此種補助幣維何。卽舊日通行之制錢是也。雖然。補助幣之性質。每級必須遞低其品質。否則爲格里森原則所支配。（此原則凡貨幣學書皆言之。想殿下久已洞悉。下文所言卽證明之也。）良幣必爲惡幣所驅逐。而絕其跡。試以中國現狀說明之。如今制以銅元百枚而當七錢二分之本位幣一枚。銅元百枚本非有本位幣一枚之價值也。特國家以法律之力強命之而已。使銅元之使用毫無限制。欠債十元者。得償以銅元千枚。欠債百元者。得償以銅元萬枚。則人民必盡用銅元。而私銷銀元變爲銀塊以賣之。何也。一百銀元之銀塊。其價值視一萬枚銅元之銅塊數倍故也。前此廣東所鑄七錢二分之大銀元。其數頗不少。後此有一錢四分四釐之小銀元出。其品質低劣於大銀元。而通行毫無制限。故現在市場上幾無復一枚之大銀元。此其明驗矣。此卽所謂格里森原則也。今補助幣若立制限。使其行使不得逾若干元以外。則本位幣之被驅逐。可以無慮矣。獨至銅元以下之最低級補助幣。則有甚費商量者。蓋其品質必當更低小於銅元。卽不得已。亦祇可與銅元同率。而萬不能過之。苟過之。則其弊將何如。最良之制錢一千文。其重量六斤四兩。而銅元百文之重量不及二斤。以銅元百文而可以易制錢一千。則人人將競買制錢。而私銷之作爲銅塊轉售。而可以獲大利。故前此凡有惡制錢出現。而良制錢卽被私銷。近日銅元盛行。而制錢絕跡。皆由此也。今試再鑄制錢乎。則鑄一萬銷一萬。鑄百萬銷百萬。發出後不及一月。已全歸於無何有矣。夫銅元以下之補助幣。旣萬不可缺。而旣有銅元。勢又不得復鑄制錢。則惟有設法鑄一種焉。其十枚合計之原料價值。尚不及銅元一枚。或僅及銅元一枚者。斯可以適於用。然銅元之對於本位銀幣。其品質之低下已達極點。欲求更低下於彼者。實非易易。此啓超所百思未得其法。而深望政府之留意者也。苟無善處之法。則現在幣制將翻根柢而盡被破壞。誠不如逕用金本位。而以銅元爲最低級補助幣之爲愈矣。夫我國今日所以不能用純粹之金本位者。豈非以人民生活程度低下之故耶。徒以此故。故最低級之補助幣只能以銀價七毛內外爲標準。不能以銀價七釐內外爲標準。非此則無以收銀本位之效也。今政府之議幣制。似未嘗注意及此。此啓超所惑而竊願爲芹曝之獻者也。（若用一兩之制而又無千分一之補助幣。則人民買一最么麼之物。亦須用銀一分。其奢更過於日本矣。中國現在生活程度能堪此乎。）

其次則請略論本位制。中國今日之生活程度。其必須用銀本位固無待言。苟能大勸工藝。則利用銀價低落。對於金本位國之貿易。可以得莫大利益。不必以爲病也。惟所負外債太鉅。未免吃虧。且金銀漲落不定。則國際貿易不能發達。故必須用金幣匯兌之本位制。即前此美國人精琪氏所獻策是也。此制印度菲律賓行之。已確著成效。曾爲維持銀本位之不二法門。我國必當采者也。當時張中堂之洞曾上摺力駁精琪說。其言雖若甚辯。實則與學理全不相應。此事雖可以待國內幣制大定之後。從容辦理。然統籌全局。亦不能不先定此方針也。

次請論鈔幣。現今世界各國無不用鈔幣。其利益無待贅述。今所欲研究者有兩問題。一曰最初即專行兌換鈔幣乎。抑初時不換鈔幣與兌換鈔幣並行。徐乃悉改爲兌換乎。二曰兌換鈔幣。當以一中央銀行獨發行之乎。抑許多數之國民銀行並發行之乎。此第二問題別於銀行政策篇論之。茲不先及。今所欲論者。則第一問題也。鈔幣之性質。實無異收別人存下之銀。而給回一憑票。故原人持票取銀。例當立刻兌交。在理固不容有所謂不換鈔幣者。而財政學家則謂國家當萬不得已時。（如忽遇大戰忽籌兵費及新舊政體嬗代之時爲整理行政之用皆是今日之中國正其時也）不妨發不換鈔幣則又何也。蓋不換鈔幣之性質。實與公債無異。但公債須給利息。而不換紙幣則否。故國家之利益更多。公債每張之金額較大。（各國公債大率每張皆值本位貨幣一百枚例如日本公債每張皆百圓）而不換紙幣則甚小。故民間之流通易廣。兩者差別實在於斯。公債既已可借。則不換鈔幣斷無不可發之理。雖然。有兩條極嚴之律。必須遵守者焉。其一曰凡不換鈔幣無論遲早。終須收返。猶之公債無論遲早。必須償還。若永不收返。是無異國家強紾民之臂而奪其財也。是故當於發行之前。而預籌收返之計。其二曰所發者萬不可太多。若太多則爲格里森原則所支配。必將國中所有金幣銀幣。盡行驅逐流出於外國。極其敝。則鈔幣等於廢紙。不值一文。我中國元末明末之弊。皆坐是馴致亡國。而法國美國日本皆曾經此苦後此費九牛之力僅能挽救者也若能嚴守此二律先籌定將來可以收返之法然後發行發行之後又常常察核市面之情形勿使過多則其利國便民有較公債爲尤妙者我國財政改革以後既可得十萬萬圓之歲入則居今日而發一萬萬元內外之鈔幣數年以後逐漸收返之殊非難事故第一著不必過慮所當謹慎者第二著而已原來鈔幣之爲物亦與債券同苟其無之則於經濟界大不便蓋正幣（金銀銅等幣謂之正幣）笨重不如鈔幣之易於攜帶且當正幣缺乏之時更須以此爲代用品今北京各票號所發之銀票各錢店所發之錢票極爲通行而湖北湖南廣西等省人民惟用錢票市面幾於無一正幣皆以此也前此因無政府鈔幣故不得不用私家所發一旦政府發之則人民必大歡迎可斷言也（現各省督撫多自發行市面皆樂於流通）然使所發者適如市面所需之數則其價值常與正幣相等不致低落若稍逾額則價立貶而與正幣對換須補水矣一須補水則是太多之徵也若猶續發不已不久便將正幣漸次驅逐出境而國與民交受其敝當此之時政府宜即行收縮其額（凡以鈔幣納租稅於政府者政府即將其鈔幣扣藏不復發出便是收縮）待至復回原價乃再放出苟常能慎用此法則可以維持多年絕無流弊至國庫有餘裕時則逐漸取返其收返之法則或租稅所收入之鈔幣隨時燒棄不復發出或改爲兌換鈔幣隨時見票兌銀則諸事畢矣（大抵改爲兌換鈔幣者居多蓋民間久已通行習而安之一旦收卻人民反大不便也）我國今日正宜發此種鈔幣之時何則一以幣制改革伊始雖窮日夜之力趕鑄新幣猶不能供社會之用亟當以此暫代之一則百度維新在在需財利用此物尤勝於借公債也

然則所發之數究當若干始爲與社會需要之數相合乎曰今固不敢預言然使不逾一年租稅所入之額則斷不至以太多爲病蓋此幣既可用以納租稅就令人民不見信用而即租稅一項已足容納之而有餘也我國現

時租稅所入約一萬萬兩。然則發一萬萬元之不換鈔幣。其價必不至低落。此則啓超所敢言也。夫發一萬萬元之不換鈔幣。即無異借得一萬萬元之公債。以之與前章所論公債同時並舉。則供現在舉辦一切新政之費。綽綽有餘裕矣。

現在各省督撫紛紛自出鈔幣。幸而所發尚未過多。流弊未著。若中央政府任其自由。不復干涉。則一年之後。必將如前此之銅元一落千丈矣。不幸而至於此。則受累徧及於國民。而中央政府亦安能坐視。已溺然後從而拯之。即使可救。已不知費力幾許。竊謂宜立時禁止各省不許復發。一面由中央政府趕緊製造此項鈔幣。將各省已發者。悉行兌換。收得後直燒棄之。此實今日之急務。雖其性質無異代各省還債。然非得已也。

啓超對於貨幣政策所懷者。略罄矣。然臨末尚欲有一言焉。竊謂若欲貨幣統一之實行。則一俟所鑄新幣得數百萬元。所製鈔幣得數千萬元後。便須立頒明詔。凡一切租稅釐課。皆須以新貨幣或政府鈔幣或已經國家許可之銀行鈔幣交納。非此三種不收。其現收錢一千文者則改收一元。其現收銀一兩者則改收一元半。如此則新貨幣與鈔幣。皆不脛而走矣。或疑此詔一頒。則鈔幣依然例歸政府。政府何從獲利。此至愚之說也。政府收得此鈔幣後。旋即以爲廉俸等用。還散之於民間。豈能停留。而既非此不能納租稅。則民將爭之不暇。豈患廢閣哉。且鈔幣既爲民間所必需。而人民欲得鈔幣。必須出現銀以購之。則銀塊皆倒歸於政府。此又不易之理也。所謂鈔幣同於借債者。蓋以此也。夫既名曰貨幣。則國家所認爲有交易媒介之資格者。惟此一物。（鈔幣則國家所認定爲此物之代用品也。）若納租稅而仍許用他物。則是貨幣之資格全失也。非惟不能統一。益增紊亂而已。故言幣政當以此爲第一義也。

要之貨幣爲社會經濟之根本。苟不整理。則百事皆無可言。即前所論種種財政案亦無所附麗。故願先百事而首理之也。

## 第九　銀行政策

銀行爲國民經濟之總樞紐。所關者不徒在財政而已。然國民經濟不發達。則財政亦無可言。故言財政必推本於銀行也。

銀行之利國便民。衆所共知。不必多述。今所欲講求者惟有二端。一曰當以何法能使銀行普便於國中。二曰當以何法能使人民惟食銀行之利。不蒙銀行之害。本章所論。即在於是。

欲求銀行之普及。則當予開銀行者以方便。而使之易於獲利。其法曰使私立銀行於一定條件之下而有發行鈔幣權是已。發行鈔幣本非銀行主要之業務。現今各國之銀行大半無此權。而所獲之利仍甚多。此其明徵也。雖然在風氣未開之地。非此則銀行幾無利可圖。蓋銀行之利益不外借貸取息。然使僅將本行所有之資本貸出。則所得能幾。何故必賴有人來存銀。而銀行則利用其所存者以轉貸於別人。存入之銀付息徵（或且無息）而貸出之銀取息豐。銀行之利惟此而已。而在風氣未開之地。民之有財者。甯扃鐍之於篋笥。窖藏之地下。而不肯以存放銀行。欲開銀行。除所備實本外。無可資周轉之途。夫既專恃實本。則以之營他業而利視銀行爲厚者抑多矣。民亦何樂舍彼而就此也。此銀行之業所以萬不能盛也。而鈔幣之性質則無異收人之存銀而發以憑票也。且存銀者必須給以息。而鈔幣則並息而不必付。故其銀行能常有百萬元之鈔幣流通於市場者。即無異常有一百萬元不須付息之存款。苟善於經營。則利用此存款。常可以得一分二釐之利。是每年可贏十二萬元也。鈔幣之利在此而已。夫在風氣已開之國。存銀於銀行者多。誠不必專恃此以爲利。然在未開之地。則舍此之外。無以爲銀行勸也。

鈔幣卽有大利。則有以爲宜歸諸政府不歸諸私人者。然此事流弊甚多。其萬不可行。各國學者既有定論。若不得已而發不換鈔幣又當別論而現在世界各國亦無一以政府自操此權者。無論何國。皆以委諸銀行。所異者。則或以委諸一中央銀行。除中央銀行外其他私立銀行不得有此權或以委諸多數之國民銀行而已。其專委諸一中央銀行者。則現在英法德日本等國是也。其委諸多數之國民銀行者。則現在之美國與英屬之加拿大澳洲聯邦是也。而前此之英國日本亦皆用此制。以正理論之。則委諸中央一銀行。而政府嚴密監督之。最爲得策。雖然。亦當審各國之情形。不可以一概論也。夫能以一中央銀行。筦全國金融之總樞機。酌盈劑虛。裒多益寡。其利益固不可勝言。雖然。行之於小國則易。行之於大國則難。行之於交通大開之國則雖難而尙易。行之於交通未便之國則難而益難。夫以美國文明程度之高。豈遜日本。然日本能將此權集於中央。而美國不能者。豈非以其國之太大耶。美國猶不能。而謂我國遽能之。是無異扶牀之童。欲與賁獲角力也。夫中央銀行之職務雖多端。而發行鈔幣。實其重要職務之一。蓋幣制既定以後。民必樂於用鈔幣。而不樂於用正幣。此各國之所同也。故鈔幣之收發伸縮移轉。其影響於民業之盛衰者至大且速。中央銀行見市場利率稍高。則增發之。稍低則收緊之。甲地缺乏。則運而致之乙地。太多則引而還之。其消息甚微。而關係甚鉅。以今日之中國。而欲責中央銀行以盡此職能耶否耶。夫鈔幣既爲社會所必需。萬不容缺。而發行之權。政府操之既不可。一中央銀行總攬之又不能。然則除以委諸多數之國民銀行外。

更有何道哉。

夫卽政府不委人民所立銀行以此權。而其擅自行之固已久矣。卽以北京論。滿城之銀票錢票其數何止數百萬兩。其在外省。亦莫不皆然。發此等票之銀號錢店其資本多少官不知也。其所發出之票多少官不稽也。其中豈無一二老號顧永遠之利益而常守信用者。然其多數皆貪目前之小利。濫發多票以致倒帳頻仍搖動市面。小民何辜受其牽累。此等積痼已深。今欲驟爲禁止勢固不行。然聽其永遠存留則全國市面無一日不在恐慌之中。今欲徐爲轉移。舍獎厲合法之銀行以抵制之更有何道哉。

今請參酌美國加拿大現行之國民銀行條例。及日本前此之國立銀行條例。（日本此種銀行名爲國立銀行國立者非國家也乃國民也此譯美國原文而誤耳凡國立銀行皆有發行鈔幣權此權直至明治三十二年始行撤回距今不過十年前耳）略擬其大概如下。

一　凡開銀行者資本銀最少須在五萬元以上。

二　欲發行鈔幣者。許將其資本十分之八買公債券。將此債券納於度支部作保。度支部許其發行同額之鈔幣。（如資本一百萬元之銀行得以價值八十萬元之債券作保同時得有發行八十萬元鈔幣之權）

三　凡發行鈔幣之銀行。必須常存貯通行貨幣。（兼指正幣及政府所發行之不換鈔幣而言）以爲兌換準備金。此項準備金不得少於其所發行鈔幣總額十分之二。（如發八十萬元鈔幣者最少須常有十六萬元之準備金）

四　此項鈔幣由度支部製造發給。其製造費照原價向該銀行索還。

五　此項鈔幣凡完納租稅及其他交易一切通用與正幣無異。不得無故抗拒不收。

六　此項銀行若遇倒閉。人民持有該行鈔票者。得向各地官私立銀行換取正幣。或換取他銀行之鈔幣。各銀行不得拒絕。

此其大略也。若其詳細則當於施行時續陳之。

資本之額僅以五萬元以上爲限者。所以期普及也。我國人一聞銀行二字。動輒以爲非數百萬金不能開辦。不知外國鄉僻之銀行。其資本不及我國一錢莊者不知凡幾。故定此最小之限。以期各城鎮及大鄉皆得享銀行之利。若以爲少。則加至十萬元亦可。

以公債作保。其所出之鈔幣恰如其所抵之公債。則銀行雖有倒閉。政府得賣其所抵之債券以爲償。而人民不至受其累。而人民持此鈔幣者。不能人人皆赴度支部領取償金也。故令其向附近之他家銀行兌換。而他銀行向部兌換。凡此皆所以堅其信用也。

政府遇銀行倒閉之時。賣其債券以爲償。必不至受虧。除非政府信用墜地。債券不值錢耳。夫政府而不能保其信用。則萬事無可著手。豈特銀行哉。但債券之價時漲時落。政府或不無小損。故加拿大近頒新例。凡此項銀行除以債券作保外。仍納特別保證金於政府。備倒閉時賠償損失之用。其額則以所發鈔幣百分之三爲準。（如八十萬元之鈔幣須納特別保證金二萬四千元）美國亦擬仿之。此亦善法也。實則國家苟指導得宜。銀行之倒閉者可以極少。日本前此此項銀行凡百五十三家。三十年間倒閉者一家而已。

其鈔幣須由政府發給者。一以期畫一。二以防額外私發之弊也。

兌換準備金僅以所發鈔幣十分之二爲制限。似乎太少。實則即此已足。蓋銀行苟有信用。則持鈔換銀者實甚少也。此種制限不可太多之理。各國學者言之綦詳。日本初時以十分之四爲制限。銀行棄絕不發達。後此改之。乃浡興耳。

政府既欲獎厲銀行而使之發達。則此其所出鈔幣必須許以納租稅與正貨無異。不然。誰肯抵公債以易此權也。夫政府所收之租稅非窖藏之於庫底也。還支出之以爲行政各費之用耳。則收正幣與收鈔幣何擇焉。或疑政府若發不換鈔幣時。則此種鈔幣得毋壅塞政府鈔幣之銷路。政府鈔幣若所發太多。則雖無此項鈔幣。亦將擠壅。若所發不多。則適足以塡正幣之闕而已。未聞各國以有銀行鈔幣之故而正幣失其用者也。夫銀行例須有十分之二準備金。而此項準備金。即大半以政府鈔幣充其數者也。況最初數年間。雖極力獎厲。而銀行豈遽能徧地皆有。其無銀行之地。舍政府鈔幣更安得用。及再經數年。銀行大盛。則政府之不換鈔幣早應收返矣。

若用此法。則凡開銀行者可以得兩重利益。其一爲由債券所生之利益。其二爲由鈔幣所生之利益。譬如有一銀行。其資本一百萬元。則其所得利益何如。其所抵八十萬元之債券。以六釐息計。可得四萬八千元。將此鈔票展轉借貸。加以信用漸著。漸能吸收存銀。最少每年可得二分之息。故合計每年總可得二十五萬元以外。雖不爲極豐。然其穩當則過他業遠矣。況基礎既立以後。將來社會日進步。而獲利亦必逐年加增耶。此爲開銀行者之利。故此法若行。則民之欲營此業者。必甚多無可疑也。

就政府一面觀之。政府之意。不過欲藉此以獎厲銀行耳。他無所利焉。然因此之故。而大開公債利用之途。其所得已非少。況其他直接間接以補助政府者。又指不勝屈耶。

就人民一面觀之，前此因無他種善良之鈔幣可用，不得不用銀號錢莊之票，而倒帳之患在在可疑。今此項鈔票得國家之保障，穩如泰山，其便孰甚。然此猶其利益之小者也，其最大之影響，則市面得此新貨幣之流行，銀根驟鬆，各種事業皆有起色，而銀行既有此鈔幣，不能不貸出之以求息，銀行愈多，爭競愈盛，市場利率愈減，營業者易於得資，而各種工商業皆將緣此而浡興，我國民將來能以商戰雄於世界，其樞機皆在是矣。彼美國與日本實前事之師也。由此言之，人民利益豈有量哉。

尙有一事當論及者，即前此擅出銀錢票之銀號錢莊等若何處置之一問題是也。以理論之，此等營業最易妨害公共之安甯秩序，例應禁止。然驟焉禁之，則全市恐慌，人人爭持票往索錢，勢必至盡數倒閉而後止，是欲利民而適所以害之也。爲今之計，只宜將彼等暫置不問，待新銀行既開，與之競爭，則彼等自然消滅。蓋銀行之鈔幣可以納租稅，且受國家種種之保障，而彼之銀票錢票皆無此權利，人民前此所以用之者，以無他種可用故耳。今既有之，孰不去彼而就此，國家雖不禁之，而亦不能持久，可斷言也。彼輩中之稍有遠見者，亦孰不幡然而改以就政府之範圍，而享永久之利益乎。啓超敢信此銀行章程頒布之後，不及數月，而國中必有極大之數銀行出焉，即山西票號所聯合組織者是也；京都及各省城與夫諸大市鎮，必各有數家之中等銀行出焉，即前此該地之銀號錢莊等所聯合組織者是也。然則此問題亦何足慮哉。二三年後局面大定，則政府遲頒法律，不許其擅發可也。

此外尙有外國銀行之鈔幣，似亦未免小梗，然嘗調查其實數，合計不過三百餘萬元，僅行於通商口岸耳。本國銀行之鈔幣既有種種特權，而彼皆無之，則亦終不能與我競爭，必歸消滅，而彼外國銀行原不徒恃此以牟利。

屆其時或當自行收還耳。日本前此亦有外國鈔幣。自本國銀行既盛。漸乃消滅。此亦其一證也。

更有當論及者。爲現在之度支部銀行。此銀行若欲使之成爲一中央銀行。如英法德日現在之制度乎。則任大責重。非大變現在之規模不可。然啓超愚見。以爲若欲强令此銀行負此偌大之責任。雖合全世界著名之銀行家以辦之。猶恐無效。故不如暫仍舊貫之爲得也。

## 第十　改革財務行政之要端

天下未嘗無良法也。然欲行之而有效。則首在得能奉此法之人。次在得適用於此法之機關。有機關而主者非人。效固不舉。然使機關紊亂澀滯。則雖有人亦無從理也。凡百政務皆然。而財政亦猶是矣。竊嘗以今日中國之財政機關。雖管仲劉晏復生。亦無所設施。故改革財務行政。實爲根本之根本也。財務行政應改革之點甚多。不能徧論。請先論其最要者兩事。

一曰統一之策不可不速講也。我國古制。冢宰制國用。必於歲之杪。每歲須制定國用。而其責任專於一人。此與各國度支部大臣每年製預算案正相脗合。各國之製預算案也。各部大臣先將其部所屬事務一年應需之費。列爲一表。移交度支部。乃按本年歲入之總數而分配之。在各部固無不各欲得多款。（如學部則欲推廣教育海陸軍部則欲擴張軍備郵傳部則欲發達交通民政部則欲整理地方）而酌其輕重緩急。或應或否。其權固經內閣會議決定後。向度支部大臣執行之。各部不能自專也。我國不然。部與部不相聯屬。彼部此部。各自請旨撥款。但得俞允。即據爲己有。別法能籌得進項者。尤視若私產。如近來郵傳部最稱肥沃。奔競者趨之若蟻慕羶。何以故。則以鐵路電報等所入極豐故。夫此等所入。

非郵傳部之款而國家之款也。而自尚書以逮司員。乃聚而咕嘬之矣。其餘他部不得此種額外之收入者。則雖百政待舉。亦無所爲計。索諸度支部。度支部雖認爲必需。而亦無以應也。是故有十部則不啻成爲十國。夫天下則安有此政體而能爲治者乎。內之各部既若是。而外之各省抑更甚焉。今我國無所謂中央財政也。恃各省分其餘瀝以潤中央之涸轍而已。各省各自出其種種手段以籌款。若何病民若何病國。一切不計也。掊克所獲則督撫據爲私產以自揮霍。且分潤於其所私愛之人。今日國家財政之岌岌可危。婦孺皆知矣。而還顧各省則何如。楊督士驤之在北洋。僅一洋務局。而會辦襄辦隨辦五十餘人。每人薪水皆二三百兩。繙譯三十餘人。文案四十餘人。每人薪水自二三百兩至數十兩不等。試問洋務局所辦何事。卽曰有事可辦。而會辦襄辦隨辦何以須至數十員。而此外各局不下數十所。每所委員不下數十人。每人薪水亦皆一二百兩。謂中國貧乎。觀於北洋則世界之富國莫中國若也。又如端督方之在南洋。卽以一高等師範學校論。而委員之數。多於學生。其開銷之多。雖日本各高等師範學校莫或能比也。又如徐督世昌之在東三省。當前任趙督爾巽交代時聞尚存庫數百萬。不數月而罄之。猶日日以舉辦新政爲名。請中央撥款。不得則又議借洋款以千萬計。試問東三省所辦新政果有何事。所辦者不過爲新政人員之私囊耳。自餘各省大略相同。循此不變。則無論有若何完善之財政案。而人民所出者愈多。則官吏所瓜分者愈厚。而國庫終無一錢之增益。國家則何苦府怨於民而爲彼輩作嫁衣也。今一議及清理。則各督撫攘臂以爭。惟恐中央之奪其橐。如飢鴟之嚇腐鼠然。而一知半解之留學生。或且摭拾首尾不完之學理。嘵嘵然論所謂集權分權之利害以助其燄。而豈知無論在何種政體之國。用此制度。斷不足以爲治也。彼其對於中央猶且如是矣。而對於他省更何論焉。是故此疆彼界。劃若鴻溝。以一國而成爲十八國。皆咸同軍興之際。胡文忠以湖北巡撫濟曾江羅李諸軍征贛征皖之餉。當時義聲震天下。比諸齊桓之救災恤鄰。實則湖北所籌款國家之財。而贛皖諸軍。辦國家之事也。以國家之財辦國家之事。何義之足云。然已傳爲美談。相詫以百年來所未聞。豈不怪哉。然夷考當時之督撫其所以相處者。則秦晉之遇羅不是過矣。即如曾文正沈文肅皆世所稱賢者。而以爭釐金之故互相訐參。駱文忠曾忠襄亦以爭鹽岸之故幾成冦讎。似此現象實天下萬國之所未聞。而我國則習見焉。而毫不以爲怪者也。雖然。此無怪其然也。彼各省督撫若將其所有而盡貢諸中央。則亦被中央據爲私產以供各部長官及司員之揮霍而已。若將其所有通融諸他省。則亦被其省督撫據爲私產以供一己及其所私愛者之揮霍而已。則其各自局蹐之而惴惴焉懼他人之胠其篋也亦宜。而國家乃如無告之窮民。不得不乞彼等墦肉之餘以延殘喘。豈不悲哉。然則今日欲整頓財政。必須由度支部尚書確知國家歲入之總數。至其歲出之項。則內之各部。各提出其所要求之額。度支部量其或緩或急而應之拒之。外而各省。則首畫分中央行政與地方行政之系統。除屬於中央行政系統者由中央照例撥給外。其屬於地方行政系統者。則以地方稅及其他地方收入充之。猶有不足。則提出要求補助案於度支部。度支部量其或緩或急而應之拒之也。亦與各部同。如此則國家財政脈絡分明。如身使臂。如臂使指。而整頓之實效乃可期矣。若如今制。則中央政府非惟不能操縱各省。而反仰各省之鼻息。誠如漢賈誼所云方病大腫。指大如股。股大如腰。平居不可屈伸。雖起管葛於地下。亦豈能理之哉。

二曰徵收稅課之法宜從根本改革也。現今之徵收課稅法。一言以蔽之曰包徵包解而已。江浙之漕銀漕米。兩湖四川等省之錢糧地丁。多有由地方紳士土豪包徵以解州縣。此其顯而易見者也。即等而上之。亦何莫不然。

各州縣官包徵其州縣之錢糧溯爲一定額以解於藩司。各藩司包徵其省之錢糧溯爲一定額以解於部。此與士豪之包徵包解者何異。其他釐金鹽課以及一切雜稅莫不皆然。各卡釐金局委員包徵其卡之定額以解於總局。各省釐金總局包徵其省之定額以解於部。其形式與錢糧地丁無異。鹽課則各省鹽運使鹽法道督銷局等包徵其省之定額以解於部。而其總額則由鹽商包徵包解之。又如廣東之賭餉。其徵收法亦如鹽。自餘各省。每創一新稅。莫不以此法行之。故包徵包解一語實現在財政制度一貫之原則也。行此制度則政府官吏最爲省便。可以安坐不事事而每歲得一定之額。雖然。此實財政上最拙之伎倆也。其下級之包徵者。不能無所利而爲之也。飽其欲壑焉。然後以前所餘者貢諸上級。上級又飽其欲壑焉。乃再以所餘者供於更上級。若歷數級。則其所蝕者豈止過半而已哉。而在上級者亦惟於所指定之額取盈而已。彼用何術以盈此額弗過問也。故人民所出者恆數倍於正供。苛索騷擾。不知紀極。上之國家無絲毫之利。而下之人民有邱山之損。怨聲載道。皆此之由。昔法國當十八世紀卽行此法。大約人民納稅十金者政府僅得其四。而包徵者得其六。坐是財政日紊。民生日困。卒釀成大革命之禍。可不懼哉。夫前此江淮之鹽商。今日廣東之賭商。皆業此數年。而富可敵國。彼其財果何自來。而各州縣官各釐局委員等。核其薪俸所入。曾不敷養一轎班之用。而人皆爭之若鶩。受事一兩年。卽滿篝滿車以歸。而其幕友門丁皂役等且無不各得其所欲。其財又果何自來。凡此者皆包徵包解之制度爲之也。啓超嘗謂使孔子伯夷爲今日之官吏。勢固不得不中飽。何則。爲法律所不禁。（今制虧空者有罰。謂虧空其所包徵之額也。若使所解能及所包之額。其有贏餘。則政府公然認爲彼所應得之利益矣。）而非中飽則將槁餓以死也。今之言理財者。動曰清提中飽。無論中飽之萬無從清提也。卽清提矣。而彼又必將別設法焉以補回其所提去之數。蓋不如是則彼將餓死矣。而或者曰。是宜加增其俸薪。然後淸提之。夫制度大改以後。俸薪之當加固無論也。然使不改制度而徒加俸薪。則人之情豈有患多金者哉。既新受多額之俸薪。而仍不失舊日之中飽。何樂不爲。所難堪者脂膏日削之小民耳。夫制度有導人以爲惡者。此類是也。此制不改。財政萬無整理之時。而欲改此制。非大英斷者其孰能之。

財務行政之當改革者尙有多端。而實以此兩者爲最要。此兩者不去。則其他皆無可言。然則去之之道當如何。試略論之。

今者政府實行淸理財政之舉。所上諸摺及各章程用心甚苦。而制法甚密。豈勝欽佩。然即此而遂可以收淸理之實效乎。啓超蓋難言之。蓋其司淸理之機關者。仍不過據國帑爲私產之督撫。而其所淸理者。仍不過包徵包解之款項。於此而欲其所報告者之悉爲實數。是無異與虎謀其皮也。即使得實數矣。而政府能任意指撥之乎。毋亦仍聽其各以私於所親愛而已。又即使能盡提歸中央。再由中央指撥。而彼包徵者又必別設法以求私囊之不減於舊時。則受其病者亦人民而已。由是言之。終無淸理之一日。非眞不能淸理。而在此制度之下。實無從淸理起也。若依啓超此案。則國家惟選定此數項稅目。除此以外。一概不許私收。故其大者如釐金常關土藥稅賭餉等。小之如各種零星雜稅。一概掃而空之。不必再爲淸理矣。其新增之稅目如煙酒糖等。目前一二年固可暫緩辦。及其開辦之時。則必有嚴密之章程。夫舊無者而將來始行之。則無所容其淸理也。所餘者則爲田賦鹽課兩大項。然此兩項若一遵今日成規。不爲變革。則淸理何從而施。補苴罅漏。不如其已。若如啓超之議。則鹽政爲專賣。一切皆依新章。舊日積弊。可以既往不咎。若改正田賦。則更爲大舉。政府須以一二年之力。注全力以辦之。若調查告竣。土地臺帳已成。則某州縣有田若干畝。某田應收稅幾何。度支部有詳細冊籍。無所得售其欺。加以貨幣統一之後秤餘火耗折算等弊不禁自絕而後有行政訴訟行政裁判以維持之官吏雖欲作弊其亦不易矣如此則歲入之實數度支部可以確知之若其各省歲出之數則官吏之俸薪（必須加增）衙署之公費（舊有者及新增者合計）與夫其餘屬於中央行政系統者如在某省屯一軍隊在某省建一大學在某省開一官辦鐵路以至郵政電報等類皆直接爲中央各部所管轄無勞各督撫越俎代謀前此託種種名目截留外銷之伎倆無所得施若夫屬於地方行政之系統者則以地方稅支辦之而地方稅則依現行諮議局章程該局有監督之權官吏作弊亦非易易若猶不足然後中央補助之如此則財政大綱不已朗若列眉哉啓超誠非好爲變亂舊章然實則舍此別無可以下手之方漢儒董仲舒有言琴瑟不調甚者必解而更張之乃可鼓也爲政而不行甚者必變而更化之乃可理也當更張而不更張雖有良工不能善調也當更化而不更化雖有大賢不能善治也夫今之中國實爲當更化之時而財政其一端耳

## 附　地方財政

地方財政當分別地方之等級言之以啓超私見則所當認爲地方團體有法人之資格者凡三種一曰省二曰府州縣（現在府之一階級廢之以大縣爲府中縣爲州小縣爲縣名目雖殊然其地位同一此臆見所主張者其理由於拙著官制私案言之）三曰城鎮鄉而其財政各畫界限焉省也府州縣也城鎮鄉也雖爲地方自治團體同時亦爲國家行政區域故其所辦之事皆有屬於官治範圍與屬於自治範圍之兩種其屬於官治範圍者以國家財政支理之今所論者即屬於自治範圍之財政也

各級之財政皆當有主要之一稅目此稅目以國家法律之力助之使其必如法徵收（其稅率高下由彼自定）之其他稅目則

彼代表彼團體之人民斟酌而自選擇之。

城鎮鄉之主要稅目莫如家屋稅。（即房捐）家屋稅爲各國通行之一種稅。然我國若用爲國稅。民必大以爲擾。即以爲省稅府縣稅民猶不樂。故以此財源畀諸城鎮鄉最宜。

府州縣之主要稅目莫如營業稅。營業稅亦各國所通行。而我國以爲國稅以爲省稅皆有窒礙。城鎮鄉即有家屋稅亦無用此。故宜以畀諸府州縣。（但大公司大銀行等營業或歸國家或歸省將來尚須斟酌）

省之主要稅莫如田賦之附加稅。蓋省之一階級在各國中實難求其比例。其性質有近於地方者。亦有近於中央者。故其特別適當之稅源。頗爲難得。田賦附加。其至便利者也。但其所附加者。不許過國賦十分之一。則民不病矣。

除各級各有主要稅外。其他雜稅則經該省諮議局該府州縣城鎮鄉董事會議決者亦得稅之。

此其大略也。啓超對於地方財政尚有種種意見。以不屬於本案系統。故略之。

## 附　八旗生計問題

八旗生計問題。起於康熙中葉。相沿二百餘年。未能解決。直至今日。時勢變遷。國家不藉旗兵以爲用。徒歲糜巨餉以養寙惰之民。財政愈加竭蹶。而旗人亦以久隸兵籍之故。不能獨立營生。窮無所告。公私交困。加以近年革命邪說蔓延。國內非消融旗漢之名目。使天下一體。不足以靖民心而固國本。此裁旗撤駐防之議。所以勞朝廷宵旰之經營也。雖然。非八旗生計問題確有把握。則此議終不能實行。故議之數年。而至今迄未決定。殆以此故。

啓超對於此問題研究既久。竊嘗思得上利國家。中利旗民。下利全國國民之策。請略陳之。

惟於立論之前。有一先當劃淸之界限焉。蓋所謂八旗生計者。乃指現在領餉之旗兵而言。非指全體之旗民而言也。全體之旗民。其生計雖皆極困。然國家不能因其困也。而人人代爲之謀。何則生計之困者。不獨旗人也。卽漢人亦有然。國家既不能代漢人之困者而一一爲之謀。而惟謀旗人之困者。則漢人將以爲不平。而煽亂者反有所藉口矣。獨至京營及各省駐防之旗兵。則自建國以來。久爲國家宣力。今雖無用。然非其所自取。今雖無用。然平昔旣隷尺籍之中。不得從事於農工商業。今驟焉撤之而不加撫卹。則無異於兎死狗烹。鳥盡弓藏。甚非國家對於人民之德義也。今日所亟應籌處置之善法者。卽在此而已。

今請將京營駐防之兵額。立行裁撤。但當未撤之前。先調查此項之將弁兵丁。其實數共幾何。每人所領之俸餉。其每年實額共幾何。第一。除其將弁現兼他職。其兵丁現兼隷新軍之籍者不計。第二。除有額無人。向來由該管將弁虛報冒支者不計。此外則按照每人每年所領者。分爲三級以優卹之。其將軍都統副都統。則給以一年之恩俸。其參領佐領以下各將弁。則給以三年之恩俸。其一切兵丁。給以十年之恩餉。如是則國家之對於彼輩。殆可謂仁至義盡矣。

雖然。依此辦法。則其數不下數千萬。國家何從驟得此巨款。此一難也。卽曰得之。而此項旗民。久耽佚游。不解治產。所得恩俸恩餉。旋卽蕩盡。終不免饑寒。以重國家之憂。此二難也。欲救此弊。則惟有仿日本前此給與藩士秩祿公債之法。按照各人應領恩俸恩餉之總額。發以公債證券。每八十兩而給以一百元之債券一枚。（如一兵丁月餉二兩者一年爲二十四兩十年恩餉爲二百四十兩則給以三百元之債券如一將弁月俸四兩五錢者三年恩俸爲一百六十二兩則給以二百元之債券）而此種債券。國家爲之設法廣其利用之途。且教以利用之術。苟辦理得宜。則旗民生計可以日裕。其利益有不可勝言者。

所謂利用之途與利用之術者何也。考日本初發秩祿公債一萬萬七千萬圓。當時之藩侯藩士大半未曉公債之性質。以爲得此廢紙將何所用。彼政府乃創國立銀行之制。令凡以公債作保者。得發鈔幣。同時勸導各藩士將所領公債劵作爲資本設立銀行。卽所謂第十五國立銀行是也。該銀行資本凡一千八百萬圓。開辦以後。年年有二分二釐之利息。其最盛之年乃至三分六釐。其股東每年分息約二分。（一百元爲一股每股分二十一元）迨營業期滿時。仍別有公積金二千二百餘萬元。股東除收還老本外。每股仍分得一百三十餘元。而藩士乃因以大富。不特此也。又勸其藩士利用此債劵開一鐵路。名曰日本鐵道會社。卽現在由東京通北海道之鐵路是也。其資本金實收到者五千萬元有奇。年年約得八百萬元之純利。股東利息約一分半。而公積金尚三百餘萬元。近年日本政府將一切商辦鐵路收爲國有。此鐵路當初每股實收銀五十元。後此賣與國家。每股值九十五圓。其利之厚。可以推知矣。此日本當時利用此種公債之情形。而我所深可師法者也。

今若能行此法。則旗人所受之利益何如。計此債劵約當付息七釐。（現在市面上大率一分乃至一分二釐之息故政府債劵之息不能少於七釐）有一旗丁於此。現在每月得餉二兩。每年共爲二十四兩。其十年恩餉共應得三百元之債劵。而此債劵所得之利息爲二十一元。雖視現在所入爲較少。然前此有尅扣秤虧等弊。今皆無之。實則亦差相等耳。而持此債劵者。將來到國家還債時。尚可得三百元。而領現餉者則無之。故彼旗丁卽將此債劵藏諸笥底。永不轉賣抵押以圖他利。而所得固已多矣。若以之作爲銀行股份。而合大衆之力湊成一資本二千萬元之銀行。則其利益何如。二千萬元之資本。可以出一千六百萬元之鈔幣。再合以外間所存之款。全盤運畫。展轉流通。其所貸出之款。總可及五千萬元。現在市場利息最少總在一分以上。五千萬元之息。可得五百萬元。對於資本二千萬。其純利實爲二分五釐。以五釐提作公積。以二分分派股東。有三百元之股本者。每年可分得六十元。較諸領現餉二十四兩。實將及兩倍矣。而銀行永存。則股本永在。其公債銀亦永在。將來之利。更難豫算也。

若以之作爲鐵路股分。其利益又何如。現在我國商辦鐵路。平均約一萬七千元而築成一里。（此係合潮汕清漯浙江小清河新甯驛縣六公司所費而計其平均之數若官辦及借款承辦者則平均二萬二千元而成一里也）若有二千萬元之公司。可以成鐵路一千里有奇。每里所得純利幾何。雖不能確算。卽以京奉一線計之。其長不及一千八百里。而每年除費用外。所獲純利。平均六百餘萬。光緒三十一年。且增至一千一百餘萬。則每年每里所入純利。平均五千元。實爲中數。（京奉糜費太大若商辦得宜所得利必過之）千里之路。平均每年純利可得五百萬元。以二千萬元之資本而得五百萬元。其利亦與銀行等也。

或問曰。銀行資本。可以債券爲抵押。故入股者卽以債券作本。故爲甚便。若鐵路則與此不同。旗丁所持者不過一紙之券。非現銀也。何從得有股本。答之曰。此易易耳。如前所論債券之爲用甚廣。漢人必爭欲購之。則持有債券者。何患無處易得現銀。若該人不欲賣此債券。則亦有法。蓋銀行新開。得有千六百萬元之鈔幣。必設法貸出之。乃能獲利也。而初時欲覓此等大主顧。又非易得也。而莫如設法勸旗民之欲辦鐵路者。將其債券抵押於銀行。以易現銀。（鈔幣既受國家法律之保護卽與現銀同效力）易得現銀。卽爲鐵路股份之用。就銀行一面論之。若能貸出一千萬元。取息一分。可以得百萬元之利。就借銀者一面論之。借銀百元。雖要納十元之息於銀行。然此百元之債券。向政府所領之利息。已得七元。而將百元以入鐵路股份。所得利息。每年可至二十元。合計二十七元。除納銀行息十元外。尙餘十七元。彼持三百元之債券者。尙可得五十元有奇。以視現在所領二十四兩之現餉。亦倍之矣。

銀行鐵路兩者交相爲用。（非有銀行則鐵路資本不易得非有鐵路則銀行初辦時生意不能擴充故必兩者並辦乃可）則旗民之得此債劵者。其永遠之利益。豈有涯哉。況開一鐵路。其所用之各種人員甚多。旗民之因此得職業者。又豈可勝計。故解決八旗生計問題。無更善於此者矣。

然則就國家財政方面計之又何如。查光緒二十九年戶部部庫出入表所載。滿漢蒙八旗兵丁餉合以熱河察哈爾密雲諸處駐屯隊費用。約共七百七十八萬兩。其各省各部駐防費現無確表。然月支餉銀餉米草豆紅白事例銀。加以將弁各衙門費用等合通計之。當不下二百餘萬。今約計大數。則國家每年此項之支出約在一千萬兩內外。此一千萬兩中其不屬於俸餉者約二百萬兩。（如各衙門經費馬甲草豆費紅白事例銀等類合計）其餘八百萬兩爲俸餉。大概總額。此八百萬兩中。其屬於將弁之俸者約三百萬兩。其屬於兵丁之餉者約五百萬兩。而三百萬官俸中。其屬於將軍都統以上者約五六十萬兩。其屬於參領以下者約二百餘萬兩。試據此以略推。應給恩俸恩餉之總數。第一項爲將軍都統等一年之恩俸。約計六十萬。第二項爲參領以下等兵官三年之恩俸。約計七百餘萬。第三項爲兵丁十年之恩餉。約計五千萬。合爲五千八百萬兩內外。每八十萬兩而發以債劵一百元。則所發債劵應爲七千二百萬元內外。然內除兵官現兼他職者不給。兵丁現兼在各鎭新軍及禁衞軍內食糧者不給。其有額無人冒支侵蝕者不給。除此三項外。所給債劵大約不過六千萬元內外。年給利息七釐。每年約須四百二十萬元。現在每年所支出一千萬兩。以元換算爲一千三百八十萬元。國庫每年所省爲九百六十萬元。然此六千萬元之劵。爲國家所欠人民之債。終須償還也。故必須預籌償還之的款。今試以此每年一千三百八十萬元。設爲特別會計。以充減債本錢之需。不許他用。以五年爲期。而此債劵則自第六年起攤年償還。每年還一千二百萬元。第十年全數還訖。前五年除派息外所贏餘者爲四千八百二十五萬。若投諸生利事業。可得息九釐或一分。五年遞增之總計可合得五千五百萬元。尚有現在八旗莊田駐防莊田之散在全國者共一千九百五十餘萬畝。此種莊田爲一旗所共有。既非一私人所得焉。今既裁旗。則此田不屬於國家而將誰屬。除內中有一小部分爲私人久已據耕者應承認其占有權自餘一切應改歸國有。國家隨將此項田賣與人民收其地價編入此特別會計項下作爲減債本錢之用。則五年以後其所積者不止六千萬元明矣。而第六年以後每年還千二百萬元。其息卽隨而遞減。故第六年息派三百三十六萬元。對於舊制每年支出之一千三百八十萬元所省者爲一千零四十四萬元。第七年派息二百五十二萬元。所省爲一千一百二十八萬元。第八年派息一百六十萬元。所省爲一千二百二十萬元。第九年派息八十四萬元。所省爲一千二百九十六萬元。第十年全數清還。而國家二百年來年年須支出之一千三百八十萬元。永永可以省去矣。國家財政上之利益。孰大於是。

聞近年朝野上下亦頗有募債裁旗或改餉爲債之議。與本篇所擬之策大略相同。而駁之者亦有數說。一曰內債恐無人應募。外債則流弊滋多也。此駁募債之說也。二曰旗人得此債券所收息有限。而政府素不爲人民所信。恐不樂受也。此駁改餉爲債之說也。三曰凡債必須附息。又必須還。而多一債卽增漢人一重之負擔。恐滿漢意見反緣此而加甚也。此並駁募債與改債之兩說者也。然如啓超之策。則第一第二兩說皆不足慮。較然甚明。惟第三說則有不容不改辯者。夫以言漢人之負擔也。則負擔之亦既二百餘年矣。苟及今不撤。則後此之負擔正未有窮期。今如啓超之議。行五年之特別會計。以籌定此減債本錢。還債所需。卽在此五年內國庫遵舊制所支出者以支出之。則萬無貽重累於將來之患。而國民所負擔者不過照舊而延長五年之期耳。二百餘年能荷之。而謂此五年不能荷乎。況非借此作引線。則國家不能舉辦公債市面上永無公債券。則經濟之發達無期。即此一事其補益不已多乎。又況因此之故。而國中多得一家大銀行。多得一條大鐵路。其間接補助于社會者又何可勝道。故此策一利國家。二利旗人。三利全體之國民。所謂一舉而三善備也。

門人徐良得此稿於冷攤中。碻然爲吾手稾也。顧不能記爲何年作。大抵清廷派五大臣赴歐美考察憲政時。有過橫濱而問政者。輒拉雜以告之耶。此稿未經印行。他日當錄副存之。

丁卯初冬　　啓超記